RÖMISCHE GESCHICHTE

T. LIVIUS

RÖMISCHE GESCHICHTE

Buch 1

AB URBE CONDITA

Liber I

Lateinisch – deutsch

Herausgegeben und übersetzt
von Hans Jürgen Hillen

ARTEMIS & WINKLER

Bibliographische Information der Deutschen Bibliothek

Die Deutsche Bibliothek verzeichnet diese Publikation
in der Deutschen Nationalbibliothek; detaillierte bibliographische Daten
sind im Internet unter http://dnb.ddb.de abrufbar.

2. Auflage

Druck, Reproduktion und Verarbeitung: Grafo, S. A., E-Basauri
ISBN 3-7608-1365-8
www.patmos.de

INHALT

Text und Übersetzung

ANHANG

PRAEFATIO

Facturusne operae pretium sim, si a primordio urbis 1
res populi Romani perscripserim, nec satis scio nec, si
sciam, dicere ausim, quippe qui cum veterem tum vul- 2
gatam esse rem videam, dum novi semper scriptores
aut in rebus certius aliquid allaturos se aut scribendi
arte rudem vetustatem superaturos credunt. Utcum- 3
que erit, iuvabit tamen rerum gestarum memoriae
principis terrarum populi pro virili parte et ipsum con-
suluisse; et si in tanta scriptorum turba mea fama in ob-
scuro sit, nobilitate ac magnitudine eorum me, qui no-
mini officient meo, consoler. Res est praeterea et im- 4
mensi operis, ut quae supra septingentesimum annum
repetatur et quae ab exiguis profecta initiis eo creverit,
ut iam magnitudine laboret sua; et legentium plerisque
haud dubito, quin primae origines proximaque origi-
nibus minus praebitura voluptatis sint festinantibus ad
haec nova, quibus iam pridem praevalentis populi vires
se ipsae conficiunt: ego contra hoc quoque laboris 5
praemium petam, ut me a conspectu malorum, quae
nostra tot per annos vidit aetas, tantisper certe, dum
prisca illa tota mente repeto, avertam omnis expers cu-
rae, quae scribentis animum etsi non flectere a vero,
sollicitum tamen efficere posset.

Quae ante conditam condendamve urbem poeticis 6
magis decora fabulis quam incorruptis rerum gestarum
monumentis traduntur, ea nec adfirmare nec refellere
in animo est. Datur haec venia antiquitati, ut miscendo 7
humana divinis primordia urbium augustiora faciat; et
si cui populo licere oportet consecrare origines suas et

VORREDE

Ob ich etwas tue, was die Mühe lohnt, wenn ich die Angelegenheiten des römischen Volkes vom Anbeginn der Stadt an ausführlich aufzeichne, weiß ich nicht recht, und wenn ich es wüßte, würde ich es wohl nicht zu sagen wagen. Denn ich sehe, daß es ein alter und vor allem ein allbekannter Stoff ist, indem immer neue Schriftsteller entweder in der Sache etwas Genaueres beizubringen oder durch ihre Darstellungskunst die unbeholfene alte Zeit zu übertreffen glauben. Wie es auch kommt, es wird mir doch Freude machen, für die Überlieferung der Taten des ersten Volkes der Erde auch meinerseits nach Kräften gesorgt zu haben. Und wenn in der so großen Schar der Schriftsteller mein Ruf im dunkeln bleibt, kann ich mich mit dem Rang und der Größe derer trösten, die meinen Namen in den Schatten stellen. Der Stoff bedeutet außerdem unermeßlich viel Arbeit: er reicht ja über mehr als 700 Jahre zurück, und er ist, von kleinen Anfängen ausgehend, so sehr gewachsen, daß er jetzt an seiner Größe leidet. Auch zweifle ich nicht daran, daß den meisten Lesern die ersten Anfänge und das, was den Anfängen zunächst liegt, weniger Freude machen wird, da sie es eilig haben, zu unserer Neuzeit zu kommen, in der die Kräfte des Volkes, das schon längst übermächtig ist, sich selbst aufzehren. Ich hingegen möchte auch darin einen Lohn für meine Mühe suchen, daß ich mich von dem Anblick der Übel, die unser Zeitalter so viele Jahre lang gesehen hat, wenigstens so lange abwende, wie ich jene alte Zeit mir wieder aus ganzem Herzen vergegenwärtige, frei von jeder Sorge, die einen beim Schreiben wenn auch nicht von der Wahrheit abbringen, so doch in Erregung versetzen kann.

Was vor der Gründung der Stadt oder dem Plan zu ihrer Gründung mehr mit dichterischen Erzählungen ausgeschmückt als in unverfälschten Zeugnissen der Ereignisse überliefert wird, das möchte ich weder als richtig hinstellen noch zurückweisen. Man sieht es der alten Zeit nach, daß sie den Anbeginn der Städte verklärt, indem sie das Menschliche mit Göttlichem vermischt. Und wenn es in der Ordnung ist, daß ein Volk

ad deos referre auctores, ea belli gloria est populo Romano, ut, cum suum conditorisque sui parentem Martem potissimum ferat, tam et hoc gentes humanae patiantur aequo animo quam imperium patiuntur.

Sed haec et his similia, utcumque animadversa aut 8
existimata erunt, haud in magno equidem ponam dis-
crimine: ad illa mihi pro se quisque acriter intendat 9
animum, quae vita, qui mores fuerint, per quos viros
quibusque artibus domi militiaeque et partum et auc-
tum imperium sit; labante deinde paulatim disciplina
velut desidentis primo mores sequatur animo, deinde
ut magis magisque lapsi sint, tum ire coeperint praeci-
pites, donec ad haec tempora, quibus nec vitia nostra
nec remedia pati possumus, perventum est. Hoc illud 10
est praecipue in cognitione rerum salubre ac frugife-
rum, omnis te exempli documenta in inlustri posita
monumento intueri; inde tibi tuaeque rei publicae,
quod imitere, capias, inde foedum inceptu, foedum ex-
itu, quod vites.

Ceterum aut me amor negotii suscepti fallit, aut 11
nulla umquam res publica nec maior nec sanctior nec
bonis exemplis ditior fuit, nec in quam civitatem tam
serae avaritia luxuriaque immigraverint, nec ubi tantus
ac tam diu paupertati ac parsimoniae honos fuerit.
Adeo quanto rerum minus, tanto minus cupiditatis
erat; nuper divitiae avaritiam et abundantes voluptates 12
desiderium per luxum atque libidinem pereundi per-
dendique omnia invexere.

Sed querellae, ne tum quidem gratae futurae, cum
forsitan necessariae erunt, ab initio certe tantae ordien-
dae rei absint: cum bonis potius ominibus votisque et 13
precationibus deorum dearumque, si, ut poetis, nobis
quoque mos esset, libentius inciperemus, ut orsis tan-
tum operis successus prosperos darent.

seine Ursprünge mit einem weihevollen Nimbus umgeben und sie auf göttliche Ahnen zurückführen darf: der Kriegsruhm des römischen Volkes ist so groß, daß die Völker der Erde es ebenso gelassen hinnehmen, wenn es als seines und seines Gründers Vater gerade den Mars nennt, wie sie die römische Herrschaft ertragen.

Aber wie auch immer man dies und ähnliches beachtet oder beurteilt, dem will ich keine große Bedeutung beimessen. Darauf vielmehr soll mir jeder scharf sein Augenmerk richten, wie das Leben, wie die Sitten gewesen sind, durch was für Männer und durch welche Eigenschaften zu Hause und im Krieg die Herrschaft geschaffen und vergrößert wurde; dann soll er verfolgen, wie mit dem allmählichen Nachlassen von Zucht und Ordnung die Sitten zunächst gleichsam absanken, wie sie darauf mehr und mehr abglitten und dann jäh zu stürzen begannen, bis es zu unseren Zeiten gekommen ist, in denen wir weder unsere Fehler noch die Heilmittel dagegen ertragen können. Das ist vor allem beim Studium der Geschichte das Heilsame und Fruchtbare, daß man belehrende Beispiele jeder Art auf einem in die Augen fallenden Monument dargestellt findet. Daraus kann man für sich und seinen Staat entnehmen, was man nachahmen, daraus auch, was man meiden soll, da es häßlich in seinem Anfang und häßlich in seinem Ende.

Aber entweder täuscht mich die Liebe zu der übernommenen Aufgabe, oder kein Staat war jemals größer, ehrwürdiger und an guten Beispielen reicher, und in keine Bürgerschaft hielten so spät Habsucht und Verschwendungssucht Einzug, und nirgendwo standen Armut und Sparsamkeit so hoch und so lange in Ehren: so sehr, daß man um so weniger begehrte, je weniger man besaß. Jüngst erst hat der Reichtum auch die Habgier zu uns gebracht und das Übermaß der Vergnügungen das Verlangen, in Schwelgerei und Ausschweifung zugrunde zu gehen und alles zugrunde zu richten.

Aber Klagen, die nicht einmal dann willkommen sein werden, wenn sie vielleicht nötig sind, sollen wenigstens vom Anfang eines so großen Unternehmens wegbleiben. Mit guten Vorzeichen vielmehr und mit Gelübden und Gebeten zu Göttern und Göttinnen würden wir lieber beginnen, wenn das auch bei uns, wie bei den Dichtern, üblich wäre: sie möchten uns, die wir ein so großes Werk beginnen, glücklichen Fortgang schenken.

LIBER I

Iam primum omnium satis constat Troia capta in cete- 1
ros saevitum esse Troianos: duobus, Aeneae Antenori-
que, et vetusti iure hospitii et quia pacis reddendaeque
Helenae semper auctores fuerunt, omne ius belli Achi-
vos abstinuisse; casibus deinde variis Antenorem cum 2
multitudine Enetum, qui seditione ex Paphlagonia
pulsi et sedes et ducem rege Pylaemene ad Troiam
amisso quaerebant, venisse in intimum maris Hadria-
tici sinum, Euganeisque, qui inter mare Alpesque inco- 3
lebant, pulsis Enetos Troianosque eas tenuisse terras.
Et in quem primum egressi sunt locum, Troia vocatur
pagoque inde Troiano nomen est: gens universa Veneti
appellati.

Aenean ab simili clade domo profugum, sed ad ma- 4
iora rerum initia ducentibus fatis, primo in Macedo-
niam venisse, inde in Siciliam quaerentem sedes dela-
tum, ab Sicilia classe ad Laurentem agrum tenuisse.
Troia et huic loco nomen est. Ibi egressi Troiani, ut 5
quibus ab immenso prope errore nihil praeter arma et
naves superesset, cum praedam ex agris agerent, Lati-
nus rex Aboriginesque, qui tum ea tenebant loca, ad ar-
cendam vim advenarum armati ex urbe atque agris
concurrunt. Duplex inde fama est. Alii proelio victum 6
Latinum pacem cum Aenea, deinde adfinitatem iun-
xisse tradunt: alii, cum instructae acies constitissent,
priusquam signa canerent, processisse Latinum inter 7
primores ducemque advenarum evocasse ad conlo-

BUCH I

Zuallererst nun steht es ziemlich fest, daß man nach der Einnahme von Troja mit den übrigen Trojanern grausam verfuhr; bei zweien aber, bei Aeneas und Antenor, machten die Achiver aufgrund alten Gastrechts und weil die beiden immer für den Frieden und für die Rückgabe der Helena eingetreten waren, vom Kriegsrecht überhaupt keinen Gebrauch. Nach mancherlei Zwischenfällen sodann kam Antenor mit einer Menge der Eneter, die infolge innerer Unruhen aus Paphlagonien vertrieben worden waren, ihren König Pylaimenes vor Troja verloren hatten und Wohnsitze und einen Führer suchten, in die innerste Bucht des Adriatischen Meeres; hier vertrieben die Eneter und die Trojaner die Euganeer, die zwischen dem Meer und den Alpen wohnten, und nahmen diese Länder in Besitz. Und wirklich heißt die Stelle, wo sie zuerst an Land gingen, Troja, und der Gau heißt danach der Trojanische; das Volk insgesamt nannte man die Veneter.

Aeneas mußte infolge eines ähnlichen Mißgeschicks aus seiner Heimat fliehen; aber ihn leiteten Schicksalssprüche zu größeren Anfängen. Zuerst kam er nach Makedonien, von dort wurde er auf der Suche nach Wohnsitzen nach Sizilien verschlagen, von Sizilien aus nahm er mit seiner Flotte Kurs auf das Laurentische Gebiet. Auch diese Stelle hat den Namen Troja. Dort gingen die Trojaner an Land. Nach einer fast endlosen Irrfahrt besaßen sie außer ihren Waffen und ihren Schiffen nichts mehr, und als sie daher die Felder plünderten, liefen der König Latinus und die Aboriginer, die damaligen Bewohner dieser Gegend, bewaffnet aus der Stadt und von den Feldern zusammen, um die Ankömmlinge an ihrem gewaltsamen Vorgehen zu hindern. Von hier an gibt es eine doppelte Überlieferung. Die einen sagen, Latinus sei im Kampf besiegt worden und habe mit Aeneas Frieden geschlossen und ihn dann durch Heirat in seine Familie aufgenommen. Andere: als die Heere schon zur Schlacht aufgestellt dagestanden hätten, sei Latinus, bevor die Signale ertönten, inmitten der Vornehmsten vorgetreten und habe den Führer der Ankömm-

quium; percunctatum deinde, qui mortales essent,
unde aut quo casu profecti domo quidve quaerentes in
agrum Laurentem exissent, postquam audierit multi- 8
tudinem Troianos esse, ducem Aenean, filium Anchi-
sae et Veneris, cremata patria domo profugos sedem
condendaeque urbi locum quaerere, et nobilitatem ad-
miratum gentis virique et animum vel bello vel paci pa-
ratum dextra data fidem futurae amicitiae sanxisse.
Inde foedus ictum inter duces, inter exercitus saluta- 9
tionem factam. Aenean apud Latinum fuisse in hospi-
tio; ibi Latinum apud penates deos domesticum pu-
blico adiunxisse foedus filia Aeneae in matrimonium
data. Ea res utique Troianis spem adfirmat tandem sta- 10
bili certaque sede finiendi erroris. Oppidum condunt;
Aeneas ab nomine uxoris Lavinium appellat. Brevi 11
stirpis quoque virilis ex novo matrimonio fuit, cui As-
canium parentes dixere nomen.

Bello deinde Aborigines Troianique simul petiti. 2
Turnus, rex Rutulorum, cui pacta Lavinia ante adven-
tum Aeneae fuerat, praelatum sibi advenam aegre pa-
tiens simul Aeneae Latinoque bellum intulerat. Neutra 2
acies laeta ex eo certamine abiit: victi Rutuli, victores
Aborigines Troianique ducem Latinum amisere. Inde 3
Turnus Rutulique diffisi rebus ad florentes opes Etrus-
corum Mezentiumque regem eorum confugiunt, qui
Caere opulento tum oppido imperitans iam inde ab in-
itio minime laetus novae origine urbis et tum nimio
plus, quam satis tutum esset, accolis rem Troianam
crescere ratus, haud gravatim socia arma Rutulis iun-
xit. Aeneas, adversus tanti belli terrorem ut animos 4
Aboriginum sibi conciliaret nec sub eodem iure solum,

linge zu einer Unterredung herausgerufen. Dann habe er ihn gefragt, wer sie seien, woher und warum sie von daheim aufgebrochen seien und was sie gesucht hätten, als sie im Laurentischen Gebiet an Land gegangen seien. Nachdem er gehört habe, daß es sich bei der Menge um Trojaner handle, daß ihr Führer Aeneas sei, der Sohn des Anchises und der Venus, daß sie nach der Einäscherung ihrer Vaterstadt ihre Heimat verlassen hätten und einen Wohnsitz und eine Stelle für die Gründung einer Stadt suchten, habe ihn der berühmte Name des Volkes und des Mannes beeindruckt und auch die Tatsache, daß er zum Krieg wie zum Frieden gleichermaßen bereit war, und er habe ihm die Hand gereicht und so ihre Freundschaft für die Zukunft besiegelt. Darauf sei zwischen den Führern ein Vertrag geschlossen worden, und die Heere hätten sich gegenseitig begrüßt. Aeneas habe die Gastfreundschaft des Latinus genossen; und dort habe Latinus vor den Hausgöttern eine familiäre Verbindung auf die zwischen den Völkern folgen lassen, indem er seine Tochter mit Aeneas verheiratete. Das bestärkte die Trojaner auf jeden Fall in der Hoffnung, endlich einen dauernden und festen Wohnsitz zu finden und damit ihre Irrfahrt beenden zu können. Sie gründeten eine Stadt; Aeneas nannte sie nach seiner Frau Lavinium. Bald gab es auch einen männlichen Sproß aus der neuen Ehe, dem die Eltern den Namen Ascanius gaben.

Hierauf wurden die Aboriginer und die Trojaner zugleich angegriffen. Turnus, der König der Rutuler, dem Lavinia vor der Ankunft des Aeneas versprochen gewesen war, trug schwer daran, daß ein Ankömmling ihm vorgezogen worden war, und hatte mit Aeneas und Latinus zugleich Krieg angefangen. Keines der beiden Heere schied froh aus diesem Kampf: die Rutuler wurden besiegt, die siegreichen Aboriginer und Trojaner verloren ihren Führer Latinus. Danach hatten Turnus und die Rutuler kein Selbstvertrauen mehr und suchten ihre Zuflucht bei der in voller Blüte stehenden Macht der Etrusker und ihrem König Mezentius, der in Caere herrschte, damals einer mächtigen Stadt. Der war schon von Anfang an keineswegs erfreut gewesen über das Entstehen der neuen Stadt und glaubte jetzt, die Macht der Trojaner wachse bei weitem mehr, als mit der Sicherheit der angrenzenden Nachbarn zu vereinbaren sei; daher schloß er nicht ungern ein Waffenbündnis mit den Rutulern. Um die Aboriginer im Hinblick auf das Schrecknis eines so großen Krieges für sich zu gewinnen und damit alle nicht nur nach demselben Recht lebten, son-

sed etiam nomine omnes essent, Latinos utramque
gentem appellavit. Nec deinde Aborigines Troianis 5
studio ac fide erga regem Aenean cessere. Fretusque
his animis coalescentium in dies magis duorum populorum Aeneas, quamquam tanta opibus Etruria erat, ut iam non terras solum, sed mare etiam per totam Italiae longitudinem ab Alpibus ad fretum Siculum fama nominis sui implesset, tamen, cum moenibus bellum propulsare posset, in aciem copias eduxit. Secundum inde 6
proelium Latinis, Aeneae etiam ultimum operum mortalium fuit. Situs est, quemcumque eum dici ius fasque est, super Numicum flumen; Iovem Indigetem appellant.

Nondum maturus imperio Ascanius, Aeneae filius, 3
erat; tamen id imperium ei ad puberem aetatem incolume mansit; tantisper tutela muliebri – tanta indoles in Lavinia erat – res Latina et regnum avitum paternumque puero stetit. Haud ambigam – quis enim rem 2
tam veterem pro certo adfirmet? –, hicine fuerit Ascanius an maior quam hic, Creusa matre Ilio incolumi natus comesque inde paternae fugae, quem Iulum eundem Iulia gens auctorem nominis sui nuncupat. Is As- 3
canius, ubicumque et quacumque matre genitus – certe natum Aenea constat –, abundante Lavinii multitudine florentem iam, ut tum res erant, atque opulentam urbem matri seu novercae reliquit; novam ipse aliam sub Albano monte condidit, quae ab situ porrectae in dorso urbis Longa Alba appellata. Inter Lavinium 4
⟨conditum⟩ et Albam Longam coloniam deductam triginta ferme interfuere anni. Tantum tamen opes creverant, maxime fusis Etruscis, ut ne morte quidem Aeneae nec deinde inter muliebrem tutelam rudimentumque primum puerilis regni movere arma aut Mezentius Etruscique aut ulli alii accolae ausi sint. Pax ita 5

dern auch denselben Namen trügen, nannte Aeneas die beiden Völker Latiner. Seitdem standen die Aboriginer an Eifer und Treue gegenüber dem König Aeneas den Trojanern nicht nach. Auf diese Gesinnung der von Tag zu Tag mehr zusammenwachsenden beiden Völker verließ sich Aeneas: zwar war Etrurien so mächtig, daß es schon nicht nur die Lande, sondern auch das Meer über die ganze Länge Italiens von den Alpen bis zur Sizilischen Meerenge mit dem Ruhm seines Namens erfüllt hatte; trotzdem führte Aeneas, obwohl er den Krieg von den Mauern aus hätte abwehren können, seine Truppen zur Schlacht hinaus. Der Kampf ging dann für die Latiner günstig aus, für Aeneas war es auch das letzte, was er auf Erden vollbracht hat. Begraben liegt er, wie auch immer man ihn nennen darf und soll, am Ufer des Numicus; man ruft ihn als Jupiter Indiges *(den heimischen Jupiter)* an.

Ascanius, der Sohn des Aeneas, war für die Herrschaft noch nicht alt genug. Doch blieb ihm diese Herrschaft unangetastet erhalten, bis er volljährig wurde. In der Zwischenzeit verblieb dem Knaben unter weiblicher Vormundschaftsregierung – so große Fähigkeiten besaß Lavinia – der Latinerstaat und das vom Großvater und vom Vater ererbte Königtum. Ich möchte es offenlassen – denn wer möchte schon eine so alte Geschichte als gesichert hinstellen? –, ob es dieser Ascanius war oder ein älterer als dieser, den Krëusa geboren hatte, als Ilion noch unversehrt stand, und der danach seinen Vater auf der Flucht begleitet hatte, den die Familie der Julier Julus nennt, wobei sie ihren Namen auf ihn zurückführt. Dieser Ascanius, wo er auch geboren war und wen er auch zur Mutter hatte – daß er ein Sohn des Aeneas war, steht jedenfalls fest –, überließ, weil Lavinium von Einwohnern überquoll, die für damalige Verhältnisse schon blühende und mächtige Stadt seiner Mutter oder Stiefmutter und gründete selbst eine andere, neue dicht am Albaner Berg, die nach ihrer Lage – die Stadt zog sich auf einem Bergrücken hin – Longa Alba *(Lang-Alba)* genannt wurde. Zwischen der Gründung von Lavinium und der Anlage der Tochterstadt Alba Longa lagen etwa 30 Jahre. So sehr jedoch war ihre Macht gewachsen, besonders durch den Sieg über die Etrusker, daß nicht einmal beim Tod des Aeneas und dann während der weiblichen Vormundschaftsregierung und während der ersten Regierungsversuche des Knaben Mezentius und die Etrusker oder irgendwelche anderen angrenzenden Völker es wagten, die Waffen zu rühren. Im

convenerat, ut Etruscis Latinisque fluvius Albula, quem nunc Tiberim vocant, finis esset.

Silvius deinde regnat, Ascani filius, casu quodam in 6
silvis natus. Is Aenean Silvium creat; is deinde Latinum 7
Silvium. Ab eo coloniae aliquot deductae, Prisci Latini
appellati. Mansit Silviis postea omnibus cognomen,
qui Albae regnarunt. Latino Alba ortus, Alba Atys, 8
Atye Capys, Capye Capetus, Capeto Tiberinus, qui in
traiectu Albulae amnis submersus celebre ad posteros
nomen flumini dedit. Agrippa inde, Tiberini filius, 9
post Agrippam Romulus Silvius a patre accepto impe-
rio regnat. Aventino fulmine ipse ictus regnum per ma-
nus tradidit. Is sepultus in eo colle, qui nunc pars Ro-
manae est urbis, cognomen colli fecit. Proca deinde re-
gnat. Is Numitorem atque Amulium procreat; Numi- 10
tori, qui stirpis maximus erat, regnum vetustum Silviae
gentis legat. Plus tamen vis potuit quam voluntas patris
aut verecundia aetatis: pulso fratre Amulius regnat. 11
Addit sceleri scelus: stirpem fratris virilem interimit,
fratris filiae Reae Silviae per speciem honoris, cum Ve-
stalem eam legisset, perpetua virginitate spem partus
adimit.

Sed debebatur, ut opinor, fatis tantae origo urbis 4
maximique secundum deorum opes imperii princi-
pium. Vi compressa Vestalis, cum geminum partum 2
edidisset, seu ita rata, seu quia deus auctor culpae ho-
nestior erat, Martem incertae stirpis patrem nuncupat.
Sed nec di nec homines aut ipsam aut stirpem a crudeli- 3
tate regia vindicant: sacerdos vincta in custodiam da-
tur, pueros in profluentem aquam mitti iubet. Forte 4
quadam divinitus super ripas Tiberis effusus lenibus

Friedensvertrag war man übereingekommen, daß der Fluß Albula, der jetzt Tiber heißt, die Grenze zwischen den Etruskern und den Latinern bilden sollte.

Danach herrschte Silvius *(Waldmann)*, der Sohn des Ascanius, der durch einen Zufall im Wald geboren war. Er zeugte den Aeneas Silvius, dieser dann den Latinus Silvius. Von dem wurden einige Pflanzstädte gegründet, die sogenannten Alten Latiner. Der Beiname Silvius blieb später allen, die in Alba herrschten. Von Latinus stammte Alba ab, von Alba Atys, von Atys Capys, von Capys Capetus, von Capetus Tiberinus, der beim Überqueren der Albula ertrank und dem Fluß den bei der Nachwelt gebräuchlichen Namen gab. Darauf herrschte Agrippa, der Sohn des Tiberinus, nach Agrippa Romulus Silvius durch Übernahme der Herrschaft von seinem Vater. Er selbst wurde vom Blitz getroffen und übergab die Königsherrschaft dem Aventinus von Hand zu Hand. Der wurde auf dem Hügel bestattet, der jetzt ein Teil der Stadt Rom ist, und gab dem Hügel den Namen. Dann herrschte Proca; dieser zeugte Numitor und Amulius. Weil Numitor der älteste seiner Nachkommen war, vermachte Proca ihm die alte Königswürde der Silvierfamilie. Die Gewalt erwies sich jedoch als stärker denn der Wille des Vaters oder die Achtung vor dem Recht des Älteren. Amulius verjagte seinen Bruder und übte die Herrschaft aus. Zu dem einen Verbrechen fügte er noch ein weiteres hinzu: er beseitigte die männliche Nachkommenschaft seines Bruders; die Tochter seines Bruders, Rea Silvia, wählte er – angeblich, um ihr eine Ehre zu erweisen – zur Vestalin und nahm ihr durch die Verpflichtung zu lebenslanger Jungfräulichkeit die Aussicht auf Nachkommenschaft.

Aber das Schicksal wollte, wie ich glaube, die Entstehung einer so bedeutenden Stadt und den Anfang der größten Macht, die nur noch von der der Götter übertroffen wird. Der Vestalin wurde Gewalt angetan, und als sie Zwillinge zur Welt gebracht hatte, gab sie Mars als den Vater ihrer zweifelhaften Nachkommenschaft an, sei es, daß sie wirklich daran glaubte, sei es, weil es ehrenvoller war, einem Gott die Schuld zu geben. Aber weder Götter noch Menschen retteten sie selbst und ihre Nachkommenschaft vor der Grausamkeit des Königs. Die Priesterin wurde gefesselt und in Haft genommen; die Knaben befahl der König in fließendes Wasser zu schaffen. Durch göttliche Fügung war der Tiber über die Ufer getreten, auf den überschwemmten Flächen bewegte sich das Was-

stagnis nec adiri usquam ad iusti cursum poterat amnis
et posse quamvis languida mergi aqua infantes spem fe-
rentibus dabat. Ita, velut defuncti regis imperio, in 5
proxima alluvie, ubi nunc ficus Ruminalis est – Romu-
larem vocatam ferunt –, pueros exponunt. Vastae tum 6
in his locis solitudines erant. Tenet fama, cum fluitan-
tem alveum, quo expositi erant pueri, tenuis in sicco
aqua destituisset, lupam sitientem ex montibus, qui
circa sunt, ad puerilem vagitum cursum flexisse; eam
submissas infantibus adeo mitem praebuisse mammas,
ut lingua lambentem pueros magister regii pecoris in-
venerit – Faustulo fuisse nomen ferunt. Ab eo ad sta-
bula Larentiae uxori educandos datos. Sunt, qui La- 7
rentiam vulgato corpore lupam inter pastores vocatam
putent; inde locum fabulae ac miraculo datum.

Ita geniti itaque educati, cum primum adolevit aetas, 8
nec in stabulis nec ad pecora segnes, venando peragrare
saltus. Hinc robore corporibus animisque sumpto iam 9
non feras tantum subsistere, sed in latrones praeda
onustos impetus facere pastoribusque rapta dividere et
cum his crescente in dies grege iuvenum seria ac iocos
celebrare.

Iam tum in Palatio monte Lupercal hoc fuisse ludi- 5
crum ferunt et a Pallanteo, urbe Arcadica, Pallantium,
dein Palatium montem appellatum. Ibi Euandrum, qui 2
ex eo genere Arcadum multis ante tempestatibus tenu-
erit loca, sollemne allatum ex Arcadia instituisse, ut
nudi iuvenes Lycaeum Pana venerantes per lusum at-
que lasciviam currerent, quem Romani deinde voca-
runt Inuum. Huic deditis ludicro, cum sollemne no- 3
tum esset, insidiatos ob iram praedae amissae latrones,
cum Romulus vi se defendisset, Remum cepisse, cap-
tum regi Amulio tradidisse ultro accusantes. Crimini 4
maxime dabant in Numitoris agros ab iis impetus fieri;

ser kaum von der Stelle. Nirgendwo konnte man an den eigentlichen Lauf des Flusses heran; aber die Männer, die die Kinder brachten, durften hoffen, diese könnten untergehen, wenn das Wasser auch noch so träge floß. So setzten sie, als wenn sie sich damit des königlichen Auftrags entledigt hätten, die Knaben in der nächsten Lache aus, wo jetzt der Ruminalische Feigenbaum steht – man sagt, er habe früher der Romularische geheißen. Damals war in dieser Gegend eine ungeheure Einöde. Es hält sich die Sage, als das seichte Wasser den schwankenden Trog, in dem die Knaben ausgesetzt waren, aufs Trockene gesetzt hatte, habe eine durstige Wölfin aus den umliegenden Bergen auf das Wimmern der Kinder hin ihren Weg geändert. Sie habe den Kindern ihre Zitzen gereicht und sei dabei so sanft gewesen, daß der Aufseher der königlichen Herden – man sagt, er habe Faustulus geheißen – sie fand, wie sie die Knaben mit der Zunge leckte. Er habe diese zu den Stallungen gebracht und seiner Frau Larentia zum Aufziehen gegeben. Manche glauben auch, Larentia sei, weil sie sich jedem hingab, bei den Hirten „Wölfin" genannt worden; das sei der Ansatzpunkt für das Wundermärchen gewesen.

So gezeugt und so erzogen blieben sie, als sie älter wurden, nicht tatenlos in den Stallungen und bei den Herden, sondern durchstreiften jagend Berg und Tal. Das stärkte ihre Körperkraft und ihren Mut, und sie bestanden nicht mehr nur den Kampf mit wilden Tieren, sondern griffen auch mit Beute beladene Räuber an und verteilten den Raub an die Hirten und trieben mit diesen – die Schar der jungen Leute wuchs von Tag zu Tag – ernsthafte und lustige Dinge.

Schon damals soll es auf dem Palatium unser Lupercalienfest gegeben haben, und der Berg soll nach Pallanteion, einer Stadt in Arkadien, Pallantium, dann Palatium genannt worden sein. Dort habe Euander, der von diesem Teil der Arkader abstammte und vor langer Zeit die Gegend bewohnte, die aus Arkadien mitgebrachte Festlichkeit eingeführt, daß nackte Jünglinge zu Ehren des Pan Lykaios, den die Römer später Inuus nannten, in ausgelassenem Spiel einen Umlauf machten. Als sie sich diesem Spiel hingaben – die Festlichkeit war allgemein bekannt –, hätten Räuber aus Wut über den Verlust ihrer Beute ihnen aufgelauert, und während Romulus sich mit Gewalt zur Wehr setzte, hätten sie Remus gefangen, den Gefangenen dem König Amulius übergeben und obendrein Klage erhoben. Der Hauptvorwurf war, sie verübten Überfälle gegen

inde eos collecta iuvenum manu hostilem in modum praedas agere. Sic Numitori ad supplicium Remus deditur.

Iam inde ab initio Faustulo spes fuerat regiam stir- 5
pem apud se educari; nam et expositos iussu regis infantes sciebat et tempus, quo ipse eos sustulisset, ad id ipsum congruere; sed rem immaturam nisi aut per occasionem aut per necessitatem aperire noluerat. Neces- 6
sitas prior venit; ita metu subactus Romulo rem aperit. Forte et Numitori, cum in custodia Remum haberet audissetque geminos esse fratres, comparando et aetatem eorum et ipsam minime servilem indolem tetigerat animum memoria nepotum; sciscitandoque eodem pervenit, ut haud procul esset, quin Remum agnosceret. Ita undique regi dolus nectitur. Romulus non cum 7
globo iuvenum – nec enim erat ad vim apertam par –, sed aliis alio itinere iussis certo tempore ad regiam venire pastoribus ad regem impetum facit, et a domo Numitoris alia comparata manu adiuvat Remus. Ita regem obtruncant.

Numitor inter primum tumultum hostes invasisse 6
urbem atque adortos regiam dictitans, cum pubem Albanam in arcem praesidio armisque obtinendam avocasset, postquam iuvenes perpetrata caede pergere ad se gratulantes vidit, extemplo advocato concilio scelera in se fratris, originem nepotum, ut geniti, ut educati, ut cogniti essent, caedem deinceps tyranni seque eius auctorem ostendit. Iuvenes per mediam contionem ag- 2
mine ingressi cum avum regem salutassent, secuta ex omni multitudine consentiens vox ratum nomen imperiumque regi efficit.

Numitors Ländereien; von dort aus zögen sie mit einer Rotte junger Leute wie Feinde im Krieg auf Beute aus. So wurde Remus dem Numitor zur Bestrafung übergeben.

Schon von Anfang an hatte sich Faustulus der Hoffnung hingegeben, daß er Kinder königlichen Geblüts bei sich aufziehe; denn er wußte, daß auf Befehl des Königs Kinder ausgesetzt worden waren und daß der Zeitpunkt, zu dem er die Kinder aufgenommen hatte, damit genau übereinstimmte. Aber er hatte die Sache nicht zu früh aufdecken wollen, es sei denn bei günstiger Gelegenheit oder bei einem zwingenden Umstand. Der zwingende Umstand stellte sich zuerst ein. So weihte er, von Angst getrieben, Romulus in die Sache ein. Zufällig hatte auch Numitor, als er Remus in Gewahrsam hatte und hörte, es handle sich um Zwillingsbrüder, ihr Alter verglichen und ihr Wesen, das zu einer Abkunft von Sklaven so gar nicht paßte, und das hatte in ihm die Erinnerung an seine Enkel wachgerufen. Und durch Nachfragen kam er zu dem gleichen Ergebnis, so daß nicht mehr viel daran fehlte, und er hätte Remus erkannt. So zog sich von allen Seiten das Netz um den König zusammen. Romulus ging nicht mit dem Haufen seiner jungen Leute vor – denn er wäre einem offenen Kampf nicht gewachsen gewesen –, sondern befahl seinen Hirten, auf diesem und jenem Weg zu einem bestimmten Zeitpunkt zum Königspalast zu kommen, und griff den König an. Und vom Haus des Numitor kam Remus mit einer anderen Schar, die er zusammengebracht hatte, zu Hilfe. So erschlugen sie den König.

In der ersten Verwirrung sagte Numitor immer wieder, Feinde seien in die Stadt eingedrungen und hätten das Königshaus angegriffen, und rief die wehrfähige Mannschaft von Alba auf die Burg, um diese mit bewaffneter Macht zu halten. Als er sah, daß die jungen Männer nach der Mordtat auf ihn zukamen, um ihn zu beglückwünschen, ließ er auf der Stelle eine Versammlung zusammentreten und hielt ihr die Verbrechen seines Bruders gegen ihn vor Augen, die Herkunft seiner Enkel, wie sie gezeugt, wie sie aufgezogen, wie sie erkannt worden seien, die Ermordung des Tyrannen unmittelbar danach und seine eigene Verantwortung dafür. Als die jungen Männer im geordneten Zug mitten durch die Versammlung schritten und ihren Großvater als König begrüßten, bestätigte die ganze Menge durch einhelligen Zuruf dem König Titel und Macht.

Ita Numitori Albana re permissa Romulum Re- 3
mumque cupido cepit in iis locis, ubi expositi ubique
educati erant, urbis condendae. Et supererat multitudo
Albanorum Latinorumque; ad id pastores quoque ac-
cesserant, qui omnes facile spem facerent parvam Al-
bam, parvum Lavinium prae ea urbe, quae conderetur,
fore. Intervenit deinde his cogitationibus avitum ma- 4
lum, regni cupido, atque inde foedum certamen coor-
tum a satis miti principio. Quoniam gemini essent nec
aetatis verecundia discrimen facere posset, ut di, quo-
rum tutelae ea loca essent, auguriis legerent, qui nomen
novae urbi daret, qui conditam imperio regeret, Pala-
tium Romulus, Remus Aventinum ad inaugurandum
templa capiunt.

Priori Remo augurium venisse fertur, sex vultures; 7
iamque nuntiato augurio cum duplex numerus Ro-
mulo se ostendisset, utrumque regem sua multitudo
consalutaverat: tempore illi †praecepto, at hi numero
avium regnum trahebant. Inde cum altercatione con- 2
gressi certamine irarum ad caedem vertuntur; ibi in
turba ictus Remus cecidit.

Vulgatior fama est ludibrio fratris Remum novos
transiluisse muros; inde ab irato Romulo, cum verbis
quoque increpitans adiecisset „Sic deinde, quicumque
alius transiliet moenia mea“, interfectum. Ita solus po- 3
titus imperio Romulus; condita urbs conditoris no-
mine appellata.

Palatium primum, in quo ipse erat educatus, muniit.
Sacra dis aliis Albano ritu, Graeco Herculi, ut ab Euan-
dro instituta erant, facit.

Herculem in ea loca Geryone interempto boves mira 4
specie abegisse memorant ac prope Tiberim fluvium,
qua prae se armentum agens nando traiecerat, loco her-

Nachdem so Numitor die Herrschaft in Alba übertragen worden war, ergriff Romulus und Remus das Verlangen, in der Gegend, wo sie ausgesetzt und wo sie erzogen worden waren, eine Stadt zu gründen. Und in der Tat war die Menge der Albaner und der Latiner zu groß; dazu waren noch die Hirten gekommen; sie alle zusammen ließen zweifellos erwarten, daß Alba und daß Lavinium klein sein würden im Vergleich mit der Stadt, die man gründen wollte. Gestört wurden diese Vorstellungen dann von dem Erbübel, der Herrschsucht, und es entwickelte sich daraus ein häßlicher Streit, der aus einem ziemlich harmlosen Anlaß hervorging. Weil sie Zwillinge waren und die Rücksicht auf das Recht des Älteren die Entscheidung nicht herbeiführen konnte, sollten die Götter, unter deren Schutz die Gegend stand, durch Zeichen beim Vogelflug bestimmen, wer der neuen Stadt den Namen geben und wer sie nach ihrer Gründung regieren sollte; daher nahm Romulus das Palatium, Remus den Aventin als Beobachtungspunkt, um den Vogelflug zu befragen.

Zuerst soll Remus ein Zeichen erhalten haben, sechs Geier; das Zeichen war bereits gemeldet, da hatte sich dem Romulus die doppelte Anzahl gezeigt, und beide waren von ihrem Anhang als König begrüßt worden. Die einen leiteten den Anspruch auf die Königswürde von dem früheren Zeitpunkt ab, die anderen dagegen von der Anzahl der Vögel. Darüber gerieten sie in Streit, und die zornige Auseinandersetzung führte zu blutigem Kampf. Dabei wurde Remus im Getümmel getroffen und fiel.

Bekannter ist die Überlieferung, Remus sei, um sich über seinen Bruder lustig zu machen, über die neuen Mauern gesprungen; daraufhin habe ihn Romulus in seinem Zorn erschlagen und ihn dazu noch mit den Worten verhöhnt: „So soll es künftig jedem ergehen, der über meine Mauern springt." So gewann Romulus allein die Herrschaft; die neugegründete Stadt wurde nach ihrem Gründer benannt.

Als erstes befestigte Romulus das Palatium, auf dem er selbst aufgewachsen war. Den übrigen Göttern opferte er nach dem Ritus von Alba, dem Herkules nach griechischem Ritus, wie es von Euander eingeführt worden war.

Es heißt, Herkules habe, nachdem er den Geryones getötet hatte, dessen prachtvolle Rinder in diese Gegend getrieben und sich in der Nähe des Tiber, den er schwimmend, die Herde vor sich hertreibend, überquert hatte, auf einer saftigen Wiese gelagert; die Rinder sollten sich aus-

bido, ut quiete et pabulo laeto reficeret boves, et ipsum
fessum via procubuisse. Ibi cum eum cibo vinoque gra- 5
vatum sopor oppressisset, pastor accola eius loci, no-
mine Cacus, ferox viribus, captus pulchritudine boum
cum avertere eam praedam vellet, quia, si agendo ar-
mentum in speluncam compulisset, ipsa vestigia quae-
rentem dominum eo deductura erant, aversos boves,
eximium quemque pulchritudine, caudis in speluncam
traxit. Hercules ad primam auroram somno excitus 6
cum gregem perlustrasset oculis et partem abesse nu-
mero sensisset, pergit ad proximam speluncam, si forte
eo vestigia ferrent. Quae ubi omnia foras versa vidit
nec in partem aliam ferre, confusus atque incertus ani-
mi ex loco infesto agere porro armentum occepit. Inde 7
cum actae boves quaedam ad desiderium, ut fit, relicta-
rum mugissent, reddita inclusarum ex spelunca boum
vox Herculem convertit. Quem cum vadentem ad spe-
luncam Cacus vi prohibere conatus esset, ictus clava fi-
dem pastorum nequiquam invocans morte occubuit.

Euander tum ea profugus ex Peloponneso auctori- 8
tate magis quam imperio regebat loca, venerabilis vir
miraculo litterarum, rei novae inter rudes artium ho-
mines, venerabilior divinitate credita Carmentae ma-
tris, quam fatiloquam ante Sibyllae in Italiam adven-
tum miratae eae gentes fuerant. Is tum Euander con- 9
cursu pastorum trepidantium circa advenam manifestae
reum caedis excitus, postquam facinus facinorisque
causam audivit, habitum formamque viri aliquantum
ampliorem augustioremque humana intuens rogitat,
qui vir esset. Ubi nomen patremque ac patriam accepit, 10
„Iove nate, Hercules, salve“ inquit; „te mihi mater,
veridica interpres deum, aucturum caelestium nume-
rum cecinit tibique aram hic dicatum iri, quam opulen-
tissima olim in terris gens maximam vocet tuoque ritu

ruhen und bei üppigem Futter erholen, und auch er selbst war von dem Weg erschöpft. Als er hier, von Speise und Wein beschwert, von tiefem Schlaf übermannt wurde, stachen einem Hirten mit Namen Cacus, der in der Nähe hauste, einem dreisten, bärenstarken Kerl, die schönen Rinder in die Augen, und er wollte sie als Beute beiseite schaffen. Wenn er aber die Herde einfach in seine Höhle getrieben hätte, hätten die Spuren den Eigentümer beim Suchen dorthin führen müssen; daher zog er die Rinder, und zwar die allerschönsten, rückwärts am Schwanz in seine Höhle. Als Herkules bei der ersten Morgenröte aus dem Schlaf erwachte, seine Augen über die Herde schweifen ließ und merkte, daß ein Teil fehlte, ging er zur nächsten Höhle, ob die Spuren vielleicht dorthin führten. Nachdem er sah, daß sie alle nach draußen gingen und in keine andere Richtung führten, war er verwirrt und unsicher und begann, die Herde aus der unheimlichen Gegend wegzutreiben. Da muhten, wie es vorkommt, beim Wegziehen ein paar Kühe, weil sie die zurückgebliebenen vermißten; das Brüllen der eingesperrten Kühe antwortete aus der Höhle und ließ Herkules umkehren. Als er zu der Höhle kam, suchte Cacus ihn mit Gewalt zu hindern, wurde aber von der Keule getroffen, und vergeblich nach dem Beistand der Hirten rufend, sank er in den Tod.

Über diese Gegend herrschte damals Euander, ein Flüchtling aus der Peloponnes, mehr durch sein Ansehen als aufgrund der Vollmacht eines Herrschers, ein Mann, verehrungswürdig durch das Wunder der Schreibkunst, die etwas ganz Neues für diese ungebildeten Menschen war, verehrungswürdiger noch durch die göttliche Natur, die man seiner Mutter Carmenta zuschrieb, die diese Völker vor der Ankunft der Sibylle in Italien als Seherin bewundert hatten. Dieser Euander wurde damals durch das Zusammenströmen der Hirten aufgeschreckt, die aufgeregt um den Fremden herumliefen, der sich offensichtlich eines Totschlags schuldig gemacht hatte. Nachdem er den Tathergang und den Anlaß für die Tat erfahren hatte, betrachtete er die Haltung und die Gestalt des Mannes, die erheblich größer und majestätischer war als bei Menschen, und fragte ihn, wer er sei. Als er Namen, Vater und Heimat vernahm, sagte er: „Sei willkommen, Herkules, Sohn des Jupiter! Meine Mutter, durch deren Mund die Götter die Wahrheit verkündeten, hat mir geweissagt, du würdest die Zahl der Himmlischen vergrößern und dir würde hier ein Altar geweiht werden, den dereinst das mächtigste Volk der Erde den größ-

colat.“ Dextra Hercules data accipere se omen imple- 11
turumque fata ara condita ac dicata ait.

Ibi tum primum bove eximia capta de grege sacrum 12
Herculi adhibitis ad ministerium dapemque Potitiis ac
Pinariis, quae tum familiae maxime inclitae ea loca in-
colebant, factum. Forte ita evenit, ut Potitii ad tempus 13
praesto essent iisque exta apponerentur, Pinarii extis
adesis ad ceteram venirent dapem. Inde institutum
mansit, donec Pinarium genus fuit, ne extis sollem-
nium vescerentur. Potitii ab Euandro edocti antistites 14
sacri eius per multas aetates fuerunt, donec tradito ser-
vis publicis sollemni familiae ministerio genus omne
Potitiorum interiit.

Haec tum sacra Romulus una ex omnibus peregrina 15
suscepit, iam tum immortalitatis virtute partae, ad
quam eum sua fata ducebant, fautor.

Rebus divinis rite perpetratis vocataque ad conci- 8
lium multitudine, quae coalescere in populi unius cor-
pus nulla re praeterquam legibus poterat, iura dedit;
quae ita sancta generi hominum agresti fore ratus, si se 2
ipse venerabilem insignibus imperii fecisset, cum ce-
tero habitu se augustiorem, tum maxime lictoribus
duodecim sumptis fecit.

Alii ab numero avium, quae augurio regnum porten- 3
derant, eum secutum numerum putant: me haud pae-
nitet eorum sententiae esse, quibus et apparitores et
hoc genus ab Etruscis finitimis, unde sella curulis,
unde toga praetexta sumpta est, ⟨et⟩ numerum quoque
ipsum ductum placet et ita habuisse Etruscos, quod ex

ten *(ara maxima)* nennen und nach deinem Ritus heilig halten werde." Herkules reichte ihm die Hand und sagte, er nehme die Verheißung an und werde den Willen des Schicksals erfüllen, indem er den Altar errichte und weihe.

Dort wurde damals zum erstenmal dem Herkules ein Opfer dargebracht, zu dem man eine besonders schöne Kuh aus der Herde nahm. Zum Opferdienst und zum Opfermahl wurden die Potitier und die Pinarier herangezogen, die bekanntesten Familien, die damals in dieser Gegend wohnten. Es kam zufällig so, daß die Potitier rechtzeitig zur Stelle waren und ihnen die Innereien vorgesetzt wurden, während die Pinarier erst zum weiteren Opfermahl dazukamen, als die Innereien schon verzehrt waren. Von da an hielt sich der Brauch, daß die Pinarier, solange es diese Familie gab, beim Opfer keine Innereien essen durften. Die Potitier wurden von Euander unterwiesen und waren viele Generationen lang die Oberpriester dieses Kultes, bis der feierliche Opferdienst der Familie Staatssklaven übertragen wurde und daraufhin das ganze Geschlecht der Potitier ausstarb.

Dieser Kult war damals von allen der einzige fremde, den Romulus übernahm, der schon damals ein Förderer einer durch Leistung errungenen Unsterblichkeit war, zu der ihn dann auch seine eigene Bestimmung führte.

Nachdem er die Kulthandlungen ordnungsgemäß vollzogen hatte, berief er die Menge, die allein durch Gesetze zum Organismus eines Volkes zusammenwachsen konnte, zu einer Versammlung und stellte Rechtsnormen auf. Er glaubte jedoch, daß diese dem derben Hirtenvolk nur dann heilig sein würden, wenn er sich selbst durch Insignien der Herrschermacht verehrungswürdiger mache; daher machte er sein Erscheinungsbild durch den Ornat majestätischer, vor allem aber dadurch, daß er sich zwölf Liktoren zulegte.

Manche glauben, er habe diese Zahl nach der Anzahl der Vögel gewählt, die ihm durch ihr Erscheinen die Königsherrschaft angezeigt hatten; ich bin nicht abgeneigt, mich der Meinung derer anzuschließen, die überzeugt sind, die Amtsdiener und dergleichen stammten von den benachbarten Etruskern her, von denen auch der Amtsstuhl *(sella curulis)* und von denen die purpurverbrämte Toga *(toga praetexta)* übernommen ist, und auch die Zahl selbst stamme dorther und die Etrusker hätten es so

duodecim populis communiter creato rege singulos
singuli populi lictores dederint.

Crescebat interim urbs munitionibus alia atque alia 4
appetendo loca, cum in spem magis futurae multitudi-
nis quam ad id, quod tum hominum erat, munirent.
Deinde, ne vana urbis magnitudo esset, adiciendae 5
multitudinis causa vetere consilio condentium urbes,
qui obscuram atque humilem conciendo ad se multitu-
dinem natam e terra sibi prolem ementiebantur, lo-
cum, qui nunc saeptus escendentibus inter duos lucos
est, asylum aperit. Eo ex finitimis populis turba omnis 6
sine discrimine, liber an servus esset, avida novarum
rerum perfugit, idque primum ad coeptam magnitudi-
nem roboris fuit.

Cum iam virium haud paeniteret, consilium deinde 7
viribus parat. Centum creat senatores, sive quia is nu-
merus satis erat, sive quia soli centum erant, qui creari
patres possent. Patres certe ab honore, patriciique pro-
genies eorum appellati.

Iam res Romana adeo erat valida, ut cuilibet finiti- 9
marum civitatium bello par esset; sed penuria mulie-
rum hominis aetatem duratura magnitudo erat, quippe
quibus nec domi spes prolis nec cum finitimis conubia
essent. Tum ex consilio patrum Romulus legatos circa 2
vicinas gentes misit, qui societatem conubiumque
novo populo peterent: urbes quoque, ut cetera, ex in- 3
fimo nasci; dein, quas sua virtus ac di iuvent, magnas
opes sibi magnumque nomen facere; satis scire origini 4
Romanae et deos adfuisse et non defuturam virtutem;
proinde ne gravarentur homines cum hominibus san-
guinem ac genus miscere.

gehalten, weil jedes der zwölf Völker, wenn sie gemeinsam einen König gewählt hatten, ihm einen Liktor gestellt habe.

Unterdessen wuchs die Stadt, und ein Gebiet um das andere wurde in die Befestigungen mit einbezogen; denn sie errichteten die Mauern mehr in der Hoffnung auf eine künftige große Bevölkerung als im Hinblick auf die Menschen, die damals in der Stadt lebten. Damit die Größe der Stadt nicht bloßer Schein blieb, griff Romulus sodann, um weitere Einwohner zu gewinnen, auf eine alte Methode der Städtegründer zurück, die eine Menge dunkler Gestalten und Leute von niedriger Herkunft an sich zogen und dann die Lüge ausstreuten, ihnen sei ein Volk aus der Erde entsprossen, und öffnete die Stelle, die jetzt, wenn man hinaufsteigt, zwischen den beiden Hainen eingehegt ist, als Freistatt *(asylum)*. Hier suchten alle möglichen Leute aus den Nachbarvölkern, die ein neues Leben beginnen wollten, Zuflucht, wobei es nichts ausmachte, ob einer ein Freier oder ein Sklave war; und das war der erste Ansatz zu der beginnenden Größe.

Als Romulus sich jetzt der vorhandenen Kräfte nicht mehr zu schämen brauchte, schuf er dann für diese Kräfte eine beratende Versammlung. Er ernannte hundert Senatoren, sei es weil diese Zahl ausreichend war, sei es weil es nur hundert gab, die man zu „Vätern" ernennen konnte. Väter *(patres)* wurden sie jedenfalls aus Achtung genannt, und ihre Nachkommen hießen Patrizier *(zu den „patres" gehörend)*.

Schon war das römische Gemeinwesen so stark, daß es jeder der Nachbargemeinden im Krieg gewachsen war. Aber da es an Frauen fehlte, konnte die Größe nur ein Menschenalter andauern; denn sie hatten weder daheim Hoffnung auf Nachkommenschaft noch gab es mit den Nachbarvölkern rechtliche Abmachungen zum Eingehen einer Ehe. Da schickte Romulus auf Anraten der Väter Gesandte zu den Nachbarvölkern rundum, die für das neue Volk um ein Bündnis und um das Recht zum Eingehen von Ehen bitten sollten. Auch Städte entständen wie alles übrige aus kleinsten Anfängen; die, welche eigene Tüchtigkeit und die Götter voranbrächten, verschafften sich dann große Macht und einen großen Namen. Sie wüßten gut, daß bei der Gründung Roms auch die Götter mitgewirkt hätten und daß es an Tüchtigkeit nicht fehlen werde. Daher sollten sie sich nicht weigern, als Menschen mit Menschen eine Bluts- und Familienbindung einzugehen.

Nusquam benigne legatio audita est; adeo simul 5
spernebant, simul tantam in medio crescentem molem
sibi ac posteris suis metuebant. Ac plerisque rogitanti-
bus dimissi, ecquod feminis quoque asylum aperuis-
sent; id enim demum compar conubium fore. Aegre id 6
Romana pubes passa, et haud dubie ad vim spectare res
coepit. Cui tempus locumque aptum ut daret, Romu-
lus aegritudinem animi dissimulans ludos ex industria
parat Neptuno equestri sollemnes; Consualia vocat.
Indici deinde finitimis spectaculum iubet, quantoque 7
apparatu tum sciebant aut poterant, concelebrant, ut
rem claram exspectatamque facerent. Multi mortales 8
convenere, studio etiam videndae novae urbis, maxime
proximi quique, Caeninenses, Crustumini, Antemna-
tes; iam Sabinorum omnis multitudo cum liberis ac 9
coniugibus venit. Invitati hospitaliter per domos cum
situm moeniaque et frequentem tectis urbem vidissent,
mirantur tam brevi rem Romanam crevisse.

Ubi spectaculi tempus venit deditaeque eo mentes 10
cum oculis erant, tum ex composito orta vis signoque
dato iuventus Romana ad rapiendas virgines discurrit.
Magna pars forte, in quem quaeque inciderat, raptae: 11
quasdam forma excellentes primoribus patrum desti-
natas ex plebe homines, quibus datum negotium erat,
domos deferebant. Unam longe ante alias specie ac 12
pulchritudine insignem a globo Thalassi cuiusdam rap-
tam ferunt multisque sciscitantibus, cuinam eam fer-
rent, identidem, ne quis violaret, Thalassio ferri clami-
tatum; inde nuptialem hanc vocem factam.

Turbato per metum ludicro maesti parentes virgi- 13
num profugiunt, incusantes violatum hospitii foedus
deumque invocantes, cuius ad sollemne ludosque per
fas ac fidem decepti venissent.

Nirgendwo wurden die Gesandten freundlich angehört. So sehr verachtete man sie, zugleich fürchtete man aber auch für sich und seine Nachkommen die große Macht, die da in ihrer Mitte heranwuchs. Von den meisten wurden sie mit der Frage entlassen, ob sie etwa auch für Frauen eine Freistatt geschaffen hätten; denn das erst würde eine Ehe unter Ebenbürtigen sein. Das nahm die römische Jugend übel auf, und ohne Zweifel begann die Sache auf Gewalt hinauszulaufen. Um dafür einen geeigneten Zeitpunkt und einen passenden Ort zu schaffen, ließ Romulus sich seine Verärgerung nicht anmerken und bereitete mit Fleiß feierliche Spiele zu Ehren des Pferde-Neptun vor; er nannte sie Consualien. Dann ließ er den Nachbarn das Schauspiel ankündigen. Man traf alle Anstalten, soweit man es damals verstand und konnte, es zu einem glänzenden und mit Spannung erwarteten Fest zu machen. Viele Menschen strömten zusammen, auch mit dem Wunsch, die neue Stadt zu sehen, besonders die nächsten Nachbarn aus Caenina, Crustumeria und Antemnae; ferner kam die ganze Bevölkerung der Sabiner mit ihren Kindern und Frauen. Sie wurden gastlich in die Häuser eingeladen, und nachdem sie die Lage und die Mauern und die ganze Stadt mit ihren vielen Häusern gesehen hatten, staunten sie, in wie kurzer Zeit Rom gewachsen war.

Als die Zeit des Schauspiels gekommen war und ihre Aufmerksamkeit und ihre Blicke ganz darauf gerichtet waren, da brach, wie verabredet, die Gewalt los, und auf ein Zeichen hin liefen die jungen Römer nach allen Seiten auseinander, um die Mädchen zu rauben. Ein großer Teil wurde aufs Geratewohl geraubt, wie sie ihnen in die Hände fielen. Einige besonders schöne Mädchen, die für die angesehensten unter den Vätern bestimmt waren, brachten Leute aus dem einfachen Volk, die dazu den Auftrag hatten, in deren Häuser. Eine, die durch ihr Aussehen und ihre Schönheit alle anderen weit übertraf, wurde, wie es heißt, von der Schar eines gewissen Thalassius geraubt, und als viele wissen wollten, wem sie sie denn brächten, riefen sie, damit keiner sie antastete, immer wieder, sie werde dem Thalassius gebracht. Daraus soll der bekannte Hochzeitsruf (*„Thalassio“*) entstanden sein.

Das Spiel war durch den Schrecken zu Ende, verstört liefen die Eltern der Mädchen davon, klagten über die Verletzung des Gastrechts und riefen den Gott an, zu dessen Fest und zu dessen Spielen sie gekommen seien, widerrechtlich und treulos getäuscht.

Nec raptis aut spes de se melior aut indignatio est 14
minor. Sed ipse Romulus circumibat docebatque pa-
trum id superbia factum, qui conubium finitimis ne-
gassent; illas tamen in matrimonio, in societate for-
tunarum omnium civitatisque et, quo nihil carius hu-
mano generi sit, liberum fore; mollirent modo iras et, 15
quibus fors corpora dedisset, darent animos. Saepe ex
iniuria postmodum gratiam ortam; eoque melioribus
usuras viris, quod adnisurus pro se quisque sit, ut, cum
suam vicem functus officio sit, parentium etiam patri-
aeque expleat desiderium. Accedebant blanditiae viro- 16
rum factum purgantium cupiditate atque amore, quae
maxime ad muliebre ingenium efficaces preces sunt.

Iam admodum mitigati animi raptis erant; at rapta- 10
rum parentes tum maxime sordida veste lacrimisque et
querellis civitates concitabant. Nec domi tantum indi-
gnationes continebant, sed congregabantur undique ad
T. Tatium regem Sabinorum, et legationes eo, quod
maximum Tati nomen in iis regionibus erat, convenie-
bant.

Caeninenses Crustuminique et Antemnates erant, 2
ad quos eius iniuriae pars pertinebat. Lente agere his
Tatius Sabinique visi sunt: ipsi inter se tres populi
communiter bellum parant. Ne Crustumini quidem 3
atque Antemnates pro ardore iraque Caeninensium sa-
tis se impigre movent; ita per se ipsum nomen Caeni-
num in agrum Romanum impetum facit. Sed effuse va- 4
stantibus fit obvius cum exercitu Romulus levique cer-
tamine docet vanam sine viribus iram esse. Exercitum
fundit fugatque, fusum persequitur: regem in proelio
obtruncat et spoliat; duce hostium occiso urbem
primo impetu capit. Inde exercitu victore reducto ipse, 5

Die geraubten Mädchen waren wegen ihres Schicksals nicht weniger verzweifelt und nicht weniger empört. Aber Romulus ging selbst von einer zur anderen und wies darauf hin, daß es infolge der Überheblichkeit ihrer Väter dazu gekommen sei, die den Nachbarn jede eheliche Verbindung verweigert hätten. Sie würden jedoch in rechtmäßiger Ehe leben und würden allen Besitz, das Bürgerrecht und die Kinder, die dem Menschengeschlecht das Liebste seien, mit ihren Männern gemeinsam haben. Sie sollten doch ihren Zorn besänftigen und denen, denen der Zufall sie in die Hand gegeben habe, auch ihr Herz schenken. Oft habe sich aus Unrecht im Laufe der Zeit ein gutes Einvernehmen entwickelt, und sie würden um so bessere Männer haben, als sich jeder einzelne Mühe geben werde, nicht nur seinerseits seine Pflicht zu erfüllen, sondern sie auch über den Verlust ihrer Eltern und ihrer Heimat hinwegzutrösten. Dazu kamen Schmeicheleien der Männer, die ihre Tat mit leidenschaftlicher Liebe entschuldigten, eine Bitte, die auf ein Frauenherz am meisten wirkt.

Bald waren die geraubten Mädchen einigermaßen versöhnt. Aber ihre Eltern drängten gerade jetzt in Trauerkleidung und mit Tränen und Klagen ihre Gemeinden zum Handeln; und sie ließen es nicht dabei bewenden, nur daheim ihre Empörung zu äußern, sondern kamen scharenweise von überallher zum Sabinerkönig T. Tatius; auch Abordnungen fanden sich dort ein, weil der Name des Tatius in diesen Gebieten am meisten galt.

Zu einem Teil waren von dem Unrecht Bewohner von Caenina, Crustumeria und Antemnae betroffen. Sie meinten, Tatius und die Sabiner reagierten zu langsam. Daher rüsteten die drei Völker allein für sich zu einem gemeinsamen Krieg. Aber nicht einmal die Bewohner von Crustumeria und Antemnae trieben die Sache für den brennenden Zorn der Leute von Caenina energisch genug voran. Deshalb unternahmen die Bürger von Caenina für sich allein einen Angriff auf das römische Gebiet. Aber als sie in aufgelöster Ordnung das Land verheerten, trat ihnen Romulus mit dem Heer entgegen und machte ihnen in einem raschen Kampf klar, daß Zorn nichts nützt, wenn keine Kraft dahintersteckt. Er schlug ihr Heer und jagte es in die Flucht und setzte ihnen nach. Ihren König erschlug er im Kampf und nahm ihm die Rüstung. Nachdem der Anführer der Feinde gefallen war, eroberte er ihre Stadt im ersten Ansturm. Von dort führte er das siegreiche Heer zurück. Er war ein Mann, der nicht nur

cum factis vir magnificus tum factorum ostentator
haud minor, spolia ducis hostium caesi suspensa fabri-
cato ad id apte ferculo gerens in Capitolium escendit;
ibique ea cum ad quercum pastoribus sacram depo-
suisset, simul cum dono designavit templo Iovis finis
cognomenque addidit deo. „Iuppiter Feretri“ inquit, 6
„haec tibi victor Romulus rex regia arma fero tem-
plumque his regionibus; quas modo animo metatus
sum, dedico sedem opimis spoliis, quae regibus duci-
busque hostium caesis me auctorem sequentes posteri
ferent.“ Haec templi est origo, quod primum omnium 7
Romae sacratum est. Ita deinde dis visum, nec inritam
conditoris templi vocem esse, qua laturos eo spolia
posteros nuncupavit, nec multitudine compotum eius
doni vulgari laudem. Bina postea inter tot annos, tot
bella, opima parta sunt spolia; adeo rara eius fortuna
decoris fuit.

Dum ea ibi Romani gerunt, Antemnatium exercitus 11
per occasionem ac solitudinem hostiliter in fines Ro-
manos incursionem facit. Raptim et ad hos Romana le-
gio ducta palatos in agris oppressit. Fusi igitur primo 2
impetu et clamore hostes, oppidum captum; duplici-
que victoria ovantem Romulum Hersilia coniunx pre-
cibus raptarum fatigata orat, ut parentibus earum det
veniam et in civitatem accipiat; ita rem coalescere con-
cordia posse. Facile impetratum.

Inde contra Crustuminos profectus bellum inferen- 3
tes. Ibi minus etiam, quod alienis cladibus ceciderant
animi, certaminis fuit. Utroque coloniae missae; plures 4
inventi, qui propter ubertatem terrae in Crustuminum
nomina darent. Et Romam inde frequenter migratum
est, a parentibus maxime ac propinquis raptarum.

durch seine Taten glänzte, sondern es ebensogut verstand, seine Taten zur Schau zu stellen; so ließ er die Rüstung des erschlagenen Anführers der Feinde an ein dafür passend angefertigtes Tragegestell hängen und trug sie selbst auf das Kapitol hinauf; hier legte er sie an einer den Hirten heiligen Eiche nieder, bestimmte zugleich mit der Gabe die Fläche für ein Heiligtum des Jupiter und gab dem Gott einen Beinamen. „Jupiter Feretrius", sagte er, „ich, der siegreiche König Romulus, bringe dir diese Königswaffen und bestimme für dich in diesem Bereich, den ich gerade im Geist abgesteckt habe, ein Heiligtum als Stätte für die Feldherrnrüstungen, die die Nachkommen, meinem Beispiel folgend, dir darbringen werden, wenn sie einen König oder Feldherrn der Feinde erschlagen haben." Das ist die Keimzelle des Heiligtums, das als erstes von allen in Rom geweiht worden ist. Den Göttern schien es später gut, daß die Worte des Tempelgründers nicht unerfüllt blieben, mit denen er feierlich verkündete, seine Nachfolger würden die Beutewaffen dort hinbringen; doch sollte der Ruhm dieser Gabe auch nicht durch die Vielzahl derjenigen, die in seinen Genuß kämen, entwertet werden. Nur noch zweimal wurden seitdem in so vielen Jahren und so vielen Kriegen Feldherrnrüstungen gewonnen; so selten hatte man das Glück, diesen Ruhm zu erlangen.

Während die Römer dort so beschäftigt waren, machte das Heer von Antemnae sich die Gelegenheit, daß das Land verlassen dalag, zunutze und drang in das römische Gebiet ein. Auf der Stelle rückte die römische Legion gegen sie aus und fiel über die im Land herumschweifenden Plünderer her. So wurden die Feinde mit dem ersten Angriff und Feldgeschrei verjagt, ihre Stadt eingenommen. Als Romulus den doppelten Sieg feierte, bat ihn seine Frau Hersilia, von den Bitten der geraubten Mädchen erweicht, mit ihren Eltern Nachsicht zu haben und sie in die Bürgergemeinschaft aufzunehmen. Auf diese Weise könne der Staat in Eintracht zusammenwachsen. Ihre Bitte wurde ohne weiteres erfüllt.

Dann rückte er gegen die Bewohner von Crustumeria ins Feld, die den Krieg in sein Land trugen. Hier kam es noch weniger zu einem Kampf, weil sie durch die Niederlagen der anderen mutlos geworden waren. Nach beiden Orten wurden Siedler geschickt; es fanden sich freilich mehr, die sich für das Gebiet von Crustumeria meldeten, weil der Boden dort sehr fruchtbar war. Viele zogen auch von dort nach Rom, vor allem Eltern und Verwandte der geraubten Mädchen.

Novissimum ab Sabinis bellum ortum, multoque id 5
maximum fuit; nihil enim per iram aut cupiditatem ac-
tum est, nec ostenderunt bellum prius quam intule-
runt. Consilio etiam additus dolus. Sp. Tarpeius Ro- 6
manae praeerat arci. Huius filiam virginem auro cor-
rumpit Tatius, ut armatos in arcem accipiat; aquam
forte ea tum sacris extra moenia petitum ierat. Accepti 7
obrutam armis necavere, seu ut vi capta potius arx vi-
deretur, seu prodendi exempli causa, ne quid usquam
fidum proditori esset. Additur fabula, quod vulgo Sa- 8
bini aureas armillas magni ponderis brachio laevo gem-
matosque magna specie anulos habuerint, pepigisse
eam, quod in sinistris manibus haberent; eo scuta illi
pro aureis donis congesta. Sunt, qui eam ex pacto tra- 9
dendi, quod in sinistris manibus esset, derecto arma
petisse dicant et fraude visam agere sua ipsam peremp-
tam mercede.

Tenuere tamen arcem Sabini atque inde postero die, 12
cum Romanus exercitus instructus, quod inter Palati-
num Capitolinumque collem campi est, complesset,
non prius descenderunt in aequum, quam ira et cupidi-
tate recuperandae arcis stimulante animos in adversum
Romani subiere. Principes utrimque pugnam ciebant 2
ab Sabinis Mettius Curtius, ab Romanis Hostius Ho-
stilius. Hic rem Romanam iniquo loco ad prima signa
animo atque audacia sustinebat. Ut Hostius cecidit, 3
confestim Romana inclinatur acies fusaque est ad vete-
rem portam Palati. Romulus et ipse turba fugientium
actus arma ad caelum tollens „Iuppiter, tuis“ inquit 4
„iussus avibus hic in Palatio prima urbi fundamenta
ieci. Arcem iam scelere emptam Sabini habent; inde

Als letzte begannen die Sabiner den Krieg, und das war bei weitem der schwerste; denn sie ließen sich weder von Zorn und Leidenschaft hinreißen noch kündeten sie den Krieg vor seinem Beginn an. Zu dem planmäßigen Vorgehen kam noch eine List. Sp. Tarpejus hatte das Kommando über die Burg von Rom. Dessen junge Tochter wurde von Tatius bestochen, Bewaffnete in die Burg hineinzulassen; sie war damals zufällig vor die Mauern gegangen, um für eine Opferhandlung Wasser zu holen. Kaum waren sie eingelassen, da warfen sie ihre Schilde auf das Mädchen und brachten es so um; es sollte doch so aussehen, als sei die Burg mit Gewalt genommen worden, oder sie wollten damit ein Exempel statuieren, daß ein Verräter nie damit rechnen dürfe, daß man ein ihm gegebenes Wort halte. Daran knüpft sich die Sage, weil die Sabiner allgemein am linken Arm schwere goldene Armreifen und prächtige, mit Edelsteinen besetzte Ringe getragen hätten, habe sich das Mädchen als Lohn ausbedungen, was sie an der linken Hand hätten; daraufhin hätten sie anstatt der goldenen Geschenke alle ihre Schilde auf sie geworfen. Einige berichten auch, das Mädchen habe aufgrund der Abmachung, daß sie ihr übergeben sollten, was sie an der linken Hand hätten, ausdrücklich ihre Schilde verlangt; da hätten sie ihre Hinterlist bemerkt, und sie sei durch den Lohn, den sie selbst gefordert hatte, zu Tode gekommen.

Jedenfalls war die Burg jetzt in der Hand der Sabiner. Als sich tags darauf das römische Heer zur Schlacht formierte und das ganze Gelände zwischen dem Palatin und dem Kapitol füllte, stiegen sie nicht eher in die Ebene hinab, bis die Römer, getrieben von dem wütenden Verlangen, die Burg zurückzugewinnen, gegen die vor ihnen liegende Höhe anrückten. Herausragende Krieger rissen auf beiden Seiten zum Kampf mit, bei den Sabinern Mettius Curtius, bei den Römern Hostius Hostilius. Dieser konnte durch seinen Mut und seine Kühnheit in vorderster Linie erreichen, daß die Römer sich trotz ihrer ungünstigen Position behaupteten. Als Hostius fiel, kam die römische Schlachtreihe sofort ins Wanken und wurde bis zum alten Tor des Palatiums gejagt. Auch Romulus selbst wurde von der Masse der Fliehenden mit fortgerissen; da erhob er seine Waffen zum Himmel und rief: „Jupiter, auf das Vogelzeichen hin, das du mir geschickt hast, habe ich hier auf dem Palatium die ersten Grundmauern für die Stadt gelegt. Die Burg ist bereits durch Bestechung in der Hand der Sabiner. Jetzt kommen sie von dort bewaffnet heran und haben

huc armati superata media valle tendunt; at tu, pater 5
deum hominumque, hinc saltem arce hostes, deme ter-
rorem Romanis fugamque foedam siste! Hic ego tibi 6
templum Statori Iovi, quod monumentum sit posteris
tua praesenti ope servatam urbem esse, voveo." Haec 7
precatus, veluti si sensisset auditas preces, „Hinc" in-
quit, „Romani, Iuppiter Optimus Maximus resistere
atque iterare pugnam iubet." Restitere Romani tam-
quam caelesti voce iussi: ipse ad primores Romulus
provolat.

Mettius Curtius ab Sabinis princeps ab arce decu- 8
currerat et effusos egerat Romanos, toto quantum foro
spatium est. Nec procul iam a porta Palati erat clami-
tans „Vicimus perfidos hospites, imbelles hostes; iam
sciunt longe aliud esse virgines rapere, aliud pugnare
cum viris." In eum haec gloriantem cum globo ferocis- 9
simorum iuvenum Romulus impetum facit. Ex equo
tum forte Mettius pugnabat; eo pelli facilius fuit. Pul-
sum Romani persequuntur; et alia Romana acies auda-
cia regis accensa fundit Sabinos. Mettius in paludem 10
sese strepitu sequentium trepidante equo coniecit;
averteratque ea res etiam Sabinos tanti periculo viri. Et
ille quidem adnuentibus ac vocantibus suis favore mul-
torum addito animo evadit.

Romani Sabinique in media convalle duorum montium redintegrant proelium. Sed res Romana erat superior.

Tum Sabinae mulieres, quarum ex iniuria bellum or- 13
tum erat, crinibus passis scissaque veste victo malis
muliebri pavore ausae se inter tela volantia inferre, ex
transverso impetu facto dirimere infestas acies, diri-
mere iras hinc patres, hinc viros orantes, ne se sanguine 2
nefando soceri generique respergerent, ne parricidio

die Mitte der Talsenke bereits überschritten. Doch du, Vater der Götter und Menschen, halte die Feinde wenigstens von diesem Platz hier fern, nimm den Schrecken von den Römern und bringe die schimpfliche Flucht zum Stehen! Hier gelobe ich dir als dem Jupiter Stator *(Fluchthemmer)* ein Heiligtum zum Zeichen für die Nachwelt, daß deine unmittelbare Hilfe die Stadt gerettet hat." Nach diesem Gebet rief er, als hätte er gespürt, daß seine Bitten erhört wurden: „Hier, Römer, sollt ihr auf Geheiß Jupiters, des Besten und Größten, haltmachen und den Kampf wiederaufnehmen." Und wie auf Befehl einer Stimme vom Himmel machten die Römer halt; Romulus selbst eilte in die vorderste Linie.

Mettius Curtius war auf sabinischer Seite als erster von der Burg herabgestürmt und hatte die Römer in wilder Flucht über den ganzen Raum, den jetzt das Forum einnimmt, vor sich hergetrieben. Jetzt war er nicht mehr weit vom Tor des Palatiums entfernt und rief: „Wir haben sie besiegt, die treulosen Gastgeber, die feigen Feinde. Jetzt merken sie, daß mit Männern zu kämpfen etwas ganz anderes ist als Mädchen zu rauben." Noch während er so prahlte, griff Romulus ihn mit einer Schar der kampflustigsten jungen Männer an. Mettius kämpfte da gerade zu Pferde; um so leichter war er davonzujagen. Die Römer setzten ihm nach. Und eine andere römische Kampfgruppe, durch die Kühnheit ihres Königs angefeuert, schlug die übrigen Sabiner in die Flucht. Mettius stürzte sich, da sein Pferd bei dem Lärm der Verfolger scheute, in einen Sumpf. Dieses Ereignis hatte auch die anderen Sabiner abgelenkt, da ein so bedeutender Mann in Gefahr schwebte. Man winkte und rief ihm zu, die Anteilnahme so vieler gab ihm neuen Mut, und er konnte sich retten.

Die Römer und die Sabiner nahmen in der Mitte der Talsenke zwischen den beiden Anhöhen den Kampf wieder auf. Aber es stand besser für die Römer.

Da verdrängte das schreckliche Geschehen bei den Sabinerinnen, deren Raub Anlaß zum Krieg gegeben hatte, die natürliche Angst der Frauen, und mit aufgelösten Haaren und zerrissenen Kleidern wagten sie es, sich zwischen die fliegenden Geschosse zu werfen; von der Seite her drangen sie vor und trennten die feindlichen Linien, und sie beschwichtigten die Zornigen, indem sie hier ihre Väter, dort ihre Männer anflehten, sie sollten sich doch nicht als Schwiegerväter und Schwiegersöhne mit frevelhaft vergossenem Blut beflecken und die Kinder, die sie erwar-

macularent partus suos, nepotum illi, hi liberum pro-
geniem. „Si adfinitatis inter vos, si conubii piget, in nos 3
vertite iras; nos causa belli, nos vulnerum ac caedium
viris ac parentibus sumus; melius peribimus quam sine
alteris vestrum viduae aut orbae vivemus.“ Movet res 4
cum multitudinem tum duces; silentium et repentina
fit quies; inde ad foedus faciendum duces prodeunt.
Nec pacem modo, sed civitatem unam ex duabus faci-
unt. Regnum consociant, imperium omne conferunt
Romam. Ita geminata urbe, ut Sabinis tamen aliquid 5
daretur, Quirites a Curibus appellati. Monumentum
eius pugnae, ubi primum ex profunda emersus palude
equus Curtium in vado statuit, Curtium lacum appel-
larunt.

Ex bello tam tristi laeta repente pax cariores Sabinas 6
viris ac parentibus et ante omnes Romulo ipsi fecit. Ita-
que cum populum in curias triginta divideret, nomina
earum curiis imposuit. Id non traditur, cum haud du- 7
bie aliquanto numerus maior hoc mulierum fuerit,
aetate an dignitatibus suis virorumve an sorte lectae
sint, quae nomina curiis darent. Eodem tempore et 8
centuriae tres equitum conscriptae sunt. Ramnenses ab
Romulo, ab T. Tatio Titienses appellati; Lucerum no-
minis et originis causa incerta est. Inde non modo com-
mune, sed concors etiam regnum duobus regibus fuit.

Post aliquot annos propinqui regis Tati legatos Lau- 14
rentium pulsant, cumque Laurentes iure gentium age-
rent, apud Tatium gratia suorum et preces plus pot-
erant. Igitur illorum poenam in se vertit; nam Lavinii, 2
cum ad sollemne sacrificium eo venisset, concursu
facto interficitur. Eam rem minus aegre, quam dignum 3
erat, tulisse Romulum ferunt, seu ob infidam societa-

teten, nicht mit dem Makel eines Mordes in ihrer Familie belasten, die einen die Schar ihrer Enkel, die anderen die ihrer Kinder. „Wenn euch aber die Verschwägerung miteinander und wenn euch die eheliche Verbindung nicht paßt, dann richtet doch euren Zorn gegen uns! Wir sind ja der Anlaß des Krieges, wir der Anlaß der Wunden und des blutigen Todes unserer Männer und unserer Väter. Besser, wir sterben, als daß wir ohne einen von euch als Witwen oder als Waisen leben." Das wirkte auf die Masse wie auf die Anführer. Man hörte kein Wort, und plötzlich herrschte Ruhe. Dann traten die Anführer vor, um einen Vertrag zu schließen. Sie schlossen nicht nur Frieden, sondern vereinigten auch die beiden Völkerschaften zu einer. Die Königswürde teilten sie miteinander; alle Herrschergewalt verlegten sie nach Rom. Um in der so geschaffenen Doppelstadt den Sabinern doch auch etwas zu geben, wurden die Bürger nach Cures „Quiriten" genannt. Und zum Andenken an diese Schlacht nannten sie die Stelle, wo das Pferd sich aus dem tiefen Sumpf herausgearbeitet und dem Curtius wieder Boden unter die Füße gegeben hatte, Curtius-Wasser.

Der nach einem so traurigen Krieg unvermutet eingetretene heitere Friede machte die Sabinerinnen ihren Männern und Vätern und vor allem dem Romulus selbst noch lieber. Als er das Volk in 30 Curien einteilte, benannte er die Curien daher nach ihnen. Zweifellos war die Zahl der Frauen erheblich größer als die der Curien; die Überlieferung sagt jedoch nichts darüber, ob die, die den Curien ihren Namen geben sollten, nach dem Alter, nach ihrem Rang oder dem ihrer Männer oder durch das Los ausgewählt wurden. Zur selben Zeit wurden auch drei Reitercenturien gebildet; die Ramnenser wurden nach Romulus, die Titienser nach T. Tatius benannt; warum die Lucerer so heißen und wo sie herkommen, ist unklar. Von da an regierten die beiden Könige nicht nur gemeinsam, sondern auch in Eintracht.

Einige Jahre später mißhandelten Verwandte des Königs Tatius Gesandte der Laurenter, und als die Laurenter nach dem Völkerrecht Genugtuung forderten, wogen bei Tatius das gute Verhältnis zu seinen Verwandten und ihre Bitten schwerer. So zog er die Strafe, die jene hätte treffen müssen, auf sich. Denn als er zu einem feierlichen Opfer nach Lavinium kam, wurde er dort in einem Volksauflauf erschlagen. Es heißt, Romulus habe sich über diesen Vorfall weniger empört, als es angebracht getem regni, seu quia haud iniuria caesum credebat. Itaque bello quidem abstinuit; ut tamen expiarentur legatorum iniuriae regisque caedes, foedus inter Romam Laviniumque urbes renovatum est.

Et cum his quidem insperata pax erat: aliud multo 4
propius atque in ipsis prope portis bellum ortum. Fi-
denates nimis vicinas prope se convalescere opes rati,
priusquam tantum roboris esset, quantum futurum ap-
parebat, occupant bellum facere. Iuventute armata im-
missa vastatur, agri quod inter urbem ac Fidenas est.
Inde ad laevam versi, quia dextra Tiberis arcebat, cum 5
magna trepidatione agrestium populantur; tumultus-
que repens ex agris in urbem inlatus pro nuntio fuit.
Excitus Romulus – neque enim dilationem pati tam vi- 6
cinum bellum poterat – exercitum educit, castra a Fide-
nis mille passuum locat. Ibi modico praesidio relicto 7
egressus omnibus copiis partem militum locis circa
densa virgulta obscuris subsidere in insidiis iussit; cum
parte maiore atque omni equitatu profectus, id quod
quaerebat, tumultuoso et minaci genere pugnae, ad-
equitando ipsis prope portis hostem excivit. Fugae
quoque, quae simulanda erat, eadem equestris pugna
causam minus mirabilem dedit. Et cum velut inter pu- 8
gnae fugaeque consilium trepidante equitatu pedes
quoque referret gradum, plenis repente portis effusi
hostes impulsa Romana acie studio instandi sequendi-
que trahuntur ad locum insidiarum. Inde subito exorti 9
Romani transversam invadunt hostium aciem; addunt
pavorem mota e castris signa eorum, qui in praesidio
relicti fuerant. Ita multiplici terrore perculsi Fidenates
prius paene, quam Romulus quique cum eo erant, cir-
cumagerent frenis equos, terga vertunt; multoque ef- 10

wesen wäre, vielleicht weil die gemeinsame Ausübung der Herrschaft nicht redlich gemeint war, vielleicht aber auch weil er glaubte, Tatius sei nicht zu Unrecht erschlagen worden. Daher sah er von einem Krieg ab; um aber dennoch das Unrecht an den Gesandten und die Ermordung des Königs wiedergutzumachen, wurde der Vertrag zwischen Rom und Lavinium erneuert.

So hatte man mit diesen wider Erwarten Frieden. Doch ein anderer Krieg brach aus, viel näher und fast unmittelbar vor den Toren. Die Leute von Fidenae meinten, allzu nahe bei ihnen wachse eine starke Macht heran, und bevor sie so stark würde, wie sie offensichtlich zu werden drohte, fingen sie rasch einen Krieg an. Sie schickten ihre jungen Männer unter Waffen aus und verwüsteten das ganze Land zwischen Rom und Fidenae; dann bogen sie nach links ab, da rechts der Tiber sie hinderte, und plünderten zum großen Schrecken der Landbevölkerung; erst durch die Unruhe, die plötzlich vom Land in die Stadt drang, erhielt man dort Kunde von dem Geschehen. Aufgeschreckt rückte Romulus mit dem Heer aus – denn ein Krieg in solcher Nähe duldete keinen Aufschub – und schlug eine Meile vor Fidenae sein Lager auf. Dort ließ er nur eine kleine Besatzung zurück, dann rückte er mit allen Truppen los und befahl einem Teil der Soldaten, sich an versteckten Stellen in dem dichten Buschwerk ringsum in den Hinterhalt zu legen. Mit dem größeren Teil der Truppen und der gesamten Reiterei zog er weiter. Indem er mit viel Getöse in einem bedrohlich aussehenden Manöver bis dicht vor die Tore der Stadt sprengte, lockte er, wie er es wollte, die Feinde heraus. Auch für die Flucht, die vorgetäuscht werden sollte, bot dieser Reiterkampf einen unauffälligen Vorwand. Als es dann so aussah, als schwanke die Reiterei, ob sie kämpfen oder fliehen solle, und daraufhin auch das Fußvolk zurückging, stürzten die Feinde plötzlich dichtgedrängt aus den Toren, brachen die römische Schlachtreihe zum Weichen und ließen sich in ihrem Eifer beim Nachsetzen und Verfolgen in den Hinterhalt locken. Dort brachen überraschend die Römer hervor und griffen die feindliche Linie von der Seite her an. Der Schrecken vergrößerte sich noch, als auch die Abteilungen aus dem Lager heranrückten, die dort als Besatzung zurückgelassen worden waren. So gerieten die Leute von Fidenae, von vielen Seiten bedroht, in Panik und ergriffen fast noch schneller die Flucht, als Romulus und seine Begleiter ihre Pferde herumreißen konnten. In noch weit

fusius, quippe vera fuga, qui simulantes paulo ante se-
cuti erant, oppidum repetebant. Non tamen eripuere 11
se hosti: haerens in tergo Romanus, priusquam fores
portarum obicerentur, velut agmine uno inrumpit.

Belli Fidenatis contagione inritati Veientium animi 15
et consanguinitate – nam Fidenates quoque Etrusci
fuerunt – et quod ipsa propinquitas loci, si Romana
arma omnibus infesta finitimis essent, stimulabat. In
fines Romanos excucurrerunt populabundi magis
quam iusti more belli. Itaque non castris positis, non 2
exspectato hostium exercitu raptam ex agris praedam
portantes Veios rediere. Romanus contra, postquam
hostem in agris non invenit, dimicationi ultimae in-
structus intentusque Tiberim transit. Quem postquam 3
castra ponere et ad urbem accessurum Veientes audi-
vere, obviam egressi, ut potius acie decernerent quam
inclusi de tectis moenibusque dimicarent. Ibi viribus 4
nulla arte adiutis tantum veterani robore exercitus rex
Romanus vicit persecutusque fusos ad moenia hostes
urbe valida muris ac situ ipso munita abstinuit: agros
rediens vastat ulciscendi magis quam praedae studio.
Eaque clade haud minus quam adversa pugna subacti 5
Veientes pacem petitum oratores Romam mittunt.
Agri parte multatis in centum annos indutiae datae.

Haec ferme Romulo regnante domi militiaeque ge- 6
sta, quorum nihil absonum fidei divinae originis divi-
nitatisque post mortem creditae fuit, non animus in re-
gno avito recuperando, non condendae urbis consi-
lium, non bello ac pace firmandae. Ab illo enim pro- 7
fecto viribus datis tantum valuit, ut in quadraginta

größerer Unordnung – sie flohen ja wirklich – suchten die, die eben noch die zum Schein Fliehenden verfolgt hatten, wieder in die Stadt zu gelangen. Aber sie konnten dem Feind nicht entkommen; die Römer blieben ihnen hart auf den Fersen, und bevor man die Flügel der Tore vor ihnen schließen konnte, drangen sie mit ein, als gehörten sie dazu.

Der Krieg von Fidenae wirkte ansteckend, und die Leute von Veji fühlten sich herausgefordert; sie waren ja Blutsverwandte – denn auch die Leute von Fidenae waren Etrusker –, und dann beunruhigte sie schon allein die Nachbarschaft des Platzes, die eine Gefahr bedeutete, wenn die römischen Waffen alle Nachbarn bedrohten. Sie fielen in das römische Gebiet ein, mehr plündernd als nach Art eines richtigen Krieges. Daher schlugen sie kein Lager auf, warteten auch nicht auf das feindliche Heer, sondern kehrten mit der Beute, die sie im Land gemacht hatten, wieder nach Veji zurück. Die Römer dagegen, die den Feind in ihrem Land nicht aufspüren konnten, überschritten den Tiber, zu einem Entscheidungskampf gerüstet und entschlossen. Als man in Veji hörte, daß sie ein Lager aufschlugen und gegen ihre Stadt anrücken wollten, zog man ihnen entgegen, um lieber in offener Schlacht eine Entscheidung herbeizuführen als eingeschlossen um ihre Häuser und Mauern kämpfen zu müssen. Da errang der König von Rom, ohne mit seinen Streitkräften eine besondere Taktik anzuwenden, nur durch die Schlagkraft seines kampferprobten Heeres den Sieg; er verfolgte die geschlagenen Feinde bis vor die Stadtmauern; die stark befestigte und schon durch ihre Lage geschützte Stadt griff er jedoch nicht an, sondern verwüstete auf dem Rückweg ihr Land, wobei es ihm mehr auf Vergeltung als auf Beute ankam. Das traf die Leute von Veji nicht weniger hart als ihre Niederlage in der Schlacht, und sie schickten Unterhändler nach Rom mit der Bitte um Frieden. Zur Strafe mußten sie einen Teil ihres Landes abtreten und erhielten dann einen Waffenstillstand für hundert Jahre.

Dies sind im wesentlichen die Ereignisse im Frieden und im Krieg aus der Regierungszeit des Romulus. Nichts davon steht im Widerspruch zu der Überzeugung von seiner göttlichen Herkunft und seinem göttlichen Wesen, an das man nach seinem Tode glaubte: nicht der Mut, mit dem er die Königswürde für seinen Großvater zurückgewann, nicht das planvolle Vorgehen bei der Gründung der Stadt und bei ihrer Festigung im Krieg und im Frieden. Denn er machte sie in der Tat stark und so mäch-

deinde annos tutam pacem haberet. Multitudini tamen 8
gratior fuit quam patribus, longe ante alios acceptissi-
mus militum animis; trecentosque armatos ad custo-
diam corporis, quos Celeres appellavit, non in bello
solum, sed etiam in pace habuit.

His immortalibus editis operibus cum ad exercitum 16
recensendum contionem in campo ad Caprae paludem
haberet, subito coorta tempestas cum magno fragore
tonitribusque tam denso regem operuit nimbo, ut con-
spectum eius contioni abstulerit; nec deinde in terris
Romulus fuit. Romana pubes sedato tandem pavore, 2
postquam ex tam turbido die serena et tranquilla lux
rediit, ubi vacuam sedem regiam vidit, etsi satis crede-
bat patribus, qui proximi steterant, sublimen raptum
procella, tamen velut orbitatis metu icta maestum ali-
quamdiu silentium obtinuit. Deinde a paucis initio 3
facto deum deo natum, regem parentemque urbis Ro-
manae salvere universi Romulum iubent; pacem preci-
bus exposcunt, uti volens propitius suam semper so-
spitet progeniem. Fuisse credo tum quoque aliquos, 4
qui discerptum regem patrum manibus taciti argu-
erent; manavit enim haec quoque, sed perobscura
fama; illam alteram admiratio viri et pavor praesens
nobilitavit.

Et consilio etiam unius hominis addita rei dicitur fi- 5
des. Namque Proculus Iulius, sollicita civitate deside-
rio regis et infensa patribus, gravis, ut traditur, quam-
vis magnae rei auctor, in contionem prodit. „Romu- 6
lus“ inquit, „Quirites, parens urbis huius, prima ho-
dierna luce caelo repente delapsus se mihi obvium de-
dit. Cum perfusus horrore venerabundusque adstitis-
sem petens precibus, ut contra intueri fas esset, ‚Abi, 7
nuntia‘ inquit ‚Romanis caelestes ita velle, ut mea Roma
caput orbis terrarum sit; proinde rem militarem colant

tig, daß sie dann vierzig Jahre lang sicheren Frieden genoß. Die Volksmenge schätzte ihn freilich mehr als die Väter, weitaus am meisten von allen aber liebten ihn die Soldaten. Als Leibwache – nicht nur im Krieg, sondern auch im Frieden – hatte er 300 Bewaffnete, die er Celeres *(die Schnellen)* nannte.

Als er nach diesen unsterblichen Taten zur Musterung des Heeres auf dem Marsfeld beim Ziegensumpf eine Heeresversammlung durchführte, brach plötzlich mit lautem Tosen und Donnern ein Unwetter los und hüllte den König in einen so dichten Sturzregen, daß die Versammelten ihn nicht mehr sehen konnten; und danach war Romulus nicht mehr auf Erden. Der Schrecken legte sich schließlich, als nach diesem Gewittersturm das Tageslicht heiter und ruhig zurückkehrte. Da sahen die Männer von Rom den Platz des Königs leer; sie glaubten zwar den Senatoren, die direkt dabeigestanden hatten, voll und ganz, daß der Sturm ihn emporgerissen habe, waren aber doch eine Zeitlang sprachlos vor Kummer, als hätte die Angst, nunmehr verwaist zu sein, sie gelähmt. Als dann einige wenige den Anfang machten, grüßten sie alle Romulus als Gott, von einem Gott gezeugt, als König und Vater der Stadt Rom; und sie flehten um seinen Beistand, daß er huldvoll und gnädig sein Volk immer behüten möge. Es gab aber, glaube ich, auch damals schon einige, die im stillen die Senatoren beschuldigten, den König eigenhändig in Stücke gerissen zu haben. Denn auch diese Version breitete sich aus, wenn auch nur in ganz dunklen Andeutungen. Jene andere dagegen setzte sich infolge der Bewunderung, die der Mann genoß, und infolge des Schrekkens, der die Menschen befallen hatte, allgemein durch.

Und die Sache soll auch durch den klugen Einfall eines einzelnen Mannes noch glaubhafter geworden sein. Denn während die Bürgerschaft durch den Schmerz über den Verlust ihres Königs aufgewühlt war und den Senatoren grollte, trat Proculus Julius, eine, wie es heißt, gewichtige Autorität auch in einer so bedeutenden Sache, vor die Volksversammlung und sagte: „Mitbürger! Heute beim ersten Licht des Tages kam Romulus, der Vater dieser Stadt, plötzlich vom Himmel herab und trat mir entgegen. Als ich, von Schauer durchbebt und in tiefer Ehrfurcht vor ihm stand und ihn bat, ihm ins Antlitz blicken zu dürfen, sagte er: ‚Geh und verkünde den Römern, es sei der Wille der Himmlischen, daß mein Rom das Haupt des Erdkreises sei. Sie sollen also das Kriegswesen pflegen, und sie

sciantque et ita posteris tradant nullas opes humanas
armis Romanis resistere posse.' Haec" inquit „locutus
sublimis abiit." Mirum, quantum illi viro nuntianti 8
haec fides fuerit quamque desiderium Romuli apud
plebem exercitumque facta fide immortalitatis lenitum
sit.

Patrum interim animos certamen regni ac cupido 17
versabat. Necdum ad singulos, quia nemo magnopere
eminebat in novo populo, pervenerat: factionibus inter
ordines certabatur. Oriundi ab Sabinis, ne, quia post 2
Tati mortem ab sua parte non erat regnatum, in socie-
tate aequa possessionem imperii amitterent, sui corpo-
ris creari regem volebant; Romani veteres peregrinum
regem aspernabantur. In variis voluntatibus regnari ta- 3
men omnes volebant libertatis dulcedine nondum ex-
perta. Timor deinde patres incessit, ne civitatem sine 4
imperio, exercitum sine duce multarum circa civita-
tium inritatis animis vis aliqua externa adoriretur. Et
esse igitur aliquod caput placebat, et nemo alteri con-
cedere in animum inducebat. Ita rem inter se centum 5
patres decem decuriis factis singulisque in singulas de-
curias creatis, qui summae rerum praeessent, conso-
ciant. Decem imperitabant: unus cum insignibus im- 6
perii et lictoribus erat; quinque dierum spatio finieba-
tur imperium ac per omnes in orbem ibat; annuumque
intervallum regni fuit. Id ab re, quod nunc quoque te-
net nomen, interregnum appellatum.

Fremere deinde plebs multiplicatam servitutem, 7
centum pro uno dominos factos; nec ultra nisi regem et
ab ipsis creatum videbantur passuri. Cum sensissent ea 8
moveri patres, offerendum ultro rati, quod amissuri
erant, ita gratiam ineunt summa potestate populo per-

sollen es wissen und es an ihre Nachkommen weitergeben, daß keine Macht der Welt den Waffen Roms widerstehen kann.‘ Nach diesen Worten“, sagte er, „entschwand er in die Höhe.“ Es ist erstaunlich, wieviel Glaube der Mann mit diesen Worten fand und wie der Schmerz um Romulus beim Volk und beim Heer gelindert wurde, nachdem seine Unsterblichkeit als erwiesen galt.

Den Senatoren ließ unterdessen der Streit um die begehrte Königswürde keine Ruhe. Er hatte sich noch nicht auf einzelne Kandidaten konzentriert, weil in dem jungen Volk niemand besonders herausragte; es war ein Parteienstreit zwischen den beiden Stammesgruppen. Die von den Sabinern abstammten, hatten seit dem Tod des Tatius ihrerseits keinen Herrscher mehr gestellt; um den Anspruch auf die Herrschaft, den sie als gleichberechtigte Partner hatten, nicht zu verlieren, verlangten sie daher jetzt, daß man einen König aus ihren Reihen wähle; die Ur-Römer dagegen lehnten einen fremden König ab. Trotz der verschiedenen Interessen waren sie sich aber in dem Wunsch nach einem König einig; denn das Glück der Freiheit hatten sie noch nicht gekostet. Da kam bei den Senatoren die Befürchtung auf, irgendeine auswärtige Macht könne die Stadt, die keine Regierung, und das Heer, das keinen Führer habe, angreifen – denn in vielen Völkerschaften ringsum war die Stimmung gereizt. Auf der einen Seite also war man sich einig, daß man ein Oberhaupt brauchte, auf der anderen konnte sich keine Partei zu einem Zugeständnis entschließen. So teilten die hundert Senatoren die Herrschaft unter sich. Sie bildeten zehn Decurien und bestimmten für jede Decurie einen Mann, der an der Spitze stehen sollte. Zehn übten also die Herrschaft aus. Einer von ihnen trug die Insignien der Herrschermacht und hatte die Liktoren. Seine Herrschaft war auf die Zeit von fünf Tagen beschränkt und ging unter allen reihum. Ein Jahr dauerte die Unterbrechung der Königsherrschaft; dieser Zustand wurde von der Sache her mit einem Wort, das es auch heute noch gibt, Interregnum *(Zwischenkönigtum)* genannt.

Das Volk fing dann aber an zu murren: ihre Unterdrückung habe sich vervielfacht, jetzt seien hundert Gebieter da anstelle des einen. Sie wollten offensichtlich weiterhin nur noch einen König hinnehmen, und zwar einen, den sie selbst gewählt hatten. Als die Senatoren merkten, was da in der Luft lag, hielten sie es für richtig, von sich aus anzubieten, was sie sonst verloren hätten. Sie stellten das gute Einvernehmen wieder her, in-

missa, ut non plus darent iuris quam detinerent. De- 9
creverunt enim, ut, cum populus regem iussisset, id sic
ratum esset, si patres auctores fierent. Hodie quoque in
legibus magistratibusque rogandis usurpatur idem ius
vi adempta; priusquam populus suffragium ineat, in
incertum comitiorum eventum patres auctores fiunt.
Tum interrex contione advocata „Quod bonum, fau- 10
stum felixque sit“ inquit, „Quirites, regem create; ita
patribus visum est. Patres deinde, si dignum, qui se-
cundus ab Romulo numeretur, crearitis, auctores
fient.“ Adeo id gratum plebi fuit, ut, ne victi beneficio 11
viderentur, id modo sciscerent iuberentque, ut senatus
decerneret, qui Romae regnaret.

Inclita iustitia religioque ea tempestate Numae 18
Pompili erat. Curibus Sabinis habitabat, consultissi-
mus vir, ut in illa quisquam esse aetate poterat, omnis
divini atque humani iuris. Auctorem doctrinae eius, 2
quia non exstat alius, falso Samium Pythagoram edunt,
quem Servio Tullio regnante Romae centum amplius
post annos in ultima Italiae ora circa Metapontum
Heracleamque et Crotonem iuvenum aemulantium
studia coetus habuisse constat. Ex quibus locis, etsi 3
eiusdem aetatis fuisset, quae fama in Sabinos? Aut quo
linguae commercio quemquam ad cupiditatem dis-
cendi excivisset? Quove praesidio unus per tot gentes
dissonas sermone moribusque pervenisset? Suopte igi- 4
tur ingenio temperatum animum virtutibus fuisse opi-
nor magis instructumque non tam peregrinis artibus
quam disciplina tetrica ac tristi veterum Sabinorum,
quo genere nullum quondam incorruptius fuit.

Audito nomine Numae patres Romani, quamquam 5
inclinari opes ad Sabinos rege inde sumpto videbantur,
tamen neque se quisquam nec factionis suae alium nec

dem sie dem Volk die höchste Machtbefugnis in der Weise überließen, daß sie nicht mehr Rechte veräußerten, als sie sich vorbehielten. Sie beschlossen nämlich, wenn das Volk einen König ernannt habe, solle das erst rechtskräftig werden, wenn der Senat diesen Akt bestätigte. Noch heute gelangt, wenn Gesetze vorgeschlagen und Beamte gewählt werden, dasselbe Recht zur Anwendung, wenn es auch seinen Sinn verloren hat: bevor das Volk zur Abstimmung schreitet, gibt der Senat seine Bestätigung, obwohl es noch unklar ist, was bei der Abstimmung herauskommt. Damals berief der Interrex die Volksversammlung ein und verkündete: „Möge es gut, glückhaft und segensreich sein, Mitbürger, wenn ihr jetzt einen König wählt. Der Senat hat so entschieden. Wenn ihr einen gewählt habt, der würdig ist, Nachfolger des Romulus zu werden, dann wird der Senat die Wahl bestätigen." Das gefiel dem Volk so sehr, daß es, um sich an Entgegenkommen nicht übertreffen zu lassen, nur beschloß und anordnete, der Senat solle entscheiden, wer König sein solle.

Man sprach in dieser Zeit viel von der Gerechtigkeit und der Frömmigkeit des Numa Pompilius. Er wohnte in Cures im Sabinerland und war, soweit man es in jener Zeit sein konnte, ein ausgezeichneter Kenner des gesamten sakralen und profanen Rechts. Man nennt als seinen Lehrer, weil man keinen anderen hat, fälschlich Pythagoras aus Samos; der hat aber, wie man sicher weiß, erst mehr als hundert Jahre später, als Servius Tullius in Rom herrschte, an einer weit entfernten Küste Italiens im Gebiet von Metapontum, Heraclea und Croton junge Männer um sich geschart, die sich den Studien geweiht hatten. Hätte von dort, auch wenn er ein Zeitgenosse Numas gewesen wäre, eine Kunde bis zu den Sabinern dringen können? Wie hätte er sich sprachlich verständigen und in jemandem den Lerneifer wecken sollen? Und unter wessen Schutz wäre ein einzelner durch das Gebiet so vieler Völker mit ganz anderen Sprachen und Sitten hingelangt? Ich glaube daher eher, daß Numa seine trefflichen Eigenschaften von Natur aus besaß und sich nicht so sehr durch fremde Lehren gebildet hat als vielmehr durch die strenge und ernste Schule der alten Sabiner, die ihre Traditionen reiner bewahrten als sonst jemand.

Als die römischen Senatoren den Namen Numas hörten, sahen sie zwar, daß sich die Macht zugunsten der Sabiner verschob, wenn sie einen König von dort nahmen; trotzdem aber wagte es niemand, sich selbst oder einem anderen von seiner Partei oder überhaupt einem von den Se-

denique patrum aut civium quemquam praeferre illi
viro ausi ad unum omnes Numae Pompilio regnum de-
ferendum decernunt. Accitus, sicut Romulus augurato 6
urbe condenda regnum adeptus est, de se quoque deos
consuli iussit. Inde ab augure, cui deinde honoris ergo
publicum id perpetuumque sacerdotium fuit, deductus
in arcem in lapide ad meridiem versus consedit. Augur 7
ad laevam eius capite velato sedem cepit dextra manu
baculum sine nodo aduncum tenens, quem lituum ap-
pellarunt. Inde ubi prospectu in urbem agrumque
capto deos precatus regiones ab oriente ad occasum de-
terminavit, dextras ad meridiem partes, laevas ad sep-
tentrionem esse dixit; signum contra, quoad longis- 8
sime conspectum oculi ferebant, animo finivit; tum li-
tuo in laevam manum translato dextra in caput Numae
imposita precatus ita est: „Iuppiter pater, si est fas 9
hunc Numam Pompilium, cuius ego caput teneo, re-
gem Romae esse, uti tu signa nobis certa adclarassis in-
ter eos fines, quos feci.“ Tum peregit verbis auspicia, 10
quae mitti vellet. Quibus missis declaratus rex Numa
de templo descendit.

Qui regno ita potitus urbem novam, conditam vi et 19
armis, iure eam legibusque ac moribus de integro con-
dere parat. Quibus cum inter bella adsuescere videret 2
non posse, quippe efferari militia animos, mitigandum
ferocem populum armorum desuetudine ratus, Ianum
ad infimum Argiletum indicem pacis bellique fecit,
apertus ut in armis esse civitatem, clausus pacatos circa
omnes populos significaret. Bis deinde post Numae re- 3
gnum clausus fuit, semel T. Manlio consule post Puni-
cum primum perfectum bellum, iterum, quod nostrae
aetati di dederunt ut videremus, post bellum Actiacum
ab imperatore Caesare Augusto pace terra marique
parta.

natoren oder Mitbürgern jenem Mann gegenüber den Vorzug zu geben, und sie beschlossen einstimmig, Numa Pompilius die Königswürde zu übertragen. Man holte ihn also nach Rom; wie Romulus nach Einholung eines Zeichens vom Himmel die Stadt gründete und König wurde, so ordnete Numa an, daß auch seinetwegen die Götter befragt würden. Daraufhin wurde er von einem Augur, der dann als Auszeichnung dieses staatliche Priesteramt auf Lebenszeit innehatte, auf die Burg geführt und nahm auf einem Stein Platz, den Blick nach Süden gewandt. Der Augur ließ sich zu seiner Linken nieder, das Haupt verhüllt und in der Rechten einen oben gekrümmten Stab ohne Knoten, den man als Krummstab *(lituus)* bezeichnete. Dann blickte er auf die Stadt und das Land, betete zu den Göttern und grenzte durch eine Linie von Ost nach West die Himmelsgegenden ab; das Gebiet im Süden bezeichnete er als rechts, das im Norden als links und merkte sich gegenüber ganz weit am Horizont einen Punkt. Dann nahm er den Krummstab in die linke Hand, legte die Rechte auf Numas Haupt und betete so: „Vater Jupiter, wenn es den Göttern recht ist, daß dieser Numa Pompilius, auf dessen Haupt ich meine Hand gelegt habe, in Rom König sei, dann offenbare du uns untrügliche Zeichen in den Grenzen, die ich festgelegt habe." Dann formulierte er, welche Zeichen erscheinen sollten. Als sie erschienen, wurde Numa zum König erklärt und stieg von dem Beobachtungsplatz herab.

Nachdem er so die Königswürde erlangt hatte, machte er sich daran, die junge Stadt, die auf Waffengewalt gegründet war, durch Recht, Gesetze und Sitten erneut zu gründen. Da er sah, daß sie sich daran in Kriegszeiten nicht gewöhnen könne – denn durch den Kriegsdienst verrohten die Menschen zusehends –, glaubte er, daß man das wilde Volk friedsam machen müsse, indem man ihm den Gebrauch der Waffen abgewöhne. Daher errichtete er den Janusbogen am unteren Ende des Argiletum, durch den Frieden und Krieg angezeigt werden sollten: geöffnet sollte er zeigen, daß die Bürger unter Waffen ständen; geschlossen, daß man mit allen Völkern ringsum Frieden habe. Nach Numas Regierungszeit ist er dann nur noch zweimal geschlossen gewesen: einmal im Konsulat des T. Manlius nach dem Ende des Ersten Punischen Krieges, das zweitemal – dies zu erleben, haben die Götter unserer Generation vergönnt – nach dem Krieg von Actium, als der Imperator Caesar Augustus zu Lande und zu Wasser den Frieden hergestellt hatte.

Clauso eo cum omnium circa finitimorum societate 4
ac foederibus iunxisset animos, positis externorum pe-
riculorum curis ne luxuriarent otio animi, quos metus
hostium disciplinaque militaris continuerat, omnium
primum, rem ad multitudinem imperitam et illis saecu-
lis rudem efficacissimam, deorum metum iniciendum
ratus est. Qui cum descendere ad animos sine aliquo 5
commento miraculi non posset, simulat sibi cum dea
Egeria congressus nocturnos esse; eius se monitu, quae
acceptissima dis essent sacra, instituere, sacerdotes
suos cuique deorum praeficere.

Atque omnium primum ad cursus lunae in duode- 6
cim menses discribit annum; quem, quia tricenos dies
singulis mensibus luna non explet desuntque ⟨unde-
cim⟩ dies solido anno, qui solstitiali circumagitur orbe,
intercalariis mensibus interponendis ita dispensavit, ut
vicesimo anno ad metam eandem solis, unde orsi es-
sent, plenis omnium annorum spatiis dies congruerent.
Idem nefastos dies fastosque fecit, quia aliquando nihil 7
cum populo agi utile futurum erat.

Tum sacerdotibus creandis animum adiecit, quam- 20
quam ipse plurima sacra obibat, ea maxime, quae nunc
ad Dialem flaminem pertinent. Sed quia in civitate bel- 2
licosa plures Romuli quam Numae similes reges puta-
bat fore iturosque ipsos ad bella, ne sacra regiae vicis
desererentur, flaminem Iovi adsiduum sacerdotem
creavit insignique eum veste et curuli regia sella ador-
navit. Huic duos flamines adiecit, Marti unum, alte-
rum Quirino; virginesque Vestae legit, Alba oriundum 3

Damals hatte Numa den Janusbogen geschlossen, nachdem er alle Nachbarvölker ringsum durch Bündnisverträge gewonnen hatte. Damit die Römer, die bisher durch die Furcht vor Feinden und durch militärische Zucht in Schranken gehalten worden waren, nicht in der Ruhe, wo es keine Sorge vor Gefahren von außen mehr gab, der Ausgelassenheit verfielen, glaubte er ihnen als allererstes Furcht vor den Göttern ins Herz senken zu müssen – ein im Hinblick auf die Unerfahrenheit und den damaligen niedrigen Bildungsstand der Menge äußerst wirksames Mittel. Da diese Furcht vor den Göttern ohne die Erfindung von etwas Wunderbarem in ihren Herzen nicht Wurzel schlagen konnte, tat er so, als habe er mit der Göttin Egeria nächtliche Zusammenkünfte; auf ihr Drängen hin richte er die Gottesdienste ein, die den Göttern am liebsten seien, und gebe jedem Gott eigene Priester.

Zuallererst nun teilte er das Jahr nach dem Umlauf des Mondes in zwölf Monate ein. Weil aber der Mond für einen Umlauf nicht ganz dreißig Tage braucht und somit am vollen Jahr, das durch die Kreisbahn der Sonne bestimmt wird, elf Tage fehlen, regulierte er das Jahr durch das Einfügen von Schaltmonaten so, daß nach zwanzig Jahren, wenn all diese Jahre ganz abgelaufen waren, die Tage wieder denselben Stand der Sonne hatten wie am Anfang. Er legte auch die Tage fest, an denen Gerichtsverhandlungen und Volksversammlungen nicht stattfinden durften, und die, an denen sie stattfinden durften; denn es würde sich wohl manchmal als nützlich erweisen, wenn nichts vor die Volksversammlung gebracht werden konnte.

Dann dachte er daran, Priester zu ernennen, obwohl er selbst sehr viele priesterliche Aufgaben wahrnahm, hauptsächlich diejenigen, die heutzutage dem Flamen *(Sonderpriester)* des Jupiter übertragen sind. Er glaubte aber, daß das kriegerische Volk in Zukunft mehr Könige von der Art eines Romulus als von der eines Numa haben werde und daß diese selbst in den Krieg ziehen würden; damit dann die Priesterpflichten, die zu den Obliegenheiten des Königs gehörten, nicht vernachlässigt würden, ernannte er einen Flamen als ständig anwesenden Priester für Jupiter und verlieh ihm ein Gewand, das ihn heraushob, und einen Amtssessel, wie ihn der König hatte. Dazu ernannte er zwei weitere Sonderpriester, einen für Mars und einen für Quirinus. Außerdem wählte er Jungfrauen für den Dienst der Vesta, ein Priesteramt, das aus Alba stammte und dem Volke

sacerdotium et genti conditoris haud alienum. His, ut
adsiduae templi antistites essent, stipendium de publi-
co statuit, virginitate aliisque caerimoniis venerabiles
ac sanctas fecit. Salios item duodecim Marti Gradivo 4
legit tunicaeque pictae insigne dedit et super tunicam
aeneum pectori tegumen caelestiaque arma, quae anci-
lia appellantur, ferre ac per urbem ire canentes carmina
cum tripudiis sollemnique saltatu iussit. Pontificem 5
deinde Numam Marcium, Marci filium, ex patribus le-
git eique sacra omnia exscripta exsignataque attribuit,
quibus hostiis, quibus diebus, ad quae templa sacra fie-
rent atque unde in eos sumptus pecunia erogaretur.
Cetera quoque omnia publica privataque sacra pontifi- 6
cis scitis subiecit, ut esset, quo consultum plebes veni-
ret, ne quid divini iuris neglegendo patrios ritus pere-
grinosque adsciscendo turbaretur; nec caelestes modo 7
caerimonias, sed iusta quoque funebria placandosque
manes ut idem pontifex edoceret, quaeque prodigia
fulminibus aliove quo visu missa susciperentur atque
curarentur. Ad ea elicienda ex mentibus divinis Iovi
Elicio aram in Aventino dicavit deumque consuluit au-
guriis, quae suscipienda essent.

Ad haec consultanda procurandaque multitudine 21
omni a vi et armis conversa et animi aliquid agendo oc-
cupati erant, et deorum adsidua insidens cura, cum in-
teresse rebus humanis caeleste numen videretur, ea
pietate omnium pectora imbuerat, ut fides ac ius iuran-
dum pro legum ac poenarum metu civitatem regerent.
Et cum ipsi se homines in regis velut unici exempli mo- 2
res formarent, tum finitimi etiam populi, qui antea

des Stadtgründers wohlvertraut war. Damit sie ständig als Priesterinnen im Heiligtum fungieren konnten, bestimmte er für sie einen Betrag aus öffentlichen Mitteln; durch Verpflichtung zur Jungfräulichkeit und durch sonstige Bräuche gab er ihnen eine Aura der Ehrwürdigkeit und Heiligkeit. Desgleichen wählte er für Mars Gradivus zwölf Salier. Sie erhielten als Insignien eine buntbestickte Tunica und – über der Tunica zu tragen – einen ehernen Brustpanzer; und er wies sie an, die vom Himmel gefallenen Waffen, die sogenannten *ancilia*, zu tragen und durch die Stadt zu ziehen und dabei zum feierlichen Waffentanz im Dreischritt ihre Lieder zu singen. Sodann wählte er aus den Reihen des Senats Numa Marcius, den Sohn des Marcus, zum Pontifex und übergab ihm für das gesamte Sakralwesen genaueste schriftliche Anweisungen, mit welchen Opfertieren, an welchen Tagen und vor welchen Tempeln zu opfern war und woher man das Geld zur Bestreitung dieser Kosten nehmen sollte. Auch alle übrigen staatlichen und privaten Kulthandlungen unterwarf er den Anordnungen dieses Pontifex; es sollte eine Instanz geben, an die das Volk sich mit Fragen wenden konnte, und keine Bestimmung des Sakralrechts sollte durch Vernachlässigung der angestammten und Übernahme fremder Zeremonien verletzt werden. Aber nicht nur über die Zeremonien zur Verehrung der Götter sollte der Pontifex Auskunft geben, sondern auch über die Bestattungsriten und wie man die Geister der Verstorbenen versöhnen könne und welche Zeichen vom Himmel, die in Form von Blitzen oder anderen Erscheinungen geschickt wurden, ernst genommen und gesühnt werden müßten. Um dieses Wissen den Göttern zu entlocken, weihte er dem Jupiter Elicius einen Altar auf dem Aventin und befragte den Gott mit Hilfe von Augurien, welche Zeichen ernst zu nehmen seien.

Um dies zu beraten und durchzuführen, hatte sich die gesamte Volksmenge von Gewaltanwendung und dem Gebrauch der Waffen abgekehrt; die Leute waren mit etwas beschäftigt, und die beständige Hinwendung zu den Göttern hatte, weil das göttliche Walten und Wirken im menschlichen Tun gegenwärtig zu sein schien, die Herzen aller mit solcher Frömmigkeit erfüllt, daß das gegebene Wort und der Eid mehr als Angst vor den Gesetzen und vor der Strafe die Stadt regierten. Aus eigenem Antrieb richteten sich die Leute nach den Sitten ihres Königs, der ihnen als einzigartiges Vorbild galt. Hatten die Nachbarvölker bisher ge-

castra, non urbem positam in medio ad sollicitandam
omnium pacem crediderant, in eam verecundiam ad-
ducti sunt, ut civitatem totam in cultum versam deo-
rum violare ducerent nefas.

Lucus erat, quem medium ex opaco specu fons per- 3
enni rigabat aqua. Quo quia se persaepe Numa sine ar-
bitris velut ad congressum deae inferebat, Camenis
eum lucum sacravit, quod earum ibi concilia cum con-
iuge sua Egeria essent. Et Fidei sollemne instituit; ad id 4
sacrarium flamines bigis curru arcuato vehi iussit
manuque ad digitos usque involuta rem divinam fa-
cere, significantes fidem tutandam sedemque eius
etiam in dexteris sacratam esse. Multa alia sacrificia lo- 5
caque sacris faciendis, quae Argeos pontifices vocant,
dedicavit. Omnium tamen maximum eius operum fuit
tutela per omne regni tempus haud minor pacis quam
regni.

Ita duo deinceps reges, alius alia via, ille bello, hic 6
pace, civitatem auxerunt. Romulus septem et triginta
regnavit annos, Numa tres et quadraginta. Cum valida
tum temperata et belli et pacis artibus erat civitas.

Numae morte ad interregnum res rediit. Inde Tul- 22
lum Hostilium, nepotem Hostili, cuius in infima arce
clara pugna adversus Sabinos fuerat, regem populus
iussit; patres auctores facti. Hic non solum proximo 2
regi dissimilis, sed ferocior etiam quam Romulus fuit.
Cum aetas viresque, tum avita quoque gloria animum
stimulabat. Senescere igitur civitatem otio ratus undi-
que materiam excitandi belli quaerebat.

Forte evenit, ut agrestes Romani ex Albano agro, 3
Albani ex Romano praedas in vicem agerent. Imperita- 4
bat tum C. Cluilius Albae. Utrimque legati fere sub
idem tempus ad res repetendas missi. Tullus praecepe-

glaubt, man habe nicht eine Stadt, sondern ein Heerlager in ihre Mitte gepflanzt, um den allgemeinen Frieden zu stören, so wurden jetzt auch sie von solcher Scheu erfüllt, daß sie es als einen Frevel angesehen hätten, gegen die Stadt, die sich ganz der Verehrung der Götter geweiht hatte, Gewalt zu gebrauchen.

Es gab einen Hain, der in seiner Mitte durch eine Quelle, die in einer schattigen Grotte entsprang, das ganze Jahr über bewässert wurde. Numa begab sich sehr häufig ohne Zeugen an diesen Ort, um hier angeblich eine Göttin zu treffen; er weihte diesen Hain den Camenen, weil diese dort mit seiner Gemahlin Egeria zusammenkämen. Auch für die Fides *(Treue)* richtete er einen Kult ein. Zu ihrem Heiligtum ließ er die Flamines auf einem zweispännigen Planwagen fahren und, die Hand bis zu den Fingern eingewickelt, das Opfer vollziehen; damit sollten sie dartun, daß die Treue zu schützen und daß auch der Sitz der Treue in der rechten Hand etwas Heiliges sei. Er stiftete noch viele andere Opferhandlungen und die Opferstätten, die die Pontifices als Argei bezeichnen. Doch die bedeutendste all seiner Leistungen war, daß er seine ganze Regierungszeit hindurch den Frieden nicht weniger zu wahren verstand als seine Königswürde.

So haben zwei Könige nacheinander jeder auf seine Weise – der erste durch Krieg, der zweite durch Frieden – die Bürgerschaft gefördert. Romulus regierte siebenunddreißig Jahre, Numa dreiundvierzig. Die Stadt war jetzt nicht nur mächtig, sondern vor allem sowohl für die Aufgaben des Krieges als auch für die des Friedens wohlorganisiert.

Nach Numas Tod kam es wieder zu einem Interregnum. Dann bestimmte das Volk Tullus Hostilius zum König, den Enkel des Hostilius, der am Fuße der Burg so ruhmvoll gegen die Sabiner gekämpft hatte. Die Wahl wurde vom Senat bestätigt. Dieser König war nicht nur grundverschieden von seinem Vorgänger, sondern sogar noch unbändiger als Romulus. Seine Jugend und seine Kraft, noch mehr aber der Ruhm seines Großvaters stachelte ihn an. Er glaubte, die Bürgerschaft verkümmere im Frieden; daher suchte er überall nach einem Anlaß zum Krieg.

Der Zufall wollte es, daß römische Landleute im Gebiet von Alba und albanische auf römischem Boden Vieh wegtrieben, die einen wie die andern. Herrscher von Alba war damals C. Cluilius. Beide Seiten schickten fast gleichzeitig Gesandte, um Wiedergutmachung zu fordern. Tullus

rat suis, ne quid prius quam mandata agerent; satis
sciebat negaturum Albanum; ita pie bellum indici
posse. Ab Albanis socordius res acta; excepti hospitio 5
ab Tullo blande ac benigne, comiter regis convivium
celebrant. Tantisper Romani et res repetiverant priores
et neganti Albano bellum in tricesimum diem indixe-
rant. Haec renuntiant Tullo. Tum legatis Tullus di- 6
cendi potestatem, quid petentes venerint, facit. Illi om-
nium ignari primum purgando terunt tempus: se invi-
tos quicquam, quod minus placeat Tullo, dicturos, sed
imperio subigi; res repetitum se venisse; ni reddantur,
bellum indicere iussos. Ad haec Tullus „Nuntiate“ in- 7
quit „regi vestro regem Romanum deos facere testes,
uter prius populus res repetentes legatos aspernatus di-
miserit, ut in eum omnes expetant huiusce clades bel-
li.“

Haec nuntiant domum Albani. Et bellum utrimque 23
summa ope parabatur, civili simillimum bello, prope
inter parentes natosque, Troianam utramque prolem,
cum Lavinium ab Troia, ab Lavinio Alba, ab Albano-
rum stirpe regum oriundi Romani essent. Eventus ta- 2
men belli minus miserabilem dimicationem fecit, quod
nec acie certatum est et tectis modo dirutis alterius ur-
bis duo populi in unum confusi sunt.

Albani priores ingenti exercitu in agrum Romanum 3
impetum fecere. Castra ab urbe haud plus quinque mi-
lia passuum locant, fossa circumdant; fossa Cluilia ab
nomine ducis per aliquot saecula appellata est, donec
cum re nomen quoque vetustate abolevit. In his castris 4
Cluilius Albanus rex moritur; dictatorem Albani Met-
tium Fufetium creant. Interim Tullus ferox, praecipue

hatte seinen Gesandten eingeschärft, sich auf nichts einzulassen, bis sie ihren Auftrag ausgeführt hätten. Er war sicher, daß die Albaner ablehnen würden; dann könne er guten Gewissens den Krieg erklären. Die Gesandten aus Alba gingen fahrlässiger vor; sie wurden von Tullus höflich und freundlich als Gäste empfangen und saßen oft in heiterer Laune an der Tafel des Königs. Unterdessen hatten die Römer als erste Wiedergutmachung gefordert und den Albanern, die ablehnten, mit einer Frist von dreißig Tagen den Krieg erklärt; dies berichteten sie Tullus. Jetzt erst gab Tullus den Gesandten aus Alba Gelegenheit vorzutragen, mit welchem Anliegen sie gekommen seien. Diese hatten von allem, was vorging, keine Ahnung und vertaten zunächst die Zeit mit Entschuldigungen: Nur ungern brächten sie etwas vor, was Tullus nicht gerne höre; aber sie ständen unter dem Zwang eines Befehls. Sie seien gekommen, um Wiedergutmachung zu fordern; wenn ihre Forderung nicht erfüllt werde, hätten sie den Auftrag, den Krieg zu erklären. Darauf antwortete Tullus: „Sagt eurem König, der römische König bitte die Götter zu bezeugen, welches der beiden Völker zuerst Gesandte, die Wiedergutmachung forderten, abgewiesen und davongeschickt habe; über dieses Volk sollten sie alles Unheil dieses Krieges verhängen."

Das teilten die Albaner zu Hause mit. Auf beiden Seiten bereitete man sich mit aller Energie auf den Krieg vor, einen Bürgerkrieg sozusagen, ja fast einen Krieg zwischen Vätern und Söhnen – denn beide waren Nachkommen der Trojaner: Lavinium leitete seinen Ursprung von Troja her, Alba von Lavinium und die Römer von einem Sproß des albanischen Königshauses. Der Ausgang des Krieges machte die Auseinandersetzung jedoch weniger schmerzlich. Denn es kam zu keiner Schlacht, und nur die Häuser der einen Stadt wurden niedergerissen, dann aber beide Völker zu einem verschmolzen.

Die Albaner drangen als erste mit einem gewaltigen Heer in das römische Gebiet ein. Sie schlugen nicht mehr als fünf Meilen vor der Stadt ihr Lager auf und umgaben es mit einem Graben; der wurde noch mehrere Jahrhunderte lang nach ihrem Anführer Cluilius-Graben genannt, bis infolge der langen Zeit mit dem Graben auch der Name verschwand. In diesem Lager starb der Albanerkönig Cluilius, und die Albaner wählten Mettius Fufetius zum Diktator. Unterdessen machte vor allem der Tod des Königs Tullus dreist, und man hörte ihn immer wieder sagen, die

morte regis, magnumque deorum numen ab ipso ca-
pite orsum in omne nomen Albanum expetiturum
poenas ob bellum impium dictitans, nocte praeteritis
hostium castris infesto exercitu in agrum Albanum
pergit. Ea res ab stativis excivit Mettium. Ducit quam 5
proxime ad hostem potest. Inde legatum praemissum
nuntiare Tullo iubet, priusquam dimicent, opus esse
conloquio; si secum congressus sit, satis scire ea se alla-
turum, quae nihilo minus ad rem Romanam quam ad
Albanam pertineant. Haud aspernatus Tullus tamen, si 6
vana adferantur, in aciem educit. Exeunt contra et Al-
bani. Postquam structi utrimque stabant, cum paucis
procerum in medium duces procedunt. Ibi infit Alba- 7
nus: „Iniurias et non redditas res, ex foedere quae repe-
titae sint, et ego regem nostrum Cluilium causam hu-
iusce esse belli audisse videor nec te dubito, Tulle,
eadem prae te ferre; sed si vera potius quam dictu spe-
ciosa dicenda sunt, cupido imperii duos cognatos vici-
nosque populos ad arma stimulat. Neque, recte an per- 8
peram, interpretor: fuerit ista eius deliberatio, qui bel-
lum suscepit; me Albani gerendo bello ducem cre-
avere. Illud te, Tulle, monitum velim: Etrusca res
quanta circa nos teque maxime sit, quo propior es, hoc
magis scis. Multum illi terra, plurimum mari pollent.
Memor esto, iam cum signum pugnae dabis, has duas 9
acies spectaculo fore, ut fessos confectosque, simul
victorem ac victum, adgrediantur. Itaque, si nos di
amant, quoniam non contenti libertate certa in dubiam
imperii servitiique aleam imus, ineamus aliquam viam,
qua, utri utris imperent, sine magna clade, sine multo
sanguine utriusque populi decerni possit.“ Haud dis- 10
plicet res Tullo, quamquam cum indole animi, tum spe

große Macht der Götter werde über alle Albaner wegen des gewissenlos begonnenen Krieges Strafe verhängen, mit ihrem Oberhaupt habe sie schon den Anfang gemacht; er zog bei Nacht am Lager der Feinde vorbei und drang mit seinem Heer auf albanisches Gebiet vor. Das veranlaßte Mettius, sein Standlager aufzugeben. Er rückte so nahe wie möglich an den Feind heran. Dann schickte er einen Unterhändler vor und ließ Tullus ausrichten, ehe sie kämpften, müsse es zu einer Unterredung kommen. Er sei überzeugt, daß er bei einer Zusammenkunft Dinge vorbringen könne, die die Interessen der Römer nicht weniger berührten als die der Albaner. Tullus wies das nicht zurück, führte aber doch sein Heer heraus und stellte es zum Kampf auf für den Fall, daß Belanglosigkeiten vorgebracht würden. Auf der anderen Seite rückten auch die Albaner aus. Als sie auf beiden Seiten in Reih und Glied dastanden, kamen die Anführer mit wenigen von den Vornehmsten in die Mitte. Da begann der Albaner: „Ich glaube von unserem König Cluilius gehört zu haben, Übergriffe, für die die Wiedergutmachung unterblieb, die aufgrund des Vertrages gefordert wurde, hätten zu diesem Krieg geführt, und ich bin überzeugt, daß du, Tullus, dasselbe vorbringst. Wenn man aber lieber die Wahrheit sagen soll als schön klingende Worte, so ist es Herrschsucht, was die beiden verwandten und benachbarten Völker zu den Waffen treibt. Ich will nicht entscheiden, ob zu Recht oder zu Unrecht; darüber dürfte sich der seine Gedanken gemacht haben, der sich zum Krieg entschloß. Mich haben die Albaner zum Feldherrn gewählt, den Krieg zu führen. An folgendes aber möchte ich dich erinnern, Tullus: Wie groß die Macht der Etrusker in unserer, besonders aber in deiner Nähe ist, weißt du um so besser, je näher du ihnen bist. Sie sind stark zu Lande, ganz stark aber zur See. Denke daran, daß sie, wenn du jetzt das Zeichen zum Kampf gibst, diesen beiden Heeren zuschauen werden, um dann über die Müden und Erschöpften, die Sieger wie die Besiegten, herzufallen. Wenn uns also die Götter lieben, dann laß uns, da wir mit dem sicheren Besitz der Freiheit nicht zufrieden sind und das ungewisse Spiel um Herrschaft oder Knechtschaft wagen, irgendeinen Weg beschreiten, der eine Entscheidung bringen kann, wer über wen herrschen soll, ohne daß es zu einer schweren Niederlage kommt und ohne daß es beide Völker viel Blut kostet.“ Der Vorschlag mißfiel Tullus nicht, obgleich ihn nicht nur seine Veranlagung, sondern auch die Hoffnung auf einen Sieg mehr zum victoriae ferocior erat. Quaerentibus utrimque ratio initur, cui et Fortuna ipsa praebuit materiam.

Forte in duobus tum exercitibus erant trigemini fra- 24
tres, nec aetate nec viribus dispares. Horatios Curiatiosque fuisse satis constat, nec ferme res antiqua alia est nobilior; tamen in re tam clara nominum error manet, utrius populi Horatii, utrius Curiatii fuerint. Auctores utroque trahunt; plures tamen invenio, qui Romanos Horatios vocent; hos ut sequar, inclinat animus.

Cum trigeminis agunt reges, ut pro sua quisque pa- 2
tria dimicent ferro: ibi imperium fore, unde victoria
fuerit. Nihil recusatur; tempus et locus convenit. Pri- 3
usquam dimicarent, foedus ictum inter Romanos et Albanos est his legibus, ut, cuius populi cives eo certamine vicissent, is alteri populo cum bona pace imperitaret.

Foedera alia aliis legibus, ceterum eodem modo om-
nia fiunt. Tum ita factum accepimus, nec ullius vetu- 4
stior foederis memoria est. Fetialis regem Tullum ita
rogavit: „Iubesne me, rex, cum patre patrato populi
Albani foedus ferire?“ Iubente rege „Sagmina“ inquit
„te rex posco.“ Rex ait: „Puram tollito.“ Fetialis ex 5
arce graminis herbam puram attulit. Postea regem ita
rogavit: „Rex, facisne me tu regium nuntium populi
Romani Quiritium, vasa comitesque meos?“ Rex re-
spondit: „Quod sine fraude mea populique Romani
Quiritium fiat, facio.“ Fetialis erat M. Valerius; is pa- 6
trem patratum Sp. Fusium fecit verbena caput capillos-
que tangens. Pater patratus ad ius iurandum patran-
dum, id est sanciendum fit foedus; multisque id verbis,
quae longo effata carmine non operae est referre, per-
agit. Legibus deinde recitatis „Audi“ inquit, „Iuppiter! 7

Kampf reizte. Man überlegte auf beiden Seiten und fand eine Lösung, zu der auch das Schicksal selbst einen Weg zeigte.

Zufällig waren damals in beiden Heeren Drillingsbrüder, die nicht nur etwa gleich alt, sondern auch etwa gleich stark waren. Es steht ziemlich fest, daß es sich um Horatier und Curiatier handelte, und wohl keine andere Geschichte aus der alten Zeit ist bekannter; trotzdem, obwohl die Geschichte so berühmt ist, bleibt eine Unsicherheit, zu welchem der beiden Völker die Horatier und zu welchem die Curiatier gehört haben. Die Quellen bringen beides. Ich finde jedoch mehr, die die Horatier als Römer bezeichnen, und bin geneigt, ihnen zu folgen.

Die Könige verhandelten mit den Drillingsbrüdern, daß sie mit dem Schwert kämpften, jeder für seine Vaterstadt. Die Herrschaft werde dem Volk zufallen, auf dessen Seite der Sieg sei. Sie weigerten sich nicht, Zeit und Ort wurden vereinbart. Bevor es zum Kampf kam, wurde zwischen den Römern und den Albanern ein Vertrag geschlossen mit der Bedingung, daß das Volk, dessen Bürger in diesem Kampf siegten, über das andere in Ruhe und Frieden herrschen solle.

Verträge können die verschiedensten Bestimmungen enthalten, abgeschlossen aber werden sie alle auf dieselbe Art. Wir haben gehört, daß es damals folgendermaßen geschah – es ist die älteste Kunde von einem Vertragsabschluß, die wir haben: Ein Fetiale richtete an König Tullus die Frage: „Beauftragst du mich, König, mit dem Pater Patratus des Albanervolkes einen Vertrag zu schließen?“ Als der König den Auftrag erteilte, sprach der Fetiale weiter: „So fordere ich das heilige Kraut von dir, König.“ Darauf der König: „Hol dir ein makelloses!“ Der Fetiale holte von der Burg eine makellose Pflanze herbei. Dann richtete er an den König die Frage: „König, machst du mich zum Königsboten des römischen Volkes der Quiriten samt meinem Gerät und meinen Begleitern?“ Der König antwortete: „Soweit es ohne Nachteil für mich und das römische Volk der Quiriten geschehen kann, tue ich das.“ Der Fetiale war M. Valerius; er machte Sp. Fusius zum Pater Patratus, indem er dessen Haupt und Haar mit dem frischen Grün berührte. Ein Pater Patratus wird ernannt, um den Schwur zu vollziehen, d. h. dem Vertrag die religiöse Weihe zu geben; er tut dies mit vielen Worten, einer langen Formel, die wiederzugeben die Mühe nicht lohnt. Der las dann die Vertragsbestimmungen vor und fuhr fort: „Höre, Jupiter! Höre, Pater Patratus des Al-

Audi, pater patrate populi Albani! Audi tu, populus
Albanus! Ut illa palam prima postrema ex illis tabulis
cerave recitata sunt sine dolo malo utique ea hic hodie
rectissime intellecta sunt, illis legibus populus Roma-
nus prior non deficiet. Si prior defexit publico consilio 8
dolo malo, tum ⟨tu⟩ illo die Iuppiter populum Roma-
num sic ferito, ut ego hunc porcum hic hodie feriam;
tantoque magis ferito, quanto magis potes pollesque."
Id ubi dixit, porcum saxo silice percussit. Sua item car- 9
mina Albani suumque ius iurandum per suum dictato-
rem suosque sacerdotes peregerunt.

Foedere icto trigemini, sicut convenerat, arma capi- 25
unt. Cum sui utrosque adhortarentur, deos patrios,
patriam ac parentes, quidquid civium domi, quidquid
in exercitu sit, illorum tunc arma, illorum intueri ma-
nus, feroces et suopte ingenio et pleni adhortantium
vocibus in medium inter duas acies procedunt. Conse- 2
derant utrimque pro castris duo exercitus periculi ma-
gis praesentis quam curae expertes; quippe imperium
agebatur in tam paucorum virtute atque fortuna posi-
tum. Itaque ergo erecti suspensique in minime gratum
spectaculum animos intendunt.

Datur signum infestisque armis velut acies terni 3
iuvenes magnorum exercituum animos gerentes con-
currunt. Nec his nec illis periculum suum, publicum
imperium servitiumque obversatur animo futuraque
ea deinde patriae fortuna, quam ipsi fecissent. Ut 4
primo statim concursu concrepuere arma micantesque
fulsere gladii, horror ingens spectantes perstringit; et
neutro inclinata spe torpebat vox spiritusque. Conser- 5
tis deinde manibus cum iam non motus tantum corpo-
rum agitatioque anceps telorum armorumque, sed vul-
nera quoque et sanguis spectaculo essent, duo Romani,
super alium alius, vulneratis tribus Albanis exspirantes

banervolkes! Höre auch du, Volk von Alba! So, wie dies alles vom ersten bis zum letzten Wort ohne Arglist von diesen Wachstafeln öffentlich verlesen, und so, wie es hier und heute ganz richtig verstanden worden ist, wird das römische Volk von diesen Bestimmungen nicht zuerst abgehen. Wenn es das auf Staatsbeschluß arglistig tun sollte, dann sollst du, Jupiter, das römische Volk an diesem Tage so treffen, wie ich hier und heute dieses Schwein treffen werde; und du sollst es mit um so größerer Wucht treffen, je stärker und mächtiger du bist." Nach diesen Worten erschlug er das Schwein mit dem Kieselstein. In gleicher Weise sprachen auch die Albaner die bei ihnen üblichen Formeln und ihren Eid durch ihren Diktator und ihre Priester.

Nach dem Abschluß des Vertrages griffen die Drillinge zu den Waffen, wie es vereinbart worden war. Beide Seiten wurden von ihren Landsleuten angefeuert: die Götter ihrer Väter, die Vaterstadt und die Eltern, alle Mitbürger zu Hause, alle im Heer blickten jetzt auf ihre Waffen und auf ihre Hände. In wilder Kampfeslust – ihrem Wesen entsprechend und die ermunternden Zurufe im Ohr – traten sie in die Mitte zwischen den beiden Schlachtreihen. Die zwei Heere hatten sich zu beiden Seiten vor ihrem Lager niedergelassen, im Augenblick zwar frei von Gefahr, aber nicht von Sorge; denn es ging um die Herrschaft, die von der Tapferkeit und dem Glück dieser paar Männer abhing. So richteten sie denn gespannt und voll Unruhe ihre Aufmerksamkeit auf das alles andere als angenehme Schauspiel.

Man gab das Zeichen, und mit gezogenem Schwert stürmten die drei jungen Männer auf jeder Seite wie Schlachtreihen mit dem Kampfesmut großer Heere aufeinander los. Weder die einen noch die anderen dachten an die eigene Gefahr, sie dachten nur an die Herrschaft oder Knechtschaft ihres Volkes und daß ihre Vaterstadt das Schicksal erwarte, das sie ihr bereiteten. Als gleich beim ersten Zusammenprall die Schilde dröhnten und funkelnd die Schwerter blitzten, durchfuhr ein ungeheurer Schauder die Zuschauer; und da die Entscheidung noch ganz offen war, verschlug es ihnen die Sprache und den Atem. Als es dann zum Nahkampf kam und jetzt nicht nur die Bewegungen der Körper und das Schwingen der Schwerter und Schilde, das nichts entschied, sondern auch Wunden und Blut die Blicke fesselten, brachen zwei Römer, einer über dem anderen, sterbend zusammen, während die drei Albaner verwundet waren. Beim

corruerunt. Ad quorum casum cum conclamasset gau- 6
dio Albanus exercitus, Romanas legiones iam spes
tota, nondum tamen cura deseruerat, exanimes vicem
unius, quem tres Curiatii circumsteterant. Forte is in- 7
teger fuit, ut universis solus nequaquam par, sic adver-
sus singulos ferox. Ergo, ut segregaret pugnam eorum,
capessit fugam ita ratus secuturos, ut quemque vulnere
adfectum corpus sineret. Iam aliquantum spatii ex eo 8
loco, ubi pugnatum est, aufugerat, cum respiciens vi-
det magnis intervallis sequentes; unum haud procul ab
sese abesse. In eum magno impetu rediit; et dum Alba- 9
nus exercitus inclamat Curiatiis, uti opem ferant fratri,
iam Horatius caeso hoste victor secundam pugnam pe-
tebat. Tunc clamore, qualis ex insperato faventium so-
let, Romani adiuvant militem suum; et ille defungi
proelio festinat. Prius itaque quam alter – nec procul 10
aberat – consequi posset, et alterum Curiatium confi-
cit; iamque aequato Marte singuli supererant, sed nec 11
spe nec viribus pares: alterum intactum ferro corpus et
geminata victoria ferocem in certamen tertium dabat;
alter fessum vulnere, fessum cursu trahens corpus vic-
tusque fratrum ante se strage victori obicitur hosti.
Nec illud proelium fuit. Romanus exsultans „Duos“ 12
inquit „fratrum manibus dedi; tertium causae belli hu-
iusce, ut Romanus Albano imperet, dabo.“ Male susti-
nenti arma gladium superne iugulo defigit, iacentem
spoliat.

Romani ovantes ac gratulantes Horatium accipiunt 13
eo maiore cum gaudio, quo prope metum res fuerat.
Ad sepulturam inde suorum nequaquam paribus ani-
mis vertuntur, quippe imperio alteri aucti, alteri dicio-
nis alienae facti. Sepulcra exstant, quo quisque loco ce- 14

Tod der Römer war ein Freudenschrei durch das albanische Heer gegangen; den römischen Legionen war schon alle Hoffnung geschwunden, die Sorge jedoch nicht; denn lähmendes Entsetzen ergriff sie angesichts der Lage des einen Mannes, den die drei Curiatier umringt hatten. Er war zum Glück noch unverletzt; gegen alle konnte er allein es zwar nicht aufnehmen, aber dem einzelnen gegenüber fühlte er sich überlegen. Um sie daher im Kampf zu trennen, ergriff er die Flucht. Er rechnete sich aus, daß sie ihn verfolgen würden, so schnell es einem jeden sein verwundeter Körper erlaubte. Schon war er ein ziemliches Stück von der Stelle weggerannt, wo sie gekämpft hatten, als er zurückblickte und bemerkte, daß sie ihm in weiten Abständen folgten und daß einer dicht hinter ihm war. Da machte er kehrt und griff diesen mit Wucht an; und während das albanische Heer den beiden anderen Curiatiern noch zurief, sie sollten ihrem Bruder zu Hilfe kommen, hatte der Horatier den Gegner bereits erschlagen und stürzte sich als Sieger in den nächsten Kampf. Da unterstützten die Römer ihren Mann mit einem Geschrei, wie es die Anhänger bei einer unverhofften Wendung zu erheben pflegen, und der Römer beeilte sich, den Kampf zu Ende zu bringen. Bevor daher der andere herankommen konnte – er war nicht mehr weit weg –, hatte er auch den zweiten Curiatier erledigt. Jetzt stand der Kampf gleich; auf jeder Seite war nur noch einer übrig, aber ihre Aussichten und ihre Kräfte waren ungleich. Der eine war noch unverletzt und hatte schon zwei besiegt, was ihn mit einem Gefühl der Überlegenheit den Kampf mit dem dritten aufnehmen ließ; der andere schleppte sich, erschöpft von seiner Wunde, erschöpft vom Laufen und entmutigt durch den Tod der Brüder vor seinen Augen, dem siegreichen Gegner entgegen. Und es war dann auch kein Kampf mehr. Im Siegestaumel rief der Römer: „Zwei habe ich den Manen meiner Brüder geopfert; den dritten opfere ich jetzt dem Anlaß dieses Krieges, auf daß Rom über Alba herrsche." Dem Gegner, der kaum noch seinen Schild halten konnte, stieß er das Schwert von oben in die Kehle; als er am Boden lag, zog er ihm die Rüstung ab.

Die Römer empfingen den Horatier mit Jubel und Glückwünschen. Ihre Freude war um so größer, als die Sache ja bedrohlich ausgesehen hatte. Dann machte man sich mit sehr unterschiedlichen Gefühlen an die Bestattung der Kameraden; denn die einen hatten mehr Macht bekommen, die anderen waren unter fremde Herrschaft geraten. Die Gräber

cidit, duo Romana uno loco propius Albam, tria Al-
bana Romam versus, sed distantia locis, ut et pugna-
tum est.

Priusquam inde digrederentur, roganti Mettio, ex 26
foedere icto quid imperaret, imperat Tullus, uti iuven-
tutem in armis habeat: usurum se eorum opera, si bel-
lum cum Veientibus foret. Ita exercitus inde domos ab-
ducti. Princeps Horatius ibat trigemina spolia prae se 2
gerens; cui soror virgo, quae desponsa uni ex Curiatiis
fuerat, obvia ante portam Capenam fuit, cognitoque
super umeros fratris paludamento sponsi, quod ipsa
confecerat, solvit crines et flebiliter nomine sponsum
mortuum appellat. Movet feroci iuveni animum com- 3
ploratio sororis in victoria sua tantoque gaudio publi-
co. Stricto itaque gladio simul verbis increpans transfi-
git puellam. „Abi hinc cum immaturo amore ad spon- 4
sum“ inquit, „oblita fratrum mortuorum vivique, ob-
lita patriae. Sic eat, quaecumque Romana lugebit ho-
stem.“

Atrox visum id facinus patribus plebique, sed recens 5
meritum facto obstabat. Tamen raptus in ius ad regem.
Rex, ne ipse tam tristis ingratique ad vulgus iudicii ac
secundum iudicium supplicii auctor esset, concilio po-
puli advocato „Duumviros“ inquit, „qui Horatio per-
duellionem iudicent, secundum legem facio.“ Lex hor- 6
rendi carminis erat: „Duumviri perduellionem iudi-
cent; si a duumviris provocarit, provocatione certato;
si vincent, caput obnubito; infelici arbori reste suspen-
dito; verberato vel intra pomerium vel extra pomeri-
um.“

Hac lege duumviri creati. Qui se absolvere non re- 7
bantur ea lege ne innoxium quidem posse, cum con-

sind noch zu sehen – dort, wo jeder fiel –, die beiden römischen an einer Stelle, näher an Alba, die drei albanischen nach Rom hin, aber auseinander liegend, wie man auch gekämpft hatte.

Bevor man sich dort trennte, fragte Mettius, was Tullus aufgrund des abgeschlossenen Vertrages befehle. Dieser befahl ihm, die wehrfähige Jugend unter Waffen zu halten; er werde ihre Dienste in Anspruch nehmen, wenn es zu einem Krieg gegen Veji komme. Dann zogen die Heere von dort heim. An der Spitze schritt der Horatier mit den erbeuteten Waffen der Drillinge. Ihm kam seine Schwester – ein Mädchen noch, das mit einem der Curiatier verlobt gewesen war – vor der Porta Capena entgegen. Als sie auf den Schultern ihres Bruders den von ihr selbst verfertigten Kriegsmantel ihres Verlobten erkannte, löste sie ihr Haar und rief unter Tränen den toten Bräutigam beim Namen. Den wilden jungen Mann traf das Wehklagen seiner Schwester, wo er doch als Sieger kam und alles von solchem Jubel erfüllt war. Daher zog er sein Schwert und durchbohrte das Mädchen und fuhr es gleichzeitig mit den Worten an: „Weg mit dir zu deinem Verlobten mitsamt deiner unangebrachten Liebe! Vergessen hast du deine toten Brüder und den lebenden, vergessen deine Vaterstadt. So soll jede Römerin dahingehen, die um einen Feind trauert!"

Entsetzt war man im Senat wie im Volk über diese Tat, aber ihr stand die eben erst vollbrachte Leistung gegenüber. Trotzdem schleppte man ihn zum Gericht vor den König. Der König war jedoch nicht gewillt, persönlich ein so bitteres Urteil zu fällen, das der breiten Masse nicht gefallen würde, und nach dem Urteil die Strafe zu verhängen. Daher berief er eine Volksversammlung und verkündete: „Kraft Gesetzes bestelle ich zwei Untersuchungsrichter, die den Hochverratsprozeß gegen Horatius führen sollen." Das Gesetz hat folgenden schauerlichen Wortlaut: „Zwei Untersuchungsrichter sollen den Hochverratsprozeß führen. Wenn der Angeklagte gegen die Entscheidung der beiden Berufung einlegt, dann soll er versuchen dürfen, damit durchzukommen. Bleibt es bei dem Urteil der Untersuchungsrichter, so soll man ihm das Haupt verhüllen und ihn am Baum des Unheils mit einem Strick aufhängen; man soll ihn geißeln innerhalb des Pomeriums oder außerhalb des Pomeriums."

Nach diesem Gesetz wurden zwei Untersuchungsrichter bestellt; diese waren überzeugt, aufgrund des Gesetzes nicht einmal einen Unschuldigen freisprechen zu können. Als sie ihn verurteilt hatten, sagte der

demnassent, tum alter ex iis „P. Horati, tibi perduellio-
nem iudico“ inquit; „i, lictor, colliga manus.“ Accesse- 8
rat lictor iniciebatque laqueum. Tum Horatius auctore
Tullo, clemente legis interprete, „Provoco“ inquit. Ita-
que provocatione certatum ad populum est. Moti ho- 9
mines sunt in eo iudicio maxime P. Horatio patre pro-
clamante se filiam iure caesam iudicare; ni ita esset, pa-
trio iure in filium animadversurum fuisse. Orabat
deinde, ne se, quem paulo ante cum egregia stirpe con-
spexissent, orbum liberis facerent. Inter haec senex 10
iuvenem amplexus, spolia Curiatiorum fixa eo loco,
qui nunc pila Horatia appellatur, ostentans „Huncine“
aiebat, „quem modo decoratum ovantemque victoria
incedentem vidistis, Quirites, eum sub furca vinctum
inter verbera et cruciatus videre potestis? Quod vix Al-
banorum oculi tam deforme spectaculum ferre pos-
sent. I, lictor, colliga manus, quae paulo ante armatae 11
imperium populo Romano pepererunt. I, caput ob-
nube liberatoris urbis huius; arbore infelici suspende;
verbera vel intra pomerium, modo inter illa pila et spo-
lia hostium, vel extra pomerium, modo inter sepulcra
Curiatiorum. Quo enim ducere hunc iuvenem pot-
estis, ubi non sua decora eum a tanta foeditate supplicii
vindicent?“ Non tulit populus nec patris lacrimas nec 12
ipsius parem in omni periculo animum, absolverunt-
que admiratione magis virtutis quam iure causae. Ita-
que, ut caedes manifesta aliquo tamen piaculo lueretur,
imperatum patri, ut filium expiaret pecunia publica. Is 13
quibusdam piacularibus sacrificiis factis, quae deinde
genti Horatiae tradita sunt, transmisso per viam tigillo
capite adoperto velut sub iugum misit iuvenem. Id ho-
die quoque publice semper refectum manet: sororium
tigillum vocant. Horatiae sepulcrum, quo loco corru- 14
erat icta, constructum est saxo quadrato.

eine von ihnen: „P. Horatius, ich erkenne gegen dich auf Hochverrat. Geh, Liktor, binde ihm die Hände!“ Der Liktor war an ihn herangetreten und wollte ihn gerade fesseln. Da sagte Horatius auf Anraten des Tullus, der das Gesetz mild auslegte: „Ich lege Berufung ein.“ So kam es zur Berufungsverhandlung vor dem Volk. Am meisten beeindruckte es die Leute bei diesem Prozeß, als P. Horatius, der Vater, laut verkündete, er sei der Meinung, seine Tochter sei zu Recht getötet worden; wenn dem nicht so wäre, wäre er mit dem Recht des Vaters gegen seinen Sohn vorgegangen. Dann bat er, man möge ihn, den man gerade noch mit bedeutender Nachkommenschaft gesehen habe, doch nicht kinderlos machen. Dabei umarmte der Alte den jungen Mann, zeigte auf die erbeuteten Waffen der Curiatier, die an der Stelle aufgehängt waren, die heute noch „Die Horatier-Speere“ heißt, und sagte: „Mitbürger, könnt ihr es mit ansehen, daß dieser Mann da, den ihr eben noch beutegeschmückt als triumphierenden Sieger habt einherschreiten sehen, an eine Gabel gebunden und gegeißelt und gefoltert wird? Ein so schmähliches Schauspiel könnten kaum Albaneraugen ertragen. Geh, Liktor, binde die Hände, die eben erst mit Schwert und Schild dem römischen Volk die Herrschaft gewonnen haben! Geh, verhülle dem Befreier dieser Stadt das Haupt! Hänge ihn an den Baum des Unheils! Geißle ihn entweder innerhalb des Pomeriums – dann aber bei diesen Speeren und den anderen erbeuteten Waffen der Feinde – oder außerhalb des Pomeriums – dann aber bei den Gräbern der Curiatier! Denn wohin könnt ihr diesen jungen Mann bringen, wo ihn nicht der Glanz seiner Taten vor einer so grauenhaften Bestrafung schützte?“ Das Volk konnte die Tränen des Vaters und die Haltung des Sohnes, die sich in jeder Gefahr gleich blieb, nicht ertragen, und man sprach ihn frei, mehr aus Bewunderung für seine Tapferkeit als aufgrund der Rechtslage. Damit der offensichtliche Mord aber doch durch irgendeine Sühne gebüßt wurde, wurde dem Vater auferlegt, den Sohn auf Staatskosten zu entsühnen. Er brachte einige Sühnopfer dar, die dann der Familie der Horatier übertragen wurden, und er legte quer über die Straße einen Balken und schickte den jungen Mann mit verhülltem Haupt sozusagen unter das Joch. Der Balken ist heute noch vorhanden und wird immer wieder auf Staatskosten erneuert; er heißt „Der Schwesternbalken“. Der Horatia wurde dort, wo sie durchbohrt zusammengebrochen war, aus Quadersteinen ein Grabmal errichtet.

Nec diu pax Albana mansit. Invidia vulgi, quod tri- 27
bus militibus fortuna publica commissa fuerit, vanum
ingenium dictatoris corrupit et, quoniam recta consilia
haud bene evenerant, pravis reconciliare popularium
animos coepit. Igitur, ut prius in bello pacem, sic in 2
pace bellum quaerens, quia suae civitati animorum
plus quam virium cernebat esse, ad bellum palam atque
ex edicto gerundum alios concitat populos, suis per
speciem societatis proditionem reservat.

Fidenates, colonia Romana, Veientibus sociis consi- 3
lii adsumptis pacto transitionis Albanorum ad bellum
atque arma incitantur. Cum Fidenae aperte descissent, 4
Tullus Mettio exercituque eius ab Alba accito contra
hostes ducit. Ubi Anienem transiit, ad confluentis con-
locat castra. Inter eum locum et Fidenas Veientium ex-
ercitus Tiberim transierat. Hi et in acie prope flumen 5
tenuere dextrum cornu; in sinistro Fidenates propius
montes consistunt. Tullus adversus Veientem hostem
derigit suos, Albanos contra legionem Fidenatium
conlocat. Albano non plus animi erat quam fidei. Nec
manere ergo nec transire aperte ausus sensim ad mon-
tes succedit; inde, ubi satis subisse sese ratus est, erigit 6
totam aciem fluctuansque animo, ut tereret tempus,
ordines explicat. Consilium erat, qua fortuna rem da-
ret, ea inclinare vires. Miraculo primo esse Romanis, 7
qui proximi steterant, ut nudari latera sua sociorum
digressu senserunt; inde eques citato equo nuntiat regi
abire Albanos. Tullus in re trepida duodecim vovit Sa-
lios fanaque Pallori ac Pavori. Equitem clara increpans 8
voce, ut hostes exaudirent, redire in proelium iubet:
nihil trepidatione opus esse; suo iussu circumduci Al-
banum exercitum, ut Fidenatium nuda terga invadant;

Aber der Friede mit Alba hielt nicht lange. Die breite Masse der Bevölkerung war unzufrieden, weil das Geschick der Stadt drei Soldaten anvertraut worden war. Das verdarb den wankelmütigen Charakter des Diktators vollends. Und da rechtmäßiges Handeln nicht gut ausgegangen war, begann er durch unrechtmäßiges Handeln die Herzen seiner Mitbürger zurückzugewinnen. Wie vorher im Krieg den Frieden, so suchte er jetzt im Frieden den Krieg; weil er aber erkannte, daß seine Stadt zwar genug Mut hatte, doch nicht stark genug war, wiegelte er andere Völker auf, offen und nach offizieller Ankündigung Krieg zu führen; sein Volk sollte zum Schein an dem Bündnis festhalten, dann aber die Römer verraten.

Fidenae, eine römische Kolonie, ließ sich durch die Zusage der Albaner, daß sie überlaufen würden, zum Krieg treiben; auch Veji hatte man für den Plan gewonnen. Als Fidenae offen abfiel, rief Tullus den Mettius mit seinem Heer von Alba heran und zog gegen den Feind. Nach dem Übergang über den Anio schlug er dort, wo der Anio in den Tiber mündet, sein Lager auf. Zwischen diesem Punkt und Fidenae war das Heer von Veji über den Tiber gekommen. Es bildete auch in der Schlacht den rechten Flügel, der beim Fluß stand; auf dem linken Flügel, näher hin zu den Bergen, formierten sich die Leute aus Fidenae. Tullus führte die Seinen gegen den Feind aus Veji, die Albaner stellte er der Legion aus Fidenae gegenüber. Der Albaner zeigte genausowenig Mut wie Treue. Er traute sich also weder zu bleiben noch offen zum Feind überzugehen und setzte sich langsam in Richtung auf die Berge ab; dann, als er nahe genug gekommen zu sein glaubte, führte er sein ganzes Heer die Höhe hinauf und ließ in seiner Unschlüssigkeit, um Zeit zu gewinnen, die Reihen sich breit entfalten. Seine Absicht war, seine Streitkräfte auf die Seite zu führen, der das Glück den Sieg schenkte. Anfangs wunderten sich die Römer, die am nächsten gestanden hatten, als sie merkten, daß durch den Abzug der Verbündeten ihre Flanke entblößt wurde. Dann sprengte ein Reiter los und meldete dem König, daß die Albaner abrückten. Tullus gelobte in dieser kritischen Lage, zwölf Salier einzusetzen und den Gottheiten der Angst und der Panik Tempel zu errichten. Den Reiter aber fuhr er mit lauter Stimme an – daß es auch die Feinde hören konnten – und forderte ihn auf, in den Kampf zurückzukehren: es bestehe kein Grund zur Aufregung; auf seinen Befehl werde das Albanerheer im Bogen herumgeführt, um den Truppen aus Fidenae in den ungeschützten Rücken zu fal-

item imperat, ut hastas equites erigerent. Id factum 9
magnae parti peditum Romanorum conspectum ab-
euntis Albani exercitus intersaepsit: qui viderant, id
quod ab rege auditum erat, rati eo acrius pugnant. Ter-
ror ad hostes transit; et audiverant clara voce dictum,
et magna pars Fidenatium, ut qui coloni additi Roma-
nis essent, Latine sciebant. Itaque, ne subito ex collibus 10
decursu Albanorum intercluderentur ab oppido, terga
vertunt. Instat Tullus fusoque Fidenatium cornu in
Veientem alieno pavore perculsum ferocior redit. Nec
illi tulere impetum, sed ab effusa fuga flumen obiectum
ab tergo arcebat. Quo postquam fuga inclinavit, alii 11
arma foede iactantes in aquam caeci ruebant, alii, dum
cunctantur in ripis, inter fugae pugnaeque consilium
oppressi. Non alia ante Romana pugna atrocior fuit.

Tum Albanus exercitus, spectator certaminis, de- 28
ductus in campos. Mettius Tullo devictos hostes gratu-
latur; contra Tullus Mettium benigne adloquitur.
Quod bene vertat, castra Albanos Romanis castris iun-
gere iubet; sacrificium lustrale in diem posterum parat.

Ubi inluxit, paratis omnibus, ut adsolet, vocari ad 2
contionem utrumque exercitum iubet. Praecones ab
extremo orsi primos excivere Albanos. Hi novitate
etiam rei moti, ut regem Romanum contionantem au-
dirent, proximi constitere. Ex composito armata cir- 3
cumdatur Romana legio; centurionibus datum nego-
tium erat, ut sine mora imperia exsequerentur. Tum ita 4
Tullus infit: „Romani, si umquam ante alias ullo in
bello fuit, quod primum dis immortalibus gratias age-
retis, deinde vestrae ipsorum virtuti, hesternum id
proelium fuit. Dimicatum est enim non magis cum ho-

len. Und er befahl den Reitern, ihre Lanzen hochzunehmen. Das nahm einem großen Teil des römischen Fußvolks die Sicht auf das abrückende Heer der Albaner. Die es gesehen hatten, glaubten den Worten ihres Königs und kämpften um so eifriger. Jetzt war es an den Feinden, zu erschrecken; denn sie hatten gehört, was mit lauter Stimme gesagt worden war, und ein großer Teil der Leute aus Fidenae, die ja als Bürger der Kolonie mit Römern zusammengelebt hatten, verstand das Lateinische. Daher machten sie kehrt, um nicht von ihrer Stadt abgeschnitten zu werden, wenn die Albaner plötzlich von den Höhen herunterstürmten. Tullus setzte ihnen nach, schlug den Flügel der Männer von Fidenae und wandte sich dann noch wilder wieder gegen die Leute aus Veji, die durch die Panik der anderen entmutigt waren. Sie hielten dem Angriff auch nicht stand, aber der Fluß in ihrem Rücken hinderte sie an einer wilden Flucht. Als die Flucht dorthin ging, warfen die einen schmählich ihre Waffen weg und stürzten sich blindlings in das Wasser, die anderen wurden niedergemacht, während sie am Ufer zauderten und noch schwankten, ob sie fliehen oder kämpfen sollten. Das war die blutigste Schlacht, die Rom bisher geschlagen hatte.

Dann wurde das Albanerheer – beim Kampf nur ein Zuschauer – in die Ebene hinabgeführt. Mettius beglückwünschte den Tullus zu seinem vollen Sieg über die Feinde; Tullus seinerseits fand freundliche Worte für Mettius. Was gut ausgehen möge: die Albaner sollten ihr Lager mit dem der Römer vereinigen. Für den nächsten Tag ließ er ein Reinigungsopfer vorbereiten.

Sobald es hell wurde und alle Vorbereitungen, wie es üblich ist, getroffen waren, befahl er, beide Heere zur Versammlung zu rufen. Die Herolde fingen am äußeren Rand des Lagers an und riefen zuerst die Albaner. Diese waren auch durch das für sie neue Erlebnis erregt und stellten sich ganz vorne hin, um den römischen König in der Heeresversammlung reden zu hören. Die römische Legion – das war verabredet — umstellte sie und hatte die Waffen dabei. Die Centurionen hatten den Auftrag, unverzüglich durchzuführen, was man ihnen befahl. Darauf begann Tullus mit folgenden Worten: „Römer! Wenn ihr je zuvor sonst in einem Krieg Grund hattet, euch in erster Linie bei den unsterblichen Göttern, dann aber auch bei eurer Tapferkeit zu bedanken, dann war es die gestrige Schlacht. Der Kampf ging nämlich nicht nur gegen die Feinde, sondern

stibus quam, quae dimicatio maior atque periculosior
est, cum proditione ac perfidia sociorum. Nam, ne vos 5
falsa opinio teneat, iniussu meo Albani subiere ad
montes, nec imperium illud meum, sed consilium et
imperii simulatio fuit, ut nec vobis ignorantibus deseri
vos averteretur a certamine animus et hostibus circum-
veniri se ab tergo ratis terror ac fuga iniceretur. Nec ea 6
culpa, quam arguo, omnium Albanorum est: ducem
secuti sunt, ut et vos, si quo ego inde agmen declinare
voluissem, fecissetis. Mettius ille est ductor itineris
huius, Mettius idem huius machinator belli, Mettius
foederis Romani Albanique ruptor. Audeat deinde ta-
lia alius, nisi in hunc insigne iam documentum mortali-
bus dedero." Centuriones armati Mettium circumsi- 7
stunt; rex cetera, ut orsus erat, peragit: „Quod bonum,
faustum felixque sit populo Romano ac mihi vobisque,
Albani, populum omnem Albanum Romam traducere
in animo est, civitatem dare plebi, primores in patres
legere, unam urbem, unam rem publicam facere. Ut ex
uno quondam in duos populos divisa Albana res est,
sic nunc in unum redeat."

Ad haec Albana pubes inermis ab armatis saepta in 8
variis voluntatibus communi tamen metu cogente si-
lentium tenet. Tum Tullus „Metti Fufeti" inquit, „si 9
ipse discere posses fidem ac foedera servare, vivo tibi ea
disciplina a me adhibita esset; nunc, quoniam tuum in-
sanabile ingenium est, at tu tuo supplicio doce huma-
num genus ea sancta credere, quae a te violata sunt. Ut
igitur paulo ante animum inter Fidenatem Romanam-
que rem ancipitem gessisti, ita iam corpus passim dis-
trahendum dabis." Exinde duabus admotis quadrigis 10
in currus earum distentum inligat Mettium, deinde in
diversum iter equi concitati lacerum in utroque curru
corpus, qua inhaeserant vinculis membra, portantes.

ebensosehr gegen verräterische und treulose Verbündete, und dieser Kampf ist noch schwerer und gefährlicher. Denn damit ihr nicht bei einer falschen Meinung beharrt: Ohne meinen Befehl sind die Albaner in Richtung auf die Berge abgerückt; was ich dann rief, war nicht mein Befehl, sondern kluge Überlegung und Vortäuschung eines Befehls; ihr solltet nicht wissen, daß ihr im Stich gelassen wurdet, und dadurch vom Kampf abgelenkt werden, und die Feinde sollten glauben, sie würden im Rücken umzingelt, und einen solchen Schrecken bekommen, daß sie flohen. Aber die Schuld, die ich aufdecke, betrifft nicht alle Albaner. Sie sind nur ihrem Führer gefolgt; ihr hättet ebenso gehandelt, wenn ich das Heer von dort irgendwohin hätte dirigieren wollen. Jener Mettius hat sie dorthin geführt, derselbe Mettius hat auch diesen Krieg angestiftet, und Mettius hat den Vertrag zwischen Rom und Alba gebrochen. So etwas könnte später wieder einmal einer wagen, wenn ich jetzt nicht an diesem hier ein deutliches Exempel zur Warnung für die Menschen statuiere." Bewaffnete Centurionen umstellten Mettius. Der König aber fuhr fort, wie er begonnen hatte: „Möge es gut, glücklich und segensreich sein für das römische Volk und für mich und auch für euch, ihr Albaner: ich beabsichtige, die gesamte Bevölkerung von Alba nach Rom umzusiedeln, dem einfachen Volk das Bürgerrecht zu verleihen, die Vornehmen in den Senat aufzunehmen und so eine gemeinsame Stadt und ein gemeinsames Staatswesen zu schaffen. Der Staat von Alba hat sich einst aus einem in zwei Völker geteilt; jetzt soll er wieder zu einem zurückfinden."

Bei diesen Worten wurden die Männer aus Alba, die keine Waffen hatten und von Bewaffneten umringt waren, bei mancherlei Wünschen alle von gleicher Furcht gepackt und sagten kein Wort. Tullus fuhr dann fort: „Mettius Fufetius, wenn du selbst es lernen könntest, ein gegebenes Wort und Verträge zu halten, würde ich dich leben lassen, und du hättest es bei mir gelernt. Nun aber, da du von unverbesserlicher Art bist, wirst du durch deine Bestrafung die Menschheit lehren, das heiligzuhalten, was du verletzt hast. Wie du dein Herz eben noch geteilt hast zwischen Fidenae und Rom, so wirst du jetzt deinen Leib hergeben, daß er nach allen Seiten auseinandergerissen wird." Hierauf ließ er zwei Viergespanne heranbringen und Mettius ausgespannt auf die beiden Wagen binden. Dann wurden die Pferde in entgegengesetzte Richtungen getrieben und trugen auf den beiden Wagen den zerfetzten Körper davon, wie die Glieder in den

Avertere omnes ab tanta foeditate spectaculi oculos. 11
Primum ultimumque illud supplicium apud Romanos
exempli parum memoris legum humanarum fuit: in
aliis gloriari licet nulli gentium mitiores placuisse poe-
nas.

Inter haec iam praemissi Albam erant equites, qui 29
multitudinem traducerent Romam. Legiones deinde
ductae ad diruendam urbem. Quae ubi intravere por- 2
tas, non quidem fuit tumultus ille nec pavor, qualis
captarum esse urbium solet, cum effractis portis stra-
tisve ariete muris aut arce vi capta clamor hostilis et
cursus per urbem armatorum omnia ferro flammaque
miscet; sed silentium triste ac tacita maestitia ita defixit 3
omnium animos, ut prae metu, quid relinquerent, quid
secum ferrent, deficiente consilio rogitantesque alii
alios nunc in liminibus starent, nunc errabundi domos
suas ultimum illud visuri pervagarentur. Ut vero iam 4
equitum clamor exire iubentium instabat, iam fragor
tectorum, quae diruebantur ultimis urbis partibus, au-
diebatur pulvisque ex distantibus locis ortus velut
nube inducta omnia impleverat, raptim quibus quisque
poterat elatis, cum larem ac penates tectaque, in quibus
natus quisque educatusque esset, relinquentes exirent,
iam continens agmen migrantium impleverat vias, et 5
conspectus aliorum mutua miseratione integrabat la-
crimas, vocesque etiam miserabiles exaudiebantur,
mulierum praecipue, cum obsessa ab armatis templa
augusta praeterirent ac velut captos relinquerent deos.
Egressis urbe Albanis Romanus passim publica priva- 6
taque omnia tecta adaequat solo, unaque hora quadrin-
gentorum annorum opus, quibus Alba steterat, excidio
ac ruinis dedit. Templis tamen deum – ita enim edic-
tum ab rege fuerat – temperatum est.

Stricken hängengeblieben waren. Alles wandte sich ab, um dieses gräßliche Schauspiel nicht mit ansehen zu müssen. Es war das erste und das letzte Mal, daß bei den Römern diese Art der Hinrichtung stattfand, ein Verfahren, bei dem die Gebote der Menschlichkeit zu wenig beachtet wurden. Ansonsten dürfen die Römer sich rühmen, daß kein Volk mildere Strafen verhängt hat.

Unterdessen waren schon Reiter nach Alba vorausgeschickt worden, die die Bevölkerung nach Rom schaffen sollten. Dann rückten die Legionen an, um die Stadt zu zerstören. Als sie durch die Tore einzogen, kam es zwar nicht zu Panikszenen, wie sie sich bei der Eroberung von Städten gewöhnlich abspielen, wenn nach dem Aufbrechen der Tore, dem Zertrümmern der Stadtmauern durch den Sturmbock oder der gewaltsamen Einnahme der Burg das Geschrei der Feinde und die durch die Stadt stürmenden Bewaffneten mit Feuer und Schwert ein Chaos auslösen; aber beklommenes Schweigen und stille Trauer ließ allen das Herz erstarren, so daß sie vor lauter Angst ratlos waren, was sie zurücklassen und was sie mitnehmen sollten, und bald auf den Schwellen ihrer Häuser standen und einander fragten, bald planlos durch ihre Häuser irrten, um sie zum letztenmal zu sehen. Als aber jetzt die Reiter mit lautem Rufen zum Auszug drängten, als das Zusammenkrachen der Häuser zu hören war, die an den äußersten Enden der Stadt niedergerissen wurden, und der Staub, der an den verschiedensten Stellen aufwirbelte, sich wie eine Wolke auf alles gelegt hatte, da schaffte jeder hastig heraus, was er nur konnte, während er den Lar und die Penaten und das Haus, in dem er geboren und erzogen worden war, zurücklassen mußte. Schon hatte ein nicht abreißender Zug von Auswanderern die Straßen gefüllt; beim Anblick der anderen ließ das gegenseitige Mitleid erneut die Tränen fließen, und Klageschreie, vor allem von Frauen, waren zu hören, als sie an den von Bewaffneten besetzten ehrwürdigen Tempeln vorbeikamen und die Götter wie Gefangene zurücklassen mußten. Als die Albaner die Stadt verlassen hatten, machten die Römer im ganzen Stadtgebiet alle öffentlichen und privaten Gebäude dem Erdboden gleich, und eine einzige Stunde gab das Werk von vierhundert Jahren, in denen Alba bestanden hatte, völliger Vernichtung preis. Die Tempel der Götter allerdings – denn so war es vom König angeordnet worden – blieben verschont.

Roma interim crescit Albae ruinis. Duplicatur ci- 30
vium numerus; Caelius additur urbi mons et, quo fre-
quentius habitaretur, eam sedem Tullus regiae capit
ibique deinde habitavit. Principes Albanorum in pa- 2
tres, ut ea quoque pars rei publicae cresceret, legit:
Iulios, Servilios, Quincti⟨li⟩os, Geganios, Curiatios,
Cloelios; templumque ordini ab se aucto curiam fecit,
quae Hostilia usque ad patrum nostrorum aetatem ap-
pellata est. Et ut omnium ordinum viribus aliquid ex 3
novo populo adiceretur, equitum decem turmas ex Al-
banis legit, legiones et veteres eodem supplemento ex-
plevit et novas scripsit.

Hac fiducia virium Tullus Sabinis bellum indicit, 4
genti ea tempestate secundum Etruscos opulentissimae
viris armisque. Utrimque iniuriae factae ac res nequi-
quam erant repetitae. Tullus ad Feroniae fanum mer- 5
catu frequenti negotiatores Romanos comprehensos
querebatur, Sabini suos prius in lucum confugisse ac
Romae retentos. Hae causae belli ferebantur. Sabini, 6
haud parum memores et suarum virium partem Romae
ab Tatio locatam et Romanam rem nuper etiam adiec-
tione populi Albani auctam, circumspicere et ipsi ex-
terna auxilia. Etruria erat vicina, proximi Etruscorum 7
Veientes. Inde ob residuas bellorum iras maxime solli-
citatis ad defectionem animis voluntarios traxere, et
apud vagos quosdam ex inopi plebe etiam merces va-
luit. Publico auxilio nullo adiuti sunt, valuitque apud
Veientes – nam de ceteris minus mirum est – pacta cum
Romulo indutiarum fides.

Cum bellum utrimque summa ope pararent vertique 8
in eo res videretur, utri prius arma inferrent, occupat
Tullus in agrum Sabinum transire. Pugna atrox ad sil- 9

Rom wurde indes durch die Zerstörung Albas noch größer: Die Zahl der Bürger verdoppelte sich, und der Caelius wurde in das Stadtgebiet mit einbezogen; damit mehr Leute dorthin zogen, wählte Tullus ihn zum Platz für die Königsburg und wohnte dann dort. Die angesehensten der Albaner nahm er in den Senat auf, damit auch dieser Teil des Staatswesens sich vergrößerte; es waren die Julier, Servilier, Quinctilier, Geganier, Curiatier und Cloelier. Für den Senatorenstand, den er erweitert hatte, errichtete er als geweihten Tagungsort das Senatsgebäude *(curia)*, das noch bis zur Zeit unserer Väter *Curia Hostilia* genannt wurde. Und damit alle Stände durch die neuen Mitbürger verstärkt würden, stellte er aus den Reihen der Albaner zehn Reiterschwadronen auf, füllte auch aus derselben Reserve die alten Legionen auf und hob neue aus.

Im Vertrauen auf diese Streitkräfte erklärte Tullus den Sabinern den Krieg. Diese waren in der damaligen Zeit nach den Etruskern die stärksten an Männern und Waffen. Von beiden Seiten war Unrecht geschehen, und die Wiedergutmachungsforderungen waren vergeblich geblieben. Tullus führte darüber Klage, daß die Sabiner auf einem vielbesuchten Markt beim Heiligtum der Feronia römische Kaufleute verhaftet hätten; die Sabiner dagegen machten geltend, vorher schon hätten Leute von ihnen im Hain Zuflucht gesucht und seien dann in Rom zurückgehalten worden. Das waren die Kriegsgründe, die man nannte. Die Sabiner wußten sehr wohl, daß ein Teil ihrer Leute von Tatius in Rom angesiedelt und daß der römische Staat vor kurzem erst durch die Eingliederung der Bürger von Alba verstärkt worden war; daher sahen auch sie sich nach Hilfe von außen um. Etrurien lag in ihrer Nachbarschaft, die nächsten von den Etruskern waren die Bewohner von Veji. Dort, wo von den Kriegen her Erbitterung zurückgeblieben und der Anreiz zum Vertragsbruch sehr groß war, konnten sie Freiwillige gewinnen, bei einigen unzuverlässigen Elementen aus dem armen Volk spielte auch die Aussicht auf Sold eine Rolle. Von Staats wegen aber fanden sie keine Unterstützung, und man hielt sich in Veji – denn bei den übrigen war das weniger zu verwundern – an die Verpflichtung aus dem mit Romulus geschlossenen Waffenstillstand.

Als nun beide Seiten mit aller Energie zum Kriege rüsteten und es offensichtlich darauf ankam, wer zuerst angriff, war Tullus der schnellere und fiel ins Sabinerland ein. Am Schurkenwald *(silva Malitiosa)* kam es

vam Malitiosam fuit, ubi et peditum quidem robore, ceterum equitatu aucto nuper plurimum Romana acies valuit. Ab equitibus repente invectis turbati ordines sunt Sabinorum; nec pugna deinde illis constare nec fuga explicari sine magna caede potuit.

Devictis Sabinis cum in magna gloria magnisque 31
opibus regnum Tulli ac tota res Romana esset, nuntia-
tum regi patribusque est in monte Albano lapidibus
pluvisse. Quod cum credi vix posset, missis ad id vi- 2
sendum prodigium, in conspectu haud aliter, quam
cum grandinem venti glomeratam in terras agunt,
crebri cecidere caelo lapides. Visi etiam audire vocem 3
ingentem ex summi cacuminis luco, ut patrio ritu sacra
Albani facerent, quae velut dis quoque simul cum pa-
tria relictis oblivioni dederant et aut Romana sacra sus-
ceperant aut fortunae, ut fit, obirati cultum reliquerant
deum. Romanis quoque ab eodem prodigio novendiale 4
sacrum publice susceptum est, seu voce caelesti ex Al-
bano monte missa – nam id quoque traditur – seu ha-
ruspicum monitu; mansit certe sollemne, ut quando-
que idem prodigium nuntiaretur, feriae per novem dies
agerentur.

Haud ita multo post pestilentia laboratum est. Unde 5
cum pigritia militandi oreretur, nulla tamen ab armis
quies dabatur a bellicoso rege salubriora etiam cre-
dente militiae quam domi iuvenum corpora esse, do-
nec ipse quoque longinquo morbo est implicitus. Tunc 6
adeo fracti simul cum corpore sunt spiritus illi feroces,
ut, qui nihil ante ratus esset minus regium quam sacris
dedere animum, repente omnibus magnis parvisque
superstitionibus obnoxius degeret religionibusque
etiam populum impleret. Vulgo iam homines eum sta- 7
tum rerum, qui sub Numa rege fuerat, requirentes,

zu einer blutigen Schlacht. Dabei erwies sich das römische Heer als überlegen, zum einen durch die Stärke seiner Fußtruppen, vor allem aber, weil die Reiterei vor kurzem verstärkt worden war. Eine überraschende Attacke der Reiter brachte die Reihen der Sabiner durcheinander, und dann konnten sie weder ihre Stellung halten noch sich ohne schwere Verluste in Flucht auflösen.

Als sich durch den Sieg über die Sabiner König Tullus und der ganze römische Staat großen Ruhmes und großer Macht erfreuten, wurde dem König und dem Senat gemeldet, auf dem Albaner Berg habe es Steine geregnet. Weil man das kaum glauben konnte, schickte man Leute hin, die das Zeichen vom Himmel überprüfen sollten; vor ihren Augen fielen zahlreiche Steine vom Himmel, nicht anders, als wenn die Winde geballten Hagel niedergehen lassen. Sie glaubten auch, aus dem Hain oben auf dem Gipfel des Berges eine mächtige Stimme zu vernehmen, die Albaner sollten nach dem Ritus ihrer Väter ihre Opfer vollziehen; sie hatten diese schon ganz in Vergessenheit geraten lassen, als hätten sie mit ihrer Heimatstadt auch ihre Götter hinter sich gelassen, und hatten entweder römische Kulte übernommen oder, mit ihrem Schicksal hadernd, was immer wieder vorkommt, die Verehrung der Götter ganz aufgegeben. Auch die Römer vollzogen auf dieses Zeichen hin im Namen des Staates ein neuntägiges Opfer, entweder weil die himmlische Stimme auf dem Albaner Berg es gefordert hatte – auch das findet man nämlich überliefert – oder weil die Haruspices es so anordneten. Es hielt sich jedenfalls der Brauch, immer dann, wenn dieses Zeichen vom Himmel gemeldet wurde, neun Tage lang Feiern durchzuführen.

Schon ziemlich bald danach machte den Römern eine Seuche zu schaffen. Dadurch kam Unlust am Kriegsdienst auf; der kriegslustige König aber war der Ansicht, es sei für die jungen Männer gesünder, wenn sie Kriegsdienst leisteten, als wenn sie zu Hause blieben, und er ließ keine Befreiung vom Waffendienst zu, bis auch er von der langwierigen Krankheit befallen wurde. Da wurde zugleich mit dem Körper auch sein stolzer Sinn gebrochen, und er, der bisher nichts für unköniglicher gehalten hatte als die Beschäftigung mit religiösen Dingen, verfiel plötzlich jedem Aberglauben, im großen wie im kleinen, und steckte auch das Volk mit seinen religiösen Gefühlen an. Allgemein sehnten sich die Leute schon nach dem Zustand zurück, der unter König Numa geherrscht hatte, und

unam opem aegris corporibus relictam, si pax veniaque
ab dis impetrata esset, credebant.

Ipsum regem tradunt volventem commentarios Nu- 8
mae, cum ibi quaedam occulta sollemnia sacrificia Iovi
Elicio facta invenisset, operatum his sacris se abdi-
disse; sed non rite initum aut curatum id sacrum esse,
nec solum nullam ei oblatam caelestium speciem, sed
ira Iovis sollicitati prava religione fulmine ictum cum
domo conflagrasse. Tullus magna gloria belli regnavit
annos duos et triginta.

Mortuo Tullo res, ut institutum iam inde ab initio 32
erat, ad patres redierat hique interregem nominave-
rant. Quo comitia habente Ancum Marcium regem
populus creavit; patres fuere auctores. Numae Pompili
regis nepos, filia ortus, Ancus Marcius erat. Qui ut re- 2
gnare coepit, et avitae gloriae memor et quia proxi-
mum regnum, cetera egregium, ab una parte haud satis
prosperum fuerat aut neglectis religionibus aut prave
cultis, longe antiquissimum ratus sacra publica, ut ab
Numa instituta erant, facere, omnia ea ex commenta-
riis regis pontificem in album elata proponere in publi-
co iubet. Inde et civibus otii cupidis et finitimis civitati-
bus facta spes in avi mores atque instituta regem abitu-
rum.

Igitur Latini, cum quibus Tullo regnante ictum foe- 3
dus erat, sustulerant animos et, cum incursionem in
agrum Romanum fecissent, repetentibus res Romanis
superbe responsum reddunt, desidem Romanum re-
gem inter sacella et aras acturum esse regnum rati. Me- 4
dium erat in Anco ingenium, et Numae et Romuli me-
mor; et praeterquam quod avi regno magis neccessa-

die einzige noch mögliche Hilfe gegen ihre Krankheit sahen sie darin, wenn man Gnade und Erbarmen von den Göttern erlangte.

Der König selbst soll, als er in den Aufzeichnungen Numas nachschlug, dort auf gewisse feierliche Zauber- und Bannformeln für Jupiter Elicius gestoßen sein; mit diesen Zeremonien beschäftigt, ließ er sich nicht mehr blicken. Aber er muß diese Zeremonie nicht vorschriftsmäßig angefangen oder vollzogen haben: er hatte nicht nur keine Erscheinung vom Himmel, sondern Jupiter erschlug ihn im Zorn wegen eines Fehlers bei der Zeremonie, und er verbrannte mitsamt seinem Hause. Tullus hat mit großem Kriegsruhm zweiunddreißig Jahre regiert.

Nach dem Tode des Tullus war die Regierungsgewalt, wie es schon von Anfang an geregelt worden war, wieder an die Senatoren zurückgefallen, und diese hatten einen Interrex ernannt. Der hielt eine Volksversammlung ab, und das Volk wählte Ancus Marcius zum König; der Senat bestätigte die Wahl. Ancus Marcius war ein Enkel des Königs Numa Pompilius, ein Sohn von dessen Tochter. Bei seinem Regierungsantritt erinnerte er sich an den Ruhm seines Großvaters; die Regierung seines Vorgängers, im übrigen hervorragend, war in einem Punkt nicht recht glücklich gewesen: die Verehrung der Götter war teils vernachlässigt, teils unvorschriftsmäßig gehandhabt worden. Daher sah Ancus Marcius die bei weitem vordringlichste Aufgabe darin, die Kulthandlungen im Namen des Staates nach den Anweisungen Numas durchzuführen, und er erteilte dem Pontifex den Auftrag, aus den Aufzeichnungen des Königs all diese Bestimmungen auf eine weiße Tafel zu schreiben und diese an einem allgemein zugänglichen Ort aufzustellen. Dadurch wurde nicht nur bei den Bürgern, die sich nach Frieden sehnten, sondern auch bei den Nachbarstaaten die Hoffnung geweckt, der König werde in die Fußstapfen seines Großvaters treten und sich an dessen Anordnungen halten.

Infolgedessen hatten die Latiner, mit denen man unter König Tullus einen Vertrag geschlossen hatte, Mut gefaßt; sie waren in römisches Gebiet eingefallen, und als dann die Römer Wiedergutmachung forderten, gaben sie ihnen eine hochmütige Antwort, weil sie sich einbildeten, der König von Rom werde bei Kapellen und Altären seine Herrschaft ausüben und keinen Finger rühren. Aber Ancus war nicht einseitig, er hatte sowohl Numa als auch Romulus vor Augen. Und er glaubte, sein Großvater habe in seiner Regierung den Frieden sehr dringend gebraucht bei einem jun-

riam fuisse pacem credebat cum in novo tum feroci po-
pulo, etiam, quod illi contigisset otium sine iniuria, id
se haud facile habiturum; temptari patientiam et temp-
tatam contemni, temporaque esse Tullo regi aptiora
quam Numae. Ut tamen, quoniam Numa in pace reli- 5
giones instituisset, a se bellicae caerimoniae proderen-
tur nec gererentur solum, sed etiam indicerentur bella
aliquo ritu, ius ab antiqua gente Aequiculis, quod nunc
fetiales habent, descripsit, quo res repetuntur.

Legatus ubi ad fines eorum venit, unde res repetun- 6
tur, capite velato filo – lanae velamen est – „Audi, Iup-
piter“ inquit; „audite, fines“ (cuiuscumque gentis
sunt, nominat); „audiat fas. Ego sum publicus nuntius
populi Romani; iuste pieque legatus venio verbisque
meis fides sit.“ Peragit deinde postulata. Inde Iovem 7
testem facit: „Si ego iniuste impieque illos homines il-
lasque res dedier mihi exposco, tum patriae compotem
me numquam siris esse.“ Haec, cum fines suprascan- 8
dit, haec, quicumque ei primus vir obvius fuerit, haec
portam ingrediens, haec forum ingressus, paucis verbis
carminis concipiendique iuris iurandi mutatis, peragit.
Si non deduntur, quos exposcit, diebus tribus et tri- 9
ginta – tot enim sollemnes sunt – peractis bellum ita in-
dicit: „Audi, Iuppiter, et tu, Iane Quirine, dique om-
nes caelestes vosque terrestres vosque inferni, audite.
Ego vos testor populum illum“ (quicumque est, nomi- 10
nat) „iniustum esse neque ius persolvere. Sed de istis
rebus in patria maiores natu consulemus, quo pacto ius
nostrum adipiscamur.“ Tum nuntius Romam ad con-
sulendum redit.

Confestim rex his ferme verbis patres consulebat: 11
„Quarum rerum, litium, causarum condixit pater pa-
tratus populi Romani Quiritium patri patrato Prisco-
rum Latinorum hominibusque Priscis Latinis, quas res

gen und vor allem noch unbändigen Volk; was jenem zuteil geworden sei, ein Friede, ohne Unrecht erleiden zu müssen, das könne er nicht leicht haben. Man stelle seine Geduld auf die Probe, um sich dann darüber lustig zu machen, und die Zeiten paßten besser zu einem König Tullus als zu einem Numa. Er wollte jedoch, wie Numa die religiösen Gebräuche für Friedenszeiten geregelt habe, seinerseits feste Formen für den Kriegsfall aufstellen: Kriege sollten nicht nur geführt, sondern auch in einer bestimmten Form erklärt werden. Daher entlehnte er von dem alten Volk der Aequiculer das noch heute bei den Fetialen gültige Recht, nach dem Wiedergutmachung gefordert wird.

Wenn der Gesandte das Gebiet des Volkes erreicht hat, von dem man Wiedergutmachung verlangt, legt er eine Binde um sein Haupt – es ist ein Schal aus Wolle – und spricht: „Höre, Jupiter! Hört, ihr Grenzen... (hier nennt er den Namen des betreffenden Volkes)! Hören soll es das heilige Recht! Ich bin der offizielle Bote des römischen Volkes; nach menschlichem und göttlichem Recht komme ich als Gesandter, und meinen Worten soll man Glauben schenken." Hierauf bringt er die Forderungen vor. Sodann ruft er Jupiter als Zeugen an: „Wenn ich wider menschliches und göttliches Recht fordere, daß diese Menschen und diese Sachen mir ausgeliefert werden, dann mach, daß ich nimmermehr mich meines Vaterlandes erfreue." Dies sagt er, wenn er die Grenze überschreitet, dies bei dem erstbesten Mann, der ihm begegnet, dies, wenn er durch das Tor geht, dies, wenn er den Marktplatz betritt, wobei er nur wenige Worte in der Formel und dem Schwur ändert. Werden die Forderungen nicht erfüllt, sagt er nach Ablauf von 33 Tagen – das ist nämlich die übliche Frist – folgendermaßen den Krieg an: „Höre, Jupiter, und du, Janus Quirinus, und all ihr Götter des Himmels, der Erde und der Unterwelt, hört! Ich rufe euch zu Zeugen, daß dieses Volk... (hier nennt er den betreffenden Namen) ungerecht ist und sich nicht an das Recht hält. Doch wegen dieser Dinge werden wir in unserer Vaterstadt die Ältesten befragen, wie wir zu unserem Recht kommen können." Dann kehrt der Bote zur Beratung nach Rom zurück.

Sogleich befragte der König die Senatoren mit etwa folgenden Worten: „Wegen der Sachen, Händel und Angelegenheiten, die der Pater Patratus des römischen Volkes der Quiriten bei dem Pater Patratus der Alten Latiner und bei den Alten Latinern selbst vorgebracht hat, die sie aber weder

nec dederunt nec fecerunt nec solverunt, quas res dari,
fieri, solvi oportuit, dic," inquit ei, quem primum sen-
tentiam rogabat, „quid censes?" Tum ille: „Puro pio- 12
que duello quaerendas censeo itaque consentio con-
sciscoque." Inde ordine alii rogabantur; quandoque
pars maior eorum, qui aderant, in eandem sententiam
ibat, bellum erat consensum.

Fieri solitum, ut fetialis hastam ferratam aut sangui-
neam praeustam ad fines eorum ferret et non minus tri-
bus puberibus praesentibus diceret: „Quod populi 13
Priscorum Latinorum hominesque Prisci Latini adver-
sus populum Romanum Quiritium fecerunt, delique-
runt, quod populus Romanus Quiritium bellum cum
Priscis Latinis iussit esse senatusque populi Romani
Quiritium censuit, consensit, conscivit, ut bellum cum
Priscis Latinis fieret, ob eam rem ego populusque Ro-
manus populis Priscorum Latinorum hominibusque
Priscis Latinis bellum indico facioque." Id ubi dixisset, 14
hastam in fines eorum emittebat. Hoc tum modo ab
Latinis repetitae res ac bellum indictum, moremque
eum posteri acceperunt.

Ancus demandata cura sacrorum flaminibus sacer- 33
dotibusque aliis, exercitu novo conscripto profectus
Politorium, urbem Latinorum, vi cepit, secutusque
morem regum priorum, qui rem Romanam auxerant
hostibus in civitatem accipiendis, multitudinem om-
nem Romam traduxit. Et cum circa Palatium, sedem 2
veterum Romanorum, Sabini Capitolium atque arcem,
Caelium montem Albani implessent, Aventinum no-
vae multitudini datum. Additi eodem haud ita multo
post, Tellenis Ficanaque captis, novi cives. Politorium 3
inde rursus bello repetitum, quod vacuum occupave-
rant Prisci Latini; eaque causa diruendae urbis eius fuit
Romanis, ne hostium semper receptaculum esset.

übergeben noch geleistet noch gezahlt haben, die sie aber hätten übergeben und leisten und zahlen müssen – sag", sprach er zu dem, den er als ersten um seine Meinung befragte, „was beantragst du da?" Darauf der Befragte: „Ich beantrage, daß wir sie uns in einem gerechten und frommen Krieg holen, und damit bin ich einverstanden und dafür entscheide ich mich." Dann wurden der Reihe nach die anderen gefragt; sobald die Mehrheit der Anwesenden auch für diese Meinung stimmte, war der Krieg beschlossen.

Gewöhnlich kam es dann so, daß ein Fetiale eine Lanze mit einer Eisenspitze oder eine blutrote, an der Spitze im Feuer gehärtete an die Grenze brachte und in Anwesenheit von mindestens drei erwachsenen Männern sagte: „Da die Völker der Alten Latiner und die Alten Latiner selbst gegen das römische Volk der Quiriten gehandelt und sich vergangen haben und da das römische Volk der Quiriten einen Krieg mit den Alten Latinern angeordnet und der Senat des römischen Volkes der Quiriten sich dafür ausgesprochen, sich damit einverstanden erklärt und sich dafür entschieden hat, daß mit den Alten Latinern Krieg geführt werden soll, deshalb sage ich und das römische Volk den Völkern der Alten Latiner und den Alten Latinern selbst den Krieg an und eröffne ihn hiermit." Nach diesen Worten warf er die Lanze in ihr Gebiet hinüber. Auf diese Weise wurde damals von den Latinern Wiedergutmachung gefordert und der Krieg angesagt, und dieses Verfahren haben die späteren Generationen übernommen.

Ancus übertrug die Sorge für das Sakralwesen den Flamines und den anderen Priestern, rückte mit einem frisch ausgehobenen Heer aus und nahm die Latinerstadt Politorium im Sturm. Dem Verfahren früherer Könige folgend, die Feinde in die Bürgerschaft aufgenommen und so den römischen Staat vergrößert hatten, siedelte er die gesamte Bevölkerung nach Rom um. Da im Umkreis des Palatiums, auf dem die Alt-Römer wohnten, die Sabiner das Kapitol und die Burg und die Albaner den Caelius besiedelt hatten, wurde der neuen Bevölkerung der Aventin überlassen. Nach gar nicht langer Zeit, als Tellenae und Ficana erobert wurden, kamen weitere Neubürger dorthin. Politorium mußte dann noch ein zweitesmal im Krieg erobert werden, da die menschenleere Stadt von Alten Latinern besetzt worden war; das war dann auch für die Römer ein Grund, diese Stadt zu zerstören, damit sie nicht immerzu den Feinden ei-

Postremo omni bello Latino Medulliam compulso ali- 4
quamdiu ibi Marte incerto, varia victoria pugnatum
est; nam et urbs tuta munitionibus praesidioque fir-
mata valido erat, et castris in aperto positis aliquotiens
exercitus Latinus comminus cum Romanis signa con-
tulerat. Ad ultimum omnibus copiis conisus Ancus 5
acie primum vincit; inde ingenti praeda potens Romam
redit, tum quoque multis milibus Latinorum in civita-
tem acceptis, quibus, ut iungeretur Palatio Aventinum,
ad Murciae datae sedes. Ianiculum quoque adiectum, 6
non inopia loci, sed ne quando ea arx hostium esset. Id
non muro solum ⟨muniri⟩, sed etiam ob commodita-
tem itineris ponte sublicio, tum primum in Tiberi
facto, coniungi urbi placuit. Quiritium quoque fossa, 7
haud parvum munimentum a planioribus aditu locis,
Anci regis opus est. Ingenti incremento rebus auctis 8
cum in tanta multitudine hominum, discrimine recte
an perperam facti confuso, facinora clandestina fierent,
carcer ad terrorem increscentis audaciae media urbe
imminens foro aedificatur.

Nec urbs tantum hoc rege crevit, sed etiam ager fi- 9
nesque. Silva Maesia Veientibus adempta usque ad
mare imperium prolatum et in ore Tiberis Ostia urbs
condita, salinae circa factae; egregieque rebus bello ge-
stis aedis Iovis Feretri amplificata.

Anco regnante Lucumo, vir impiger ac divitiis po- **34**
tens, Romam commigravit cupidine maxime ac spe
magni honoris, cuius adipiscendi Tarquiniis – nam ibi
quoque peregrina stirpe oriundus erat – facultas non
fuerat. Demarati Corinthii filius erat, qui ob seditiones 2

nen Schlupfwinkel böte. Zum Schluß konzentrierte sich der Krieg gegen die Latiner ganz auf Medullia; dort wurde eine Zeitlang mit schwankendem Kriegsglück und wechselndem Erfolg gekämpft; denn zum einen war die Stadt durch Befestigungsanlagen geschützt und wurde von einer starken Besatzung verteidigt, zum anderen hatte das Heer der Latiner sein Feldlager in offenem Gelände aufgeschlagen und war schon einige Male zum Kampf gegen die Römer angerückt. Zuletzt warf Ancus all seine Truppen in den Kampf und gewann seinen ersten Sieg in einer offenen Schlacht. Von dort kehrte er mit gewaltiger Beute nach Rom zurück. Auch jetzt nahm er wieder viele tausend Latiner in die Bürgerschaft auf und wies ihnen, um eine Verbindung zwischen dem Palatium und dem Aventin herzustellen, an der Kapelle der Murcia Wohnsitze an. Auch das Janiculum wurde jetzt in die Stadt mit einbezogen, nicht aus Mangel an Raum, sondern weil verhindert werden sollte, daß es einmal Feinden als Stützpunkt diene. Man beschloß, es nicht nur mit einer Mauer zu befestigen, sondern es auch, um einen bequemen Zugang zu schaffen, durch eine Pfahlbrücke, wie sie damals zum erstenmal über den Tiber geschlagen wurde, mit der Stadt zu verbinden. Auch der Quiriten-Graben, ein nicht unbedeutender Schutz für die Stadt auf der Seite, wo das Vorfeld flacher ist, ist ein Werk des Königs Ancus. Als dieser enorme Machtzuwachs eingetreten war, verschwamm in der so großen Bevölkerung die Grenze zwischen Recht und Unrecht, und es kam zu heimlichen Verbrechen; daher wurde zur Abschreckung der immer größer werdenden Dreistigkeit mitten in der Stadt oberhalb des Forums der Kerker gebaut.

Aber nicht nur die Stadt wuchs unter diesem König, sondern auch der Landbesitz und das Gebiet. Dadurch daß man Veji den Maesier-Wald wegnahm, wurde der Machtbereich Roms bis zum Meer ausgedehnt, und an der Tibermündung wurde die Stadt Ostia gegründet. Rundum wurden Bassins zur Salzgewinnung angelegt. Und wegen der außerordentlichen Erfolge im Krieg wurde der Tempel des Jupiter Feretrius vergrößert.

Unter der Regierung des Ancus zog Lucumo, ein Mann mit großem Tatendrang und ungeheurem Reichtum, nach Rom, hauptsächlich weil er hoffte, hier zu der ersehnten hohen Ehrenstellung zu kommen, die er in Tarquinii – denn er stammte auch dort nicht aus einer eingesessenen Familie – nicht hatte erreichen können. Er war ein Sohn des Demaratos aus Korinth. Dieser hatte wegen innerer Unruhen seine Heimat verlassen

domo profugus, cum Tarquiniis forte consedisset, uxore ibi ducta duos filios genuit. Nomina his Lucumo atque Arruns fuerunt. Lucumo superfuit patri bonorum omnium heres; Arruns prior quam pater moritur
uxore gravida relicta. Nec diu manet superstes filio pa- 3
ter; qui cum ignorans nurum ventrem ferre, immemor in testando nepotis decessisset, puero post avi mortem in nullam sortem bonorum nato ab inopia Egerio indi-
tum nomen. Lucumoni contra omnium heredi bono- 4
rum cum divitiae iam animos facerent, auxit ducta in matrimonium Tanaquil summo loco nata et quae haud facile iis, in quibus nata erat, humiliora sineret ea, quo
innupsisset. Spernentibus Etruscis Lucumonem exule 5
advena ortum, ferre indignitatem non potuit oblitaque ingenitae erga patriam caritatis, dummodo virum honoratum videret, consilium migrandi ab Tarquiniis ce-
pit. Roma est ad id aptissima visa: in novo populo, ubi 6
omnis repentina atque ex virtute nobilitas sit, futurum locum forti ac strenuo viro; regnasse Tatium Sabinum, arcessitum in regnum Numam a Curibus, et Ancum Sabina matre ortum nobilemque una imagine Numae
esse. Facile persuadet ut cupido honorum et cui Tar- 7
quinii materna tantum patria esset. Sublatis itaque rebus amigrant Romam.

Ad Ianiculum forte ventum erat. Ibi ei carpento se- 8
denti cum uxore aquila suspensis demissa leniter alis pilleum aufert superque carpentum cum magno clangore volitans rursus velut ministerio divinitus missa
capiti apte reponit; inde sublimis abiit. Accepisse id 9
augurium laeta dicitur Tanaquil, perita, ut vulgo Etrusci, caelestium prodigiorum mulier. Excelsa et alta sperare complexa virum iubet: eam alitem, ea regione

müssen und sich zufällig in Tarquinii angesiedelt. Dort hatte er geheiratet und zwei Söhne bekommen; sie hießen Lucumo und Arruns. Lucumo überlebte seinen Vater und erbte das gesamte Vermögen; Arruns dagegen starb vor seinem Vater und ließ seine Frau schwanger zurück. Aber der Vater überlebte diesen Sohn nur kurze Zeit; er starb, ohne zu wissen, daß seine Schwiegertochter ein Kind erwartete, und ohne seinen Enkel im Testament zu bedenken. Der Knabe, der dann nach dem Tode seines Großvaters zur Welt kam und keine Aussicht auf einen Anteil an dem Vermögen hatte, erhielt wegen seiner Armut den Namen Egerius. Lucumo dagegen, dem Erben des gesamten Vermögens, stärkte der Reichtum das Selbstbewußtsein; dieses nahm noch zu, als er Tanaquil, eine Frau aus den höchsten Kreisen, heiratete, die sich nicht leicht damit abfinden konnte, daß die Familie, in die sie hineingeheiratet hatte, unbedeutender war als die, aus der sie kam. Da die Etrusker auf Lucumo als Sohn eines zugewanderten Mannes herabsahen, wurde diese Zurücksetzung für sie unerträglich; sie vergaß die angestammte Liebe zu ihrer Vaterstadt, und nur um ihren Mann geehrt zu sehen, beschloß sie, von Tarquinii wegzuziehen. Rom schien zu diesem Zweck am ehesten geeignet. In diesem neuen Volk, wo der gesamte Adel schnell emporgekommen sei und auf Leistung beruhe, werde ein tapferer und tatkräftiger Mann seinen Platz finden. Dort sei schon der Sabiner Tatius König gewesen; den Numa habe man von Cures auf den Thron geholt; auch Ancus habe eine Sabinerin zur Mutter und sei ein Adliger mit nur einem einzigen Ahnenbild, dem Numas. Sie konnte ihren Mann leicht bereden, der voller Ehrgeiz und für den Tarquinii ja nur Heimat mütterlicherseits war. Sie nahmen also ihren Besitz und zogen weg nach Rom.

Man war gerade am Janiculum angekommen. Lucumo saß mit seiner Gemahlin auf dem Wagen – da schwebte ein Adler mit ausgebreiteten Schwingen sanft herab und trug seine Filzkappe davon; dann flog er laut kreischend über dem Wagen und setzte ihm die Kappe wieder richtig auf den Kopf, als sei er von den Göttern zu diesem Dienst geschickt worden; darauf entschwand er in den Lüften. Tanaquil soll dies hocherfreut als eine Prophezeiung aufgefaßt haben; war sie doch, wie die Etrusker allgemein, eine Frau, die mit himmlischen Zeichen vertraut war. Sie fiel ihrem Mann um den Hals und forderte ihn auf, das Größte und Schönste zu hoffen; gerade dieser Vogel sei gekommen, aus dieser Himmelsrichtung

caeli et eius dei nuntiam venisse, circa summum cul-
men hominis auspicium fecisse, levasse humano super-
positum capiti decus, ut divinitus eidem redderet.

Has spes cogitationesque secum portantes urbem 10
ingressi sunt domicilioque ibi comparato L. Tarqui-
nium Priscum edidere nomen. Romanis conspicuum 11
eum novitas divitiaeque faciebant; et ipse fortunam be-
nigno adloquio, comitate invitandi beneficiisque, quos
poterat, sibi conciliando adiuvabat, donec in regiam
quoque de eo fama perlata est. Notitiamque eam brevi 12
apud regem liberaliter dextereque obeundo officia in
familiaris amicitiae adduxerat iura, ut publicis pariter
ac privatis consiliis bello domique interesset et per om-
nia expertus postremo tutor etiam liberis regis testa-
mento institueretur.

Regnavit Ancus annos quattuor et viginti, cuilibet 35
superiorum regum belli pacisque et artibus et gloria
par. Iam filii prope puberem aetatem erant. Eo magis
Tarquinius instare, ut quam primum comitia regi cre-
ando fierent; quibus indictis sub tempus pueros vena- 2
tum ablegavit. Isque primus et petisse ambitiose re-
gnum et orationem dicitur habuisse ad conciliandos
plebis animos compositam: se non rem novam petere, 3
quippe qui non primus, quod quisquam indignari mi-
rarive posset, sed tertius Romae peregrinus regnum
adfectet; et Tatium non ex peregrino solum, sed etiam
ex hoste regem factum, et Numam ignarum urbis non
petentem in regnum ultro accitum: se, ex quo sui po- 4
tens fuerit, Romam cum coniuge ac fortunis omnibus
commigrasse; maiorem partem aetatis eius, qua civili-
bus officiis fungantur homines, Romae se quam in ve-
tere patria vixisse; domi militiaeque sub haud paeni- 5

und als Bote dieses Gottes, er habe oben am Scheitel eines Menschen ein Zeichen gegeben und habe den Kopfschmuck, der auf einem menschlichen Haupt saß, weggehoben, um ihn auf göttliches Geheiß demselben Mann wieder aufzusetzen.

Mit diesen hoffnungsvollen Gedanken fuhren sie in die Stadt hinein; und nachdem sie dort Wohnung genommen hatten, gaben sie als Namen L. Tarquinius Priscus an. Daß er neu zugezogen und so reich war, machte ihn für die Römer interessant. Er half aber auch selbst dem Glück nach, indem er freundlich mit den Leuten redete, leutselig Einladungen gab und durch Gefälligkeiten sich verpflichtete, wen er konnte. Schließlich drang sein Ruf auch bis in das Haus des Königs. Von dieser bloßen Bekanntschaft hatte er es beim König durch Dienste, bei denen er sich großzügig und geschickt zeigte, bald zu einer engen und vertrauten Freundschaft gebracht, so daß er in gleicher Weise bei staatlichen wie bei privaten Beratungen im Krieg und Frieden hinzugezogen wurde und daß ihn der König schließlich sogar als einen allseits bewährten Mann testamentarisch zum Vormund seiner Kinder bestellte.

Ancus regierte vierundzwanzig Jahre; er konnte sich jedem der früheren Könige an die Seite stellen, was seine Fähigkeiten und was seinen Ruhm im Krieg und im Frieden anging. Seine Söhne waren schon fast erwachsen. Um so mehr drängte Tarquinius darauf, daß möglichst bald die Volksversammlung zur Wahl des Königs stattfand. Als sie anberaumt war, schickte er die Jungen kurz vor dem Wahltermin auf die Jagd. Tarquinius soll der erste gewesen sein, der sich aus Ehrgeiz um die Königsherrschaft bewarb und der eine Rede hielt, die darauf angelegt war, die Herzen des einfachen Volkes zu gewinnen: Worum er sich bewerbe, sei nicht Neues; denn er sei nicht der erste – darüber könnte man sich noch entrüsten oder verwundern –, sondern bereits der dritte, der als Fremder in Rom nach der Königsherrschaft strebe. Tatius sei nicht nur ein Fremder, sondern sogar ein Feind gewesen, ehe er König wurde, und Numa, der die Stadt gar nicht kannte, habe man, ohne daß er danach gestrebt hätte, von sich aus auf den Thron gerufen. Er dagegen sei, sobald er sein eigener Herr gewesen sei, mit seiner Frau und seinem gesamten Vermögen nach Rom gezogen; von den Jahren, in denen man sich öffentlichen Aufgaben widme, habe er einen größeren Teil in Rom zugebracht als in seiner alten Heimatstadt; im Frieden und im Krieg habe er unter einem

tendo magistro, ipso Anco rege, Romana se iura, Romanos ritus didicisse; obsequio et observantia in regem cum omnibus, benignitate erga alios cum rege ipso
certasse. Haec eum haud falsa memorantem ingenti 6
consensu populus Romanus regnare iussit. Ergo virum cetera egregium secuta, quam in petendo habuerat, etiam regnantem ambitio est; nec minus regni sui firmandi quam augendae rei publicae memor centum in patres legit, qui deinde minorum gentium sunt appellati, factio haud dubia regis, cuius beneficio in curiam venerant.

Bellum primum cum Latinis gessit et oppidum ibi 7
Apiolas vi cepit; praedaque inde maiore, quam quanta belli fama fuerat, revecta ludos opulentius instructius-
que quam priores reges fecit. Tum primum circo, qui 8
nunc maximus dicitur, designatus locus est. Loca divisa patribus equitibusque, ubi spectacula sibi quisque
facerent; fori appellati. Spectavere furcis duodenos ab 9
terra spectacula alta sustinentibus pedes. Ludicrum fuit equi pugilesque ex Etruria maxime acciti. Sollemnes deinde annui mansere ludi, Romani magnique va-
rie appellati. Ab eodem rege et circa forum privatis 10
aedificanda divisa sunt loca; porticus tabernaeque factae.

Muro quoque lapideo circumdare urbem parabat, 36
cum Sabinum bellum coeptis intervenit. Adeoque ea subita res fuit, ut prius Anienem transirent hostes, quam obviam ire ac prohibere exercitus Romanus pos-
set. Itaque trepidatum Romae est, et primo dubia vic- 2
toria, magna utrimque caede pugnatum est.

Reductis deinde in castra hostium copiis datoque spatio Romanis ad comparandum de integro bellum,

Lehrmeister, dessen er sich nicht zu schämen brauche, nämlich unter König Ancus persönlich, die politischen und die sakralen Einrichtungen Roms kennengelernt; an Gehorsam und an Ehrerbietung gegen den König habe er alle zu übertreffen gesucht, an Güte gegenüber anderen sogar den König selbst. Was er da vorbrachte, traf durchaus zu, und das römische Volk wählte ihn mit überwältigender Einmütigkeit zum König. Den im übrigen hervorragenden Mann verließ der Ehrgeiz, den er bei der Bewerbung gezeigt hatte, auch jetzt nicht, wo er König war. Vor allem um seine Herrschaft zu sichern, aber auch um den Staat zu stärken, berief er hundert Senatoren, die dann „Väter der jüngeren Familien" genannt wurden, eine absolut zuverlässige Gefolgschaft des Königs, dem sie den Einzug in die Curie zu verdanken hatten.

Zuerst führte er Krieg gegen die Latiner und nahm bei ihnen die Stadt Apiolae im Sturm. Von dort kehrte er mit reicherer Beute zurück, als man es nach dem Ruf des Krieges erwartet hatte, und veranstaltete dann Spiele, die aufwendiger und besser ausgestattet waren als die der früheren Könige. Damals wurde auch zum erstenmal für den Circus, der heute Circus Maximus heißt, der Platz abgesteckt. Den Senatoren und den Rittern wurden gesonderte Plätze angewiesen, wo sich jeder von ihnen Zuschauersitze errichten konnte; die nannte man *fori* (Sitzreihen); sie sahen von den Sitzen aus zu, die auf zweizinkigen Pfosten ruhten und zwölf Fuß über der Erde waren. Die Vorführung bestand aus Pferderennen und Faustkämpfen, deren Akteure man vor allem aus Etrurien herbeigeholt hatte. Die feierlichen Spiele wurden dann zu einer jährlichen Einrichtung und wurden entweder *ludi Romani* (Römische Spiele) oder *ludi magni* (Große Spiele) genannt. Derselbe König wies auch Privatleuten am Forum Baugelände zu; er errichtete Säulenhallen und Läden.

Er wollte die Stadt auch mit einer Mauer aus Steinen umgeben, aber da kam ein Krieg mit den Sabinern dazwischen. Das geschah so überraschend, daß die Feinde den Anio überschritten, noch bevor das römische Heer ihnen entgegenziehen und sie daran hindern konnte. Daher geriet man in Rom in Unruhe, und die erste Schlacht brachte keine Entscheidung, nur schwere Verluste auf beiden Seiten.

Die feindlichen Truppen wurden dann in ihr Lager zurückgeführt, und die Römer bekamen Zeit, sich von neuem auf den Krieg vorzubereiten.

Tarquinius equitem maxime suis deesse viribus ratus
ad Ramnes, Titienses, Luceres, quas centurias Romu-
lus scripserat, addere alias constituit suoque insignes
relinquere nomine. Id quia inaugurato Romulus fece- 3
rat, negare Attus Navius, inclitus ea tempestate augur,
neque mutari neque novum constitui, nisi aves addixis-
sent, posse. Ex eo ira regi mota, eludensque artem, ut 4
ferunt, „Age dum“ inquit, „divine tu, inaugura, fierine
possit, quod nunc ego mente concipio.“ Cum ille au-
gurio rem expertus profecto futuram dixisset, „Atqui
hoc animo agitavi“ inquit „te novacula cotem discissu-
rum; cape haec et perage, quod aves tuae fieri posse
portendunt.“ Tum illum haud cunctanter discidisse
cotem ferunt. Statua Atti capite velato, quo in loco res 5
acta est, in comitio in gradibus ipsis ad laevam curiae
fuit; cotem quoque eodem loco sitam fuisse memo-
rant, ut esset ad posteros miraculi eius monumentum.

Auguriis certe sacerdotioque augurum tantus honos 6
accessit, ut nihil belli domique postea nisi auspicato ge-
reretur, concilia populi, exercitus vocati, summa re-
rum, ubi aves non admisissent, dirimerentur. Neque 7
tum Tarquinius de equitum centuriis quicquam muta-
vit; numero alterum tantum adiecit, ut mille et octin-
genti equites in tribus centuriis essent. Posteriores 8
modo sub iisdem nominibus, qui additi erant, appellati
sunt; quas nunc, quia geminatae sunt, sex vocant cen-
turias.

Hac parte copiarum aucta iterum cum Sabinis con- 37
fligitur. Sed praeterquam quod viribus creverat Roma-
nus exercitus, ex occulto etiam additur dolus missis,
qui magnam vim lignorum, in Anienis ripa iacentem,
ardentem in flumen conicerent; ventoque iuvante ac-
censa ligna et pleraque in ratibus impacta sublicis cum

Tarquinius glaubte, daß es seinen Streitkräften vor allem an Reitern fehle, und er beschloß daher, zu den Centurien der Ramner, der Titienser und der Lucerer, die Romulus aufgestellt hatte, weitere hinzuzufügen, die dann für alle Zeit seinen Namen tragen sollten. Weil aber Romulus zuvor das Augurium durchgeführt hatte, erklärte Attus Navius, damals eine Autorität als Augur, es könne nichts verändert und nichts neu eingerichtet werden, ohne daß die Vögel zustimmten. Da packte den König der Zorn, und um die Seherkunst lächerlich zu machen, soll er gesagt haben: „Also gut, du Kenner des göttlichen Willens! Stelle deine Augurien an, ob das, woran ich jetzt denke, geschehen kann!" Als jener deswegen die Vögel befragt hatte und erklärte, es könne tatsächlich geschehen, antwortete der König: „Nun denn, ich habe mir vorgestellt, du würdest mit einem Schermesser einen Wetzstein zerschneiden. Nimm dies hier und führe aus, was nach Auskunft deiner Vögel geschehen kann!" Darauf soll Attus ohne Zögern den Wetzstein zerschnitten haben. An der Stelle, wo sich diese Szene abspielte, auf dem Comitium direkt an der Treppe links von der Curie, hat früher eine Statue des Attus mit verhülltem Haupt gestanden; man sagt, auch der Wetzstein habe dort gelegen, um die Nachwelt an dieses Wunder zu erinnern.

Die Augurien jedenfalls und das Priesteramt der Auguren gewannen solches Ansehen, daß künftig nichts mehr, weder im Krieg noch im Frieden, ohne vorherige Auspicien geschah und daß Volks- und Heeresversammlungen, also die wichtigsten Angelegenheiten, verschoben werden mußten, wenn die Vögel sie nicht zuließen. Auch Tarquinius hat damals an den Centurien der Reiter nichts geändert; er fügte lediglich noch einmal so viele hinzu, so daß jetzt in den drei Centurien 1800 Reiter waren – nur wurden die neu Hinzugekommenen neben dem alten Namen als „die späteren" bezeichnet; heute spricht man infolge der Verdoppelung von den sechs Centurien.

Nachdem dieser Truppenteil vergrößert worden war, kam es zu einer zweiten Schlacht gegen die Sabiner. Aber jetzt war das römische Heer nicht nur stärker geworden, sondern man wandte auch, von den Feinden unbemerkt, eine List an, indem man Leute schickte, die eine große Menge Holz, das am Ufer des Anio lag, in Brand stecken und in den Fluß werfen sollten; der Wind half mit, daß das Holz richtig brannte, und als es – größtenteils auf Flößen – gegen die Brückenpfeiler trieb und dort hän-

haererent, pontem incendunt. Ea quoque res in pugna 2
terrorem attulit Sabinis, et fusis eadem fugam impedit;
multique mortales, cum hostem effugissent, in flumine
ipso periere; quorum fluitantia arma ad urbem cognita
in Tiberi prius paene, quam nuntiari posset, insignem
victoriam fecere. Eo proelio praecipua equitum gloria 3
fuit; utrimque ab cornibus positos, cum iam pelleretur
media peditum suorum acies, ita incurrisse ab lateribus
ferunt, ut non sisterent modo Sabinas legiones feroci-
ter instantes cedentibus, sed subito in fugam averte-
rent. Montes effuso cursu Sabini petebant, et pauci te- 4
nuere; maxima pars, ut ante dictum est, ab equitibus in
flumen acti sunt.

Tarquinius instandum perterritis ratus, praeda cap- 5
tivisque Romam missis, spoliis hostium – id votum
Volcano erat – ingenti cumulo accensis, pergit porro in
agrum Sabinum exercitum inducere; et quamquam 6
male gesta res erat nec gesturos melius sperare pot-
erant, tamen, quia consulendi res non dabat spatium,
ire obviam Sabini tumultuario milite; iterumque ibi
fusi perditis iam prope rebus pacem petiere.

Collatia et quidquid citra Collatiam agri erat, Sabi- 38
nis ademptum; Egerius – fratris hic filius erat regis –
Collatiae in praesidio relictus. Deditosque Collatinos
ita accipio eamque deditionis formulam esse: rex inter- 2
rogavit: „Estisne vos legati oratoresque missi a populo
Collatino, ut vos populumque Collatinum dederetis?“
„Sumus.“ „Estne populus Collatinus in sua pote-
state?“ „Est.“ „Deditisne vos populumque Collati-
num, urbem, agros, aquam, terminos, delubra, utensi-
lia, divina humanaque omnia in meam populique Ro-
mani dicionem?“ „Dedimus.“ „At ego recipio.“

genblieb, setzte es die Brücke in Brand. Auch das löste bei den Sabinern in der Schlacht Schrecken aus, und als sie geschlagen waren, hinderte es sie an der Flucht; viele, die den Feinden entkommen waren, kamen im Fluß um. Ihre Waffen trieben davon, wurden bei der Stadt im Tiber gesehen und gaben so von dem Sieg fast noch früher Kunde, als die Meldung eintreffen konnte. Besonderen Ruhm ernteten in dieser Schlacht die Reiter. Sie hatten an beiden Flügeln gestanden, und als die Mitte der Front, wo ihre Kameraden vom Fußvolk kämpften, bereits zurückgedrängt wurde, sollen sie von den Flanken her so scharf angegriffen haben, daß sie die sabinischen Legionen, die die zurückweichenden Römer hart bedrängten, nicht nur zum Stehen brachten, sondern im Nu in die Flucht schlugen. In wilder Hast suchten die Sabiner die Berge zu erreichen, was aber nur wenigen gelang; der größte Teil wurde, wie oben schon gesagt ist, von den Reitern in den Fluß gejagt.

Tarquinius glaubte, die kopflos gewordenen Feinde weiter bedrängen zu sollen; er schickte daher die Beute und die Gefangenen nach Rom, ließ, wie er es dem Volcanus gelobt hatte, die Rüstungen der Feinde in einem gewaltigen Haufen in Flammen aufgehen und führte sein Heer tiefer in das Sabinerland hinein. Die Sabiner hatten zwar die Schlacht verloren und konnten nicht darauf hoffen, daß es beim nächstenmal besser gehen werde; trotzdem traten sie den Römern – die Situation gab ja keine Zeit zum Überlegen – mit eilig zusammengerafften Truppen entgegen und wurden da noch einmal geschlagen, und weil ihre Lage jetzt so gut wie hoffnungslos war, baten sie um Frieden.

Collatia und alles Land diesseits von Collatia wurde den Sabinern weggenommen; Egerius, der Neffe des Königs, blieb mit einer Besatzung in Collatia zurück. Ich höre, die Bewohner von Collatia hätten sich folgendermaßen ergeben und die Übergabeformel habe folgenden Wortlaut: Der König stellte die Frage: „Seid ihr als Gesandte und Sprecher vom Volk von Collatia geschickt worden, um euch und das Volk von Collatia zu übergeben?“ – „Ja, das sind wir.“ – „Ist das Volk von Collatia sein eigener Herr?“ – „Ja, das ist es.“ – „Gebt ihr euch und das Volk von Collatia, die Stadt, das Land, das Wasser, die Grenzsteine, die Heiligtümer, die Geräte und alles, was Göttern und Menschen gehört, in meine und des römischen Volkes Gewalt?“ – „Ja, das tun wir.“ – „Und ich nehme die Übergabe an.“

Bello Sabino perfecto Tarquinius triumphans Ro- 3
mam redit. Inde Priscis Latinis bellum fecit. Ubi nus- 4
quam ad universae rei dimicationem ventum est, ad singula oppida circumferendo arma omne nomen Latinum domuit. Corniculum, Ficulea vetus, Cameria, Crustumerium, Ameriola, Medullia, Nomentum – haec de Priscis Latinis aut qui ad Latinos defecerant,
capta oppida. Pax deinde est facta. 5
Maiore inde animo pacis opera incohata, quam quanta mole gesserat bella, ut non quietior populus
domi esset, quam militiae fuisset; nam et muro lapideo, 6
cuius exordium operis Sabino bello turbatum erat, urbem, qua nondum munierat, cingere parat et infima urbis loca circa forum aliasque interiectas collibus convalles, quia ex planis locis haud facile evehebant aquas,
cloacis fastigio in Tiberim ductis siccat et aream ad 7
aedem in Capitolio Iovis, quam voverat bello Sabino, iam praesagiente animo futuram olim amplitudinem loci occupat fundamentis.

Eo tempore in regia prodigium visu eventuque mira- 39
bile fuit. Puero dormienti, cui Servio Tullio fuit no-
men, caput arsisse ferunt multorum in conspectu. Plu- 2
rimo igitur clamore inde ad tantae rei miraculum orto excitos reges, et cum quidam familiarium aquam ad restinguendum ferret, ab regina retentum, sedatoque eam tumultu moveri vetuisse puerum, donec sua sponte experrectus esset. Mox cum somno et flammam
abisse. Tum abducto in secretum viro Tanaquil „Viden 3
tu puerum hunc“ inquit, „quem tam humili cultu educamus? Scire licet hunc lumen quondam rebus nostris dubiis futurum praesidiumque regiae adflictae; proinde materiam ingentis publice privatimque decoris
omni indulgentia nostra nutriamus.“ Inde puerum li- 4

Nach Beendigung des Sabinerkrieges kehrte Tarquinius nach Rom zurück und feierte einen Triumph. Dann führte er einen Krieg gegen die Alten Latiner; dabei kam es nirgends zu einer entscheidenden Schlacht, vielmehr griff er ihre Städte eine nach der anderen an und bezwang so das ganze Volk der Latiner. Corniculum, Alt-Ficulea, Cameria, Crustumerium, Ameriola, Medullia und Nomentum, all diese Städte nahm er den Alten Latinern oder denen, die sich auf die Seite der Latiner geschlagen hatten, weg. Hierauf wurde Friede geschlossen.

Mit einem Eifer, der noch größer war als die Kraftanstrengungen, mit denen er seine Kriege geführt hatte, nahm der König dann friedliche Unternehmungen in Angriff; so hatte die Bevölkerung im Frieden genausowenig Ruhe, wie sie sie im Krieg gehabt hatte. Denn er machte sich daran, die Stadt da, wo er sie noch nicht befestigt hatte, mit einer Steinmauer zu umgeben – der Baubeginn war durch den Sabinerkrieg gestört worden. Die am tiefsten gelegenen Gebiete der Stadt am Forum und die anderen Talsenken zwischen den Hügeln, aus deren flachem Gelände man das Wasser nicht leicht zum Abfließen brachte, ließ er durch Kanäle, die mit Gefälle zum Tiber führten, trockenlegen. Und den Platz für den Jupitertempel auf dem Kapitol, den er im Sabinerkrieg gelobt hatte, gewann er durch die Anlage von Stützmauern, als wenn ihm die künftige Bedeutung des Ortes schon vorgeschwebt hätte.

Zu dieser Zeit gab es im Königshaus ein Zeichen vom Himmel, wunderbar als Erscheinung und in seinem Ausgang. Einem schlafenden Jungen namens Ser. Tullius, heißt es, habe das Haupt in Flammen gestanden, und viele hätten dies gesehen. Auf das laute Geschrei, das aufgrund der so seltsamen Begebenheit entstand, sei das Königspaar herbeigeeilt, und als einer aus der Dienerschaft Wasser zum Löschen brachte, sei er von der Königin zurückgehalten worden. Als die Aufregung sich dann legte, habe sie verboten, den Jungen zu bewegen, bis er von selbst aufwache, und sogleich sei mit dem Schlaf auch die Flamme von ihm gewichen. Da nahm Tanaquil ihren Mann beiseite und sagte zu ihm: „Siehst du diesen Jungen da, den wir in so niedrigen Verhältnissen aufziehen? Es ist augenscheinlich, daß er einmal, wenn es zweifelhaft um uns steht, unser Licht, und wenn das Königshaus in Not gerät, unser Schutz sein wird. Daher wollen wir ihn, der dem Staat und uns ungeheure Ehre zu machen verspricht, mit all unserer Liebe aufziehen.“ Von da an hätten sie den Jungen

berum loco coeptum haberi erudirique artibus, quibus
ingenia ad magnae fortunae cultum excitantur. Evenit
facile, quod dis cordi esset. Iuvenis evasit vere indolis
regiae nec, cum quaereretur gener Tarquinio, quis-
quam Romanae iuventutis ulla arte conferri potuit, fi-
liamque ei suam rex despondit.

Hic quacumque de causa tantus illi honos habitus 5
credere prohibet serva natum eum parvumque ipsum
servisse. Eorum magis sententiae sum, qui Corniculo
capto Ser. Tulli, qui princeps in illa urbe fuerat, gravi-
dam viro occiso uxorem, cum inter reliquas captivas
cognita esset, ob unicam nobilitatem ab regina Ro-
mana prohibitam ferunt servitio partum Romae edi-
disse ⟨in⟩ Prisci Tarquini domo; inde tanto beneficio 6
et inter mulieris familiaritatem auctam et puerum, ut in
domo a parvo eductum, in caritate atque honore fuisse;
fortunam matris, quod capta patria in hostium manus
venerit, ut serva natus crederetur fecisse.

Duodequadragesimo ferme anno, ex quo regnare 40
coeperat Tarquinius, non apud regem modo, sed apud
patres plebemque longe maximo honore Ser. Tullius
erat. Tum Anci filii duo, etsi antea semper pro indi- 2
gnissimo habuerant se patrio regno tutoris fraude pul-
sos, regnare Romae advenam non modo vicinae, sed ne
Italicae quidem stirpis, tum impensius iis indignitas
crescere, si ne ab Tarquinio quidem ad se rediret re-
gnum, sed praeceps inde porro ad servitia caderet, ut in 3
eadem civitate post centesimum fere annum, quod Ro-
mulus, deo prognatus deus ipse, tenuerit regnum, do-

wie ihr eigenes Kind behandelt und ihn in den Fertigkeiten unterrichten lassen, durch die der Geist sich zu einer Lebensform entfaltet, wie sie einer hohen Stellung angemessen ist. Es gelang ohne weiteres, weil den Göttern daran lag. Servius entwickelte sich zu einem jungen Mann von wahrhaft königlicher Art, und als sich Tarquinius nach einem Schwiegersohn umsah, konnte von den jungen Männern Roms keiner auf irgendeinem Gebiet einem Vergleich mit ihm standhalten, und der König verlobte seine Tochter mit ihm.

Diese hohe Auszeichnung, die ihm – aus welchem Grund auch immer – zuteil wurde, macht es unmöglich, zu glauben, daß er der Sohn einer Sklavin und in seiner Kindheit selbst Sklave gewesen sei. Ich bin mehr der Meinung der Leute, die berichten, nach der Einnahme von Corniculum sei die schwangere Gattin des Ser. Tullius, der der erste Mann in dieser Stadt gewesen war und der den Tod gefunden hatte, unter den übrigen gefangenen Frauen erkannt worden, und die römische Königin habe wegen ihres hohen Adels verhindert, daß sie zur Sklavin gemacht wurde, und sie habe in Rom im Hause des Tarquinius Priscus ihr Kind zur Welt gebracht. Infolge dieser großen Vergünstigung sei dann zwischen den beiden Frauen eine enge Freundschaft entstanden, und auch der Junge, von klein auf im Hause aufgewachsen, sei geliebt und geachtet gewesen; lediglich das Schicksal seiner Mutter – weil sie nämlich nach dem Fall ihrer Heimatstadt in die Hände der Feinde geraten sei – habe die Meinung aufkommen lassen, er sei der Sohn einer Sklavin gewesen.

Es war etwa das achtunddreißigste Jahr nach dem Regierungsantritt des Tarquinius, und Ser. Tullius genoß nicht nur beim König, sondern auch beim Senat und beim einfachen Volk bei weitem das größte Ansehen. Die beiden Söhne des Ancus hatten es zwar vorher schon immer als äußerst empörend empfunden, daß sie durch die Tücke ihres Vormundes um die Königswürde, die ihr Vater gehabt hatte, betrogen worden waren und daß in Rom ein Zugewanderter König war, der nicht nur keinem Nachbarvolk angehörte, sondern nicht einmal aus Italien stammte. Jetzt aber steigerte sich ihre Empörung über alle Maßen, wenn sie sich vorstellten, daß die Königswürde nicht einmal von Tarquinius an sie zurückfallen, sondern im Handumdrehen von ihm weiter an Sklavenvolk geraten werde, so daß dann in ein und demselben Staat nach nur etwa hundert Jahren die Königswürde, die Romulus, der Sohn eines Gottes und selbst

nec in terris fuerit, id servus serva natus possideat.
Cum commune Romani nominis tum praecipue id do-
mus suae dedecus fore, si Anci regis virili stirpe salva
non modo advenis, sed servis etiam regnum Romae pa-
teret. Ferro igitur eam arcere contumeliam statuunt. 4
Sed et iniuriae dolor in Tarquinium ipsum magis quam
in Servium eos stimulabat, et quia gravior ultor caedis,
si superesset, rex futurus erat quam privatus, tum Ser-
vio occiso, quemcumque alium generum delegisset,
eundem regni heredem facturus videbatur, ob haec ipsi 5
regi insidiae parantur.

Ex pastoribus duo ferocissimi delecti ad facinus,
quibus consueti erant uterque agrestibus ferramentis,
in vestibulo regiae quam potuere tumultuosissime spe-
cie rixae in se omnes apparitores regios convertunt;
inde, cum ambo regem appellarent clamorque eorum
penitus in regiam pervenisset, vocati ad regem pergunt.
Primo uterque vociferari et certatim alter alteri obstre- 6
pere; coerciti ab lictore et iussi in vicem dicere tandem
obloqui desistunt; unus rem ex composito orditur.
Cum intentus in eum se rex totus averteret, alter elatam 7
securim in caput deiecit, relictoque in vulnere telo
ambo se foras eiciunt.

Tarquinium moribundum cum, qui circa erant, ex- 41
cepissent, illos fugientes lictores comprehendunt. Cla-
mor inde concursusque populi, mirantium, quid rei es-
set. Tanaquil inter tumultum claudi regiam iubet, ar-
bitros eicit. Simul quae curando vulneri opus sunt,
tamquam spes subesset, sedulo comparat, simul, si de-
stituat spes, alia praesidia molitur. Servio propere ac- 2
cito cum paene exsanguem virum ostendisset, dextram

ein Gott, innegehabt hatte, solange er auf Erden weilte, daß die ein Sklave, der Sohn einer Sklavin, besitzen werde. Für das römische Volk allgemein, besonders aber für ihre Familie werde es eine Schande sein, wenn die Königswürde in Rom nicht nur für Zugewanderte, sondern sogar für Sklaven erreichbar sei, während männliche Nachkommen von König Ancus lebten. Sie beschlossen daher, eine solche Schmach mit der Waffe zu verhindern. Aber der Schmerz über das erlittene Unrecht lenkte ihren Zorn mehr auf Tarquinius selbst als auf Servius; und weil der König, wenn er überlebte, ein gefährlicherer Rächer des Mordanschlags sein würde als ein Privatmann und weil es außerdem klar war, daß er nach der Ermordung des Servius, ganz gleich, wen er dann zum Schwiegersohn wählte, diesen zum Erben des Königsthrons machen werde, darum trachteten sie dem König selbst nach dem Leben.

Unter den Hirten wurden die beiden verwegensten für die Untat ausgesucht. Sie inszenierten, beide mit ihrem gewohnten ländlichen Werkzeug, im Vorhof des Königshauses einen Streit, machten dabei soviel Lärm, wie sie nur konnten, und lenkten so die Aufmerksamkeit aller königlichen Diener auf sich. Dann riefen sie beide, der König solle entscheiden, und ihr Geschrei drang bis ins Innere des Königshauses; da wurden sie vor den König gerufen und gingen hinein. Erst schrien sie beide und brüllten miteinander um die Wette; von einem Liktor zurechtgewiesen und aufgefordert, nacheinander zu sprechen, hörten sie endlich auf, sich ins Wort zu fallen. Einer begann dann, wie es abgesprochen war, die Sache vorzutragen. Als der König seine ganze Aufmerksamkeit auf ihn richtete, zog der andere ein Beil hervor und ließ es auf den Kopf des Königs niedersausen, ließ die Waffe in der Wunde stecken, und beide stürzten nach draußen.

Während die Umstehenden den sterbenden Tarquinius auffingen, ergriffen die Liktoren die flüchtenden Attentäter; dabei kam es zu Geschrei, und die Leute liefen zusammen und fragten verwundert, was los sei. Bei dem Tumult befahl Tanaquil, das Königshaus zu schließen, und schickte alle Augenzeugen weg. Eifrig besorgte sie alles, was zur Behandlung einer Wunde nötig ist, als wenn noch Hoffnung bestände; gleichzeitig aber traf sie andere Vorkehrungen für den Fall, daß es keine Hoffnung mehr gebe. Sie ließ eilends den Servius rufen, führte ihn vor den schon fast verbluteten Mann, nahm dann seine Hand und flehte ihn an, nicht

tenens orat, ne inultam mortem soceri, ne socrum in-
imicis ludibrio esse sinat. „Tuum est“ inquit, „Servi, si 3
vir es, regnum, non eorum, qui alienis manibus pessi-
mum facinus fecere. Erige te deosque duces sequere,
qui clarum hoc fore caput divino quondam circumfuso
igni portenderunt. Nunc te illa caelestis excitet
flamma; nunc expergiscere vere. Et nos peregrini re-
gnavimus; qui sis, non unde natus sis, reputa. Si tua re
subita consilia torpent, at tu mea consilia sequere.“

Cum clamor impetusque multitudinis vix sustineri 4
posset, ex superiore parte aedium per fenestras in No-
vam viam versas – habitabat enim rex ad Iovis Statoris –
populum Tanaquil adloquitur. Iubet bono animo esse: 5
sopitum fuisse regem subito ictu; ferrum haud alte in
corpus descendisse; iam ad se redisse; inspectum vul-
nus absterso cruore; omnia salubria esse; confidere
propediem ipsum eos visuros; interim Ser. Tullio
iubere populum dicto audientem esse; eum iura reddi-
turum obiturumque alia regis munia esse.

Servius cum trabea et lictoribus prodit ac sede regia 6
sedens alia decernit, de aliis consulturum se regem esse
simulat. Itaque per aliquot dies, cum iam exspirasset
Tarquinius, celata morte per speciem alienae fungen-
dae vicis suas opes firmavit. Tum demum palam fac-
tum est comploratione in regia orta. Servius praesidio
firmo munitus primus iniussu populi, voluntate pa-
trum regnavit. Anci liberi iam tum comprensis sceleris 7
ministris, ut vivere regem et tantas esse opes Servi nun-
tiatum est, Suessam Pometiam exulatum ierant.

Nec iam publicis magis consiliis Servius quam priva- **42**
tis munire opes, et ne, qualis Anci liberum animus ad-

zuzulassen, daß der Tod seines Schwiegervaters ungerächt bleibe und daß seine Schwiegermutter zum Gespött ihrer Gegner werde. „Dir, Servius", sagte sie, „gehört jetzt der Thron, wenn du ein Mann bist, nicht denen, die mit gedungenen Mördern die gemeine Untat begangen haben. Richte dich auf und laß dich von den Göttern führen, die einst diesem deinem Haupt Ruhm verheißen haben, als sie es mit göttlichem Feuer umgaben. Jetzt möge dich jene himmlische Flamme aufwecken; jetzt werde wirklich wach! Auch wir haben die Königswürde besessen, obwohl wir aus der Fremde kamen. Bedenke, wer du bist, nicht, woher du stammst. Wenn deine eigene Entschlußkraft gelähmt ist, weil alles so plötzlich kommt, so folge doch meinem Rat."

Als der Lärm der herandrängenden Menge kaum mehr zu ertragen war, wandte sich Tanaquil vom oberen Stockwerk des Hauses aus durch die Fenster, die auf die Nova Via gingen – der König wohnte ja am Heiligtum des Jupiter Stator –, an das Volk. Sie forderte die Leute auf, guten Muts zu sein. Der König sei durch den unvermuteten Hieb nur betäubt worden; die Waffe sei nicht tief eingedrungen; er sei bereits wieder bei Bewußtsein. Man habe das Blut abgewischt und die Wunde untersucht; alles sehe gut aus. Sie sei sicher, daß sie ihn schon in den nächsten Tagen wieder persönlich zu Gesicht bekommen würden. Er fordere das Volk auf, inzwischen auf das Wort des Ser. Tullius zu hören; der werde Recht sprechen und die übrigen Aufgaben des Königs wahrnehmen.

Servius zeigte sich im Königsmantel und von Liktoren begleitet, und auf dem Stuhl des Königs sitzend, entschied er manche Fälle selbst, bei anderen tat er so, als wolle er erst den König konsultieren. So spielte er einige Tage lang – Tarquinius war bereits verschieden, sein Tod wurde aber geheimgehalten – die Rolle des Stellvertreters und festigte seine Macht. Dann erst wurde das Ereignis bekanntgegeben, indem man im Königshaus die Totenklage erhob. Servius herrschte, von einer starken Leibwache beschützt, als erster, ohne vom Volk gewählt zu sein, aber mit Zustimmung des Senats. Die Söhne des Ancus waren bereits zu dem Zeitpunkt, als nach der Ergreifung ihrer Handlanger gemeldet wurde, der König lebe und Servius habe so viel Macht, nach Suessa Pometia ins Exil gegangen.

Nunmehr suchte Servius durch politische, in gleicher Weise aber auch durch private Maßnahmen seine Macht zu festigen. Damit nicht bei den

versus Tarquinium fuerat, talis adversus se Tarquini li-
berum esset, duas filias iuvenibus regiis, Lucio atque
Arrunti Tarquiniis, iungit; nec rupit tamen fati neces- 2
sitatem humanis consiliis, quin invidia regni etiam in-
ter domesticos infida omnia atque infesta faceret.

Peropportune ad praesentis quietem status bellum
cum Veientibus – iam enim indutiae exierant – aliisque
Etruscis sumptum. In eo bello et virtus et fortuna eni- 3
tuit Tulli; fusoque ingenti hostium exercitu haud du-
bius rex, seu patrum seu plebis animos periclitaretur,
Romam rediit.

Adgrediturque inde ad pacis longe maximum opus, 4
ut, quemadmodum Numa divini auctor iuris fuisset,
ita Servium conditorem omnis in civitate discriminis
ordinumque, quibus inter gradus dignitatis fortunae-
que aliquid interlucet, posteri fama ferrent. Censum 5
enim instituit, rem saluberrimam tanto futuro imperio,
ex quo belli pacisque munia non viritim, ut ante, sed
pro habitu pecuniarum fierent; tum classes centurias-
que et hunc ordinem ex censu discripsit, vel paci deco-
rum vel bello.

Ex iis, qui centum milium aeris aut maiorem censum **43**
haberent, octoginta confecit centurias, quadragenas
seniorum ac iuniorum; prima classis omnes appellati; 2
seniores ad urbis custodiam ut praesto essent, iuvenes
ut foris bella gererent. Arma his imperata galea, cli-
peum, ocreae, lorica, omnia ex aere, haec ut tegumenta
corporis essent; tela in hostem hastaque et gladius. Ad- 3
ditae huic classi duae fabrum centuriae, quae sine armis

Söhnen des Tarquinius die gleiche Einstellung gegen ihn aufkam, wie sie die Söhne des Ancus gegen Tarquinius gehabt hatten, vermählte er seine beiden Töchter mit den Königssöhnen Lucius und Arruns Tarquinius. Doch konnte er durch menschliches Planen die Unabänderlichkeit des Schicksals nicht brechen; sogar im eigenen Haus beneidete man ihn um die Königswürde, und das erzeugte eine unsichere und feindselige Atmosphäre.

Für die ungestörte Beibehaltung des bestehenden Zustandes kam es ihm außerordentlich gelegen, daß er einen Krieg gegen die Bewohner von Veji – denn der Waffenstillstand war jetzt abgelaufen – und gegen andere Etrusker unternehmen konnte. In diesem Krieg zeigte sich die Tapferkeit und das Glück des Tullius in vollem Glanz. Nachdem er ein gewaltiges Heer der Feinde geschlagen hatte, kehrte er nach Rom zurück, in seiner Stellung als König unangefochten, mochte er beim Senat oder beim Volk die Probe darauf machen.

Hierauf nahm er sein weitaus bedeutendstes Friedenswerk in Angriff. Wie Numa der Schöpfer des Sakralrechts gewesen war, so sollte die Nachwelt Servius als den Mann rühmen, auf den alle Abgrenzungen innerhalb der Bürgerschaft und die Stände zurückgingen, durch deren Einführung Abstufungen nach Rang und Vermögen sichtbar werden. Denn er schuf den Census, eine Einrichtung, die sich für das Reich, das einst so groß werden sollte, als sehr segensreich erwiesen hat; aufgrund dieses Census mußten die Leistungen im Krieg und im Frieden nicht mehr wie zuvor von jedem Mann gleichmäßig, sondern entsprechend den Vermögensverhältnissen erbracht werden. Dann richtete er Klassen und Centurien ein und schuf auf der Grundlage des Census die folgende für Krieg und Frieden passende Ordnung.

Aus den Bürgern, die ein Vermögen von 100000 As oder mehr hatten, bildete er achtzig Centurien, je vierzig von den Älteren und von den Jüngeren; in ihrer Gesamtheit wurden sie als die erste Klasse bezeichnet. Die Älteren sollten für den Schutz der Stadt zur Verfügung stehen, die Jüngeren draußen die Kriege führen. Als Schutzwaffen wurden für sie ein Helm, ein Rundschild, Beinschienen und ein Brustpanzer vorgeschrieben, alles aus Bronze – diese Waffen sollten zum Schutz des Körpers dienen; Angriffswaffen gegen den Feind waren Lanze und Schwert. Dieser Klasse wurden zwei Centurien von Handwerkern beigegeben, die ohne

stipendia facerent; datum munus, ut machinas in bello facerent.

Secunda classis intra centum usque ad quinque et 4
septuaginta milium censum instituta, et ex iis, seniori-
bus iunioribusque, viginti conscriptae centuriae. Arma
imperata scutum pro clipeo et praeter loricam omnia
eadem.

Tertiae classis quinquaginta milium censum esse vo- 5
luit; totidem centuriae et hae eodemque discrimine
aetatium factae. Nec de armis quicquam mutatum,
ocreae tantum ademptae.

In quarta classe census quinque et viginti milium; 6
totidem centuriae factae. Arma mutata: nihil praeter
hastam et verutum datum.

Quinta classis aucta; centuriae triginta factae. Fun- 7
das lapidesque missiles hi secum gerebant. His accensi
cornicines tubicinesque, in duas centurias distributi.
Undecim milibus haec classis censebatur.

Hoc minor census reliquam multitudinem habuit; 8
inde una centuria facta est immunis militia.

Ita pedestri exercitu ornato distributoque equitum
ex primoribus civitatis duodecim scripsit centurias.
Sex item alias centurias, tribus ab Romulo institutis, 9
sub iisdem, quibus inauguratae erant, nominibus fecit.
Ad equos emendos dena milia aeris ex publico data et,
quibus equos alerent, viduae attributae, quae bina mi-
lia aeris in annos singulos penderent. Haec omnia in di-
tes a pauperibus inclinata onera.

Deinde est honos additus; non enim, ut ab Romulo 10
traditum ceteri servaverant reges, viritim suffragium
eadem vi eodemque iure promisce omnibus datum est,

Waffen Kriegsdienst leisten sollten; ihre Aufgabe war die Herstellung der Belagerungsmaschinen im Krieg.

Die zweite Klasse wurde eingerichtet für die Bürger mit einem Vermögen von weniger als 100000, aber mindestens 75000 As. Aus ihnen, den Älteren und den Jüngeren, wurden zwanzig Centurien zusammengestellt. Als Waffen wurden für sie vorgeschrieben ein Langschild statt des Rundschildes, sonst – abgesehen vom Brustpanzer – alles wie bei der ersten Klasse.

Für die dritte Klasse setzte er ein Vermögen von 50000 As voraus; es wurden genauso viele Centurien gebildet, und wieder mit der gleichen Unterscheidung nach dem Alter. Auch an den Waffen änderte sich nichts, lediglich die Beinschienen fielen weg.

In der vierten Klasse betrug das Vermögen 25000 As; es wurden genauso viele Centurien gebildet. Die Bewaffnung dagegen war anders: sie erhielten nur Lanze und Wurfspieß.

Die fünfte Klasse war größer; es wurden dreißig Centurien gebildet. Sie führten Schleudern und Schleudersteine mit sich. Als gleichrangig mit ihnen wurden die Hornisten und Trompeter eingestuft, die in zwei Centurien eingeteilt waren. Für diese Klasse war ein Vermögen von 11000 As angesetzt.

Alle, die weniger besaßen, zählten zum Rest der Bevölkerung. Aus ihnen wurde eine einzige Centurie gebildet, die nicht zum Kriegsdienst verpflichtet war.

Nachdem Servius so Ausrüstung und Gliederung der Fußtruppen festgelegt hatte, stellte er aus den vornehmsten Bürgern zwölf Reitercenturien zusammen. Ebenso bildete er sechs andere Centurien, während Romulus drei eingerichtet hatte, mit denselben Namen, die sie nach dem Augurium erhalten hatten. Zum Ankauf eines Pferdes wurden jedem 10000 As aus der Staatskasse gegeben; außerdem wurde jedem eine alleinstehende Frau benannt, die zum Unterhalt des Pferdes jedes Jahr 2000 As zu zahlen hatte. All diese Lasten wurden von den Armen auf die Reichen abgewälzt.

Diese erhielten dann Privilegien; denn das Stimmrecht wurde nicht mehr, wie es von Romulus her überliefert war und wie es die übrigen Könige beibehalten hatten, Mann für Mann mit gleichem Gewicht und gleichem Recht unterschiedslos allen gewährt, sondern es wurden Abstufun-

sed gradus facti, ut neque exclusus quisquam suffragio
videretur et vis omnis penes primores civitatis esset.
Equites enim vocabantur primi; octoginta inde primae 11
classis centuriae; ibi si variaret, quod raro incidebat,
secundae classis; nec fere umquam infra ita descende-
runt, ut ad infimos pervenirent.

Nec mirari oportet hunc ordinem, qui nunc est post 12
expletas quinque et triginta tribus duplicato earum nu-
mero centuriis iuniorum seniorumque, ad institutam
ab Ser. Tullio summam non convenire. Quadrifariam 13
enim urbe divisa regionibus collibusque, qui habita-
bantur, partes eas tribus appellavit, ut ego arbitror, ab
tributo; nam eius quoque aequaliter ex censu confe-
rendi ab eodem inita ratio est; neque eae tribus ad cen-
turiarum distributionem numerumque quicquam per-
tinuere.

Censu perfecto, quem maturaverat metu legis de in- **44**
censis latae cum vinculorum minis mortisque, edixit,
ut omnes cives Romani, equites peditesque, in suis
quisque centuriis in campo Martio prima luce ades-
sent. Ibi instructum exercitum omnem suovetaurilibus 2
lustravit, idque conditum lustrum appellatum, quia is
censendo finis factus est. Milia octoginta eo lustro ci-
vium censa dicuntur; adicit scriptorum antiquissimus
Fabius Pictor eorum, qui arma ferre possent, eum nu-
merum fuisse.

Ad eam multitudinem urbs quoque amplificanda 3
visa est. Addit duos colles, Quirinalem Viminalemque;
inde deinceps auget Esquilias ibique ipse, ut loco di-
gnitas fieret, habitat. Aggere et fossis et muro circum-
dat urbem; ita pomerium profert. Pomerium verbi vim 4
solam intuentes postmoerium interpretantur esse; est
autem magis circamoerium, locus, quem in condendis

gen eingeführt. Niemand sollte sich vom Stimmrecht ausgeschlossen vorkommen, aber die Entscheidung sollte doch bei den vornehmsten Bürgern liegen. Als erste wurden nämlich die Ritter zur Abstimmung gerufen, dann die achtzig Centurien der ersten Klasse; erst wenn dabei keine Entscheidung fiel – was selten vorkam –, die Centurien der zweiten Klasse; und fast nie ist es soweit gekommen, daß auch noch die untersten Klassen eingeschaltet wurden.

Man braucht sich aber nicht zu wundern, daß die jetzige Ordnung, nachdem die Zahl der Tribus fünfunddreißig beträgt und deren Zahl für die Centurien der Jüngeren und der Älteren verdoppelt worden ist, mit der von Ser. Tullius eingeführten Gesamtzahl nicht mehr übereinstimmt. Er hat nämlich die Stadt nach den Gegenden und den Hügeln, die bewohnt waren, in vier Teile geteilt und hat diese Teile als Tribus bezeichnet – wie ich glaube, nach dem *tributum* (der Sonderabgabe); denn er hat in gleicher Weise auch für diese Sonderabgabe die Regelung eingeführt, daß sie nach dem Vermögen zu erbringen war. Diese Tribus aber hatten mit der Einteilung und der Zahl der Centurien überhaupt nichts zu tun.

Nachdem der Census durchgeführt war – Servius hatte den Vorgang durch die Angst vor einem Gesetz beschleunigt, das denen, die sich dem Census entzogen, mit Gefängnis oder der Todesstrafe drohte –, verfügte er, daß alle römischen Bürger, die Reiter wie die Fußsoldaten, jeder in seiner Centurie, sich bei Tagesanbruch auf dem Marsfeld einzufinden hätten. Als das ganze Heer dort aufgezogen war, entsühnte er es durch ein Schwein-Schaf-Stier-Opfer; diese Zeremonie nannte man Abschluß-Sühnopfer, weil damit der Census abgeschlossen wurde. Bei diesem Sühnopfer sollen 80000 Bürger vom Census erfaßt worden sein; der älteste Geschichtsschreiber, Fabius Pictor, fügt hinzu, das sei die Zahl der Wehrfähigen gewesen.

Angesichts dieser Menge schien auch eine Vergrößerung der Stadt geboten. Servius fügte noch zwei Hügel hinzu, den Quirinal und den Viminal; anschließend erweiterte er dann auch noch den Esquilin, und damit die Gegend Ansehen bekam, zog er selbst dorthin. Rings um die Stadt ließ er einen Erdwall, Gräben und eine Mauer anlegen; so schob er das Pomerium weiter vor. Das Pomerium wird von denen, die nur die Etymologie im Auge haben, als *postmoerium* (Raum hinter der Stadtmauer) gedeutet. Es ist aber eher ein *circamoerium* (Raum zu beiden Seiten der

urbibus quondam Etrusci, qua murum ducturi erant, certis circa terminis inaugurato consecrabant, ut neque interiore parte aedificia moenibus continuarentur, quae nunc vulgo etiam coniungunt, et extrinsecus puri
aliquid ab humano cultu pateret soli. Hoc spatium, 5
quod neque habitari neque arari fas erat, non magis quod post murum esset quam quod murus post id, pomerium Romani appellarunt; et in urbis incremento semper, quantum moenia processura erant, tantum termini hi consecrati proferebantur.

Aucta civitate magnitudine urbis, formatis omnibus 45
domi et ad belli et ad pacis usus, ne semper armis opes adquirerentur, consilio augere imperium conatus est,
simul et aliquod addere urbi decus. Iam tum erat incli- 2
tum Dianae Ephesiae fanum; id communiter a civitatibus Asiae factum fama ferebat. Eum consensum deosque consociatos laudare mire Servius inter proceres Latinorum, cum quibus publice privatimque hospitia amicitiasque de industria iunxerat. Saepe iterando eadem perpulit tandem, ut Romae fanum Dianae populi Latini cum populo Romano facerent. Ea erat con- 3
fessio caput rerum Romam esse, de quo totiens armis certatum fuerat. Id quamquam omissum iam ex omnium cura Latinorum ob rem totiens infeliciter temptatam armis videbatur, uni se ex Sabinis fors dare visa
est privato consilio imperii recuperandi. Bos in Sabinis 4
nata cuidam patri familiae dicitur miranda magnitudine ac specie; fixa per multas aetates cornua in vestibulo templi Dianae monumentum ei fuere miraculo.

Stadtmauer), ein Streifen, den einst die Etrusker bei der Gründung ihrer Städte dort, wo sie die Stadtmauer ziehen wollten, nach Einholung des Auguriums durch exakte Abgrenzung nach beiden Seiten hin für heiligen Boden erklärten: auf der Innenseite durfte nicht bis an die Mauer heran gebaut werden – heute verbindet man die Häuser allgemein sogar direkt mit der Stadtmauer –, und an der Außenseite mußte ein Stück Land von der Nutzung durch Menschen frei bleiben. Diesen Raum, der weder bewohnt noch gepflügt werden durfte, nannten die Römer Pomerium, ebensowohl weil es hinter der Mauer als auch weil die Mauer dahinter war. Und immer, wenn sich die Stadt ausdehnte, wurden diese geheiligten Grenzen entsprechend der geplanten Ausdehnung der Stadtmauer vorverlegt.

Mit der Erweiterung der Stadt war auch die Bürgerschaft gewachsen, und im Inneren waren alle Verhältnisse sowohl für die Belange des Krieges als auch für die des Friedens geregelt. Damit aber die Macht nicht immer nur mit kriegerischen Mitteln vergrößert wurde, versuchte Servius durch einen klugen Plan den Einfluß Roms auszudehnen und gleichzeitig der Stadt zu mehr Glanz zu verhelfen. Bereits zu dieser Zeit war das Heiligtum der Diana von Ephesos allgemein bekannt. Es hieß, es sei von den Städten Kleinasiens gemeinsam errichtet worden. Diese Einmütigkeit und die gemeinsame Verehrung der Götter lobte Servius ungemein im Kreise der vornehmsten Latiner, mit denen er ganz bewußt von Staats wegen und als Privatmann gastrechtliche Beziehungen und Freundschaften angeknüpft hatte. Dadurch daß er den gleichen Gedanken immer wieder vorbrachte, erreichte er schließlich, daß die latinischen Völker gemeinsam mit dem römischen Volk in Rom ein Dianaheiligtum errichteten. Darin lag das Eingeständnis, daß Rom das Haupt von allem sei, worum man so oft schon mit den Waffen gekämpft hatte. An dieser Frage bestand zwar bei den Latinern offensichtlich kein allgemeines Interesse mehr, weil man zu oft schon erfolglos deswegen das Waffenglück versucht hatte; doch ein einzelner Mann aus dem Volk der Sabiner glaubte, vom Schicksal eine Möglichkeit bekommen zu haben, durch einen Plan, den er für sich allein faßte, die Herrschaft zurückzugewinnen. Im Sabinerland, sagt man, habe ein Familienvater ein Kuhkalb von wunderbarer Größe und Schönheit bekommen. Die Hörner, die viele Generationen lang im Vorhof des Dianaheiligtums hingen, haben an dieses Wundertier

Habita, ut erat, res prodigii loco est; et cecinere vates, 5
cuius civitatis eam civis Dianae immolasset, ibi fore
imperium, idque carmen pervenerat ad antistitem fani
Dianae. Sabinusque, ut prima apta dies sacrificio visa 6
est, bovem Romam actam deducit ad fanum Dianae et
ante aram statuit. Ibi antistes Romanus, cum eum ma-
gnitudo victumae celebrata fama movisset, memor re-
sponsi Sabinum ita adloquitur: „Quidnam tu, hospes,
paras?“ inquit. „Inceste sacrificium Dianae facere?
Quin tu ante vivo perfunderis flumine? Infima valle
praefluit Tiberis.“ Religione tactus hospes, qui omnia, 7
ut prodigio responderet eventus, cuperet rite facta, ex-
templo descendit ad Tiberim. Interea Romanus immo-
lat Dianae bovem. Id mire gratum regi atque civitati
fuit.

Servius quamquam iam usu haud dubie regnum pos- **46**
sederat, tamen, quia interdum iactari voces a iuvene
Tarquinio audiebat se iniussu populi regnare, conci-
liata prius voluntate plebis agro capto ex hostibus viri-
tim diviso ausus est ferre ad populum, vellent iube-
rentne se regnare; tantoque consensu quanto haud
quisquam alius ante rex est declaratus. Neque ea res 2
Tarquinio spem adfectandi regni minuit; immo eo im-
pensius, quia de agro plebis adversa patrum voluntate
senserat agi, criminandi Servi apud patres crescendique
in curia sibi occasionem datam ratus est, et ipse iuvenis
ardentis animi et domi uxore Tullia inquietum animum
stimulante.

Tulit enim et Romana regia sceleris tragici exem- 3
plum, ut taedio regum maturior veniret libertas ulti-
mumque regnum esset, quod scelere partum foret. Hic 4
L. Tarquinius – Prisci Tarquini regis filius ne-
posne fuerit, parum liquet; pluribus tamen auctoribus

erinnert. Die Sache wurde als ein Zeichen vom Himmel angesehen, was sie auch war, und die Seher prophezeiten, die Herrschaft werde dem Volk gehören, aus dem ein Bürger diese Kuh der Diana opfere. Diese Prophezeiung war auch dem Vorsteher des Dianaheiligtums zu Ohren gekommen. Sobald ein Tag für das Opfer geeignet schien, trieb der Sabiner die Kuh nach Rom, führte sie zum Dianaheiligtum und stellte sie vor den Opferaltar. Hier wurde der Vorsteher durch die vielgerühmte Größe des Opfertieres aufmerksam, erinnerte sich an die Weissagung und redete den Sabiner folgendermaßen an: „Was hast du vor, Fremder? Unrein der Diana ein Opfer darbringen? Warum übergießt du dich nicht vorher mit fließendem Wasser? Unten im Tal fließt der Tiber vorbei." Da bekam der Fremde religiöse Bedenken; er wollte alles genau nach Vorschrift machen, damit die Prophezeiung sich auch erfülle, und ging sofort zum Tiber hinunter. Inzwischen opferte der Römer die Kuh der Diana. König und Bürgerschaft freuten sich darüber ungemein.

Servius übte die königliche Macht nun schon lange aus und besaß sie unangefochten; aber weil ihm zu Ohren kam, daß der junge Tarquinius gelegentlich die Bemerkung fallen ließ, er regiere ohne Auftrag des Volkes, sicherte er sich zunächst einmal die Gunst der Massen, indem er das den Feinden abgenommene Ackerland Mann für Mann verteilte, und wagte dann dem Volk die Frage vorzulegen, ob sie wünschten und dafür stimmten, daß er König sei. Mit einer Einmütigkeit wie kein anderer vor ihm wurde er zum König erklärt. Aber das minderte nicht die Hoffnung des Tarquinius, die Herrschaft an sich bringen zu können. Im Gegenteil, er hatte bei der Verhandlung über die Landzuweisung an die Plebejer gemerkt, daß der Senat dagegen war, und sah darin eine Gelegenheit, den Servius bei den Senatoren noch eifriger schlechtzumachen und seinen eigenen Einfluß im Senat zu vergrößern. Er war nicht nur selbst ein junger Mann, den brennender Tatendrang erfüllte, sondern er besaß daheim in Tullia auch eine Frau, die seine Rastlosigkeit noch schürte.

Denn auch das Königshaus in Rom bot das Beispiel eines Frevels wie in der Tragödie, so daß es aus Abscheu vor den Königen rascher zur Republik kam und die durch ein Verbrechen errungene Königsherrschaft die letzte war. Dieser L. Tarquinius – ob er ein Sohn oder ein Enkel des Königs Tarquinius Priscus war, ist nicht ganz klar; ich möchte ihn jedoch mit der Mehrzahl der Quellen als seinen Sohn bezeichnen –, dieser L.

filium ediderim – fratrem habuerat Arruntem Tarqui-
nium, mitis ingenii iuvenem. His duobus, ut ante dic- 5
tum est, duae Tulliae regis filiae nupserant, et ipsae
longe dispares moribus. Forte ita inciderat, ne duo vio-
lenta ingenia matrimonio iungerentur – fortuna, credo,
populi Romani, quo diuturnius Servi regnum esset
constituique civitatis mores possent. Angebatur ferox 6
Tullia nihil materiae in viro neque ad cupiditatem ne-
que ad audaciam esse; tota in alterum aversa Tarqui-
nium eum mirari, eum virum dicere ac regio sanguine
ortum: spernere sororem, quod virum nacta muliebri
cessaret audacia. Contrahit celeriter similitudo eos, ut 7
fere fit: malum malo aptissimum; sed initium turbandi
omnia a femina ortum est. Ea secretis viri alieni adsue-
facta sermonibus nullis verborum contumeliis parcere
de viro ad fratrem, de sorore ad virum; et se rectius vi-
duam et illum caelibem futurum fuisse contendere,
quam cum impari iungi, ut elanguescendum aliena
ignavia esset. Si sibi eum, quo digna esset, di dedissent 8
virum, domi se propediem visuram regnum fuisse,
quod apud patrem videat. Celeriter adulescentem suae
temeritatis implet. Arruns Tarquinius et Tullia minor 9
prope continuatis funeribus cum domos vacuas novo
matrimonio fecissent, iunguntur nuptiis magis non
prohibente Servio quam approbante.

Tum vero in dies infestior Tulli senectus, infestius **47**
coepit regnum esse. Iam enim ab scelere ad aliud spec-
tare mulier scelus. Nec nocte nec interdiu virum con-
quiescere pati, ne gratuita praeterita parricidia essent:
non sibi defuisse, cui nupta diceretur nec cum quo ta- 2
cita serviret; defuisse, qui se regno dignum putaret, qui
meminisset se esse Prisci Tarquini filium, qui habere
quam sperare regnum mallet. „Si tu is es, cui nuptam 3

Tarquinius also hatte einen Bruder gehabt, Arruns Tarquinius, einen jungen Mann von sanftem Wesen. Mit diesen beiden Brüdern waren, wie oben erwähnt, die beiden Tullia, die Töchter des Königs, verheiratet, auch sie in ihrem Charakter ganz verschieden. Der Zufall hatte es gewollt, daß nicht die beiden leidenschaftlichen Temperamente zusammenkamen, zum Glück, meine ich, für das römische Volk, damit die Herrschaft des Servius länger dauerte und die Ordnung der Bürgerschaft sich festigte. Die wilde Tullia war unglücklich darüber, daß ihr Mann so gar keine Anlage zum Ehrgeiz und zum Wagemut zeigte. Sie wandte sich von ihm ab und dem anderen Tarquinius zu; ihn bewunderte sie, ihn nannte sie einen Mann und einen echten Königssproß. Ihre Schwester dagegen verachtete sie: diese habe zwar einen Mann, lasse es aber an weiblichem Unternehmungsgeist fehlen. Rasch brachte ihre Ähnlichkeit die beiden zusammen, wie es eben so geht; das Böse paßt ja am besten zum Bösen. Aber die Störung aller Ordnung ging von der Frau aus. Sie gewöhnte sich an heimliche Unterredungen mit dem fremden Mann und sparte dabei keine Worte, um ihren Mann bei seinem Bruder und ihre Schwester bei deren Mann verächtlich zu machen. Sie versicherte, sie wäre besser ohne Mann und er ohne Frau geblieben, als diese ungleiche Verbindung einzugehen, bei der man durch die Energielosigkeit des Partners allen Schwung verliere. Hätten ihr die Götter den Mann beschert, den sie verdiene, dann würde sie bald die Königswürde in ihrem Hause sehen, die sie jetzt im Besitz ihres Vaters sehe. Rasch steckte sie den jungen Mann mit ihrer Verwegenheit an. Nachdem Arruns Tarquinius und die jüngere Tullia in ihren Häusern durch fast unmittelbar aufeinander eintretende Todesfälle für eine neue Ehe Platz geschaffen hatten, heirateten sie, was Servius zwar nicht billigte, aber doch nicht verhinderte.

Von jetzt an war der betagte Tullius und seine Stellung als König von Tag zu Tag stärker bedroht; denn schon sann das Weib nach der einen Untat auf eine neue. Tag und Nacht ließ sie ihrem Mann keine Ruhe, damit die vorausgegangenen Morde nicht umsonst gewesen seien: ihr habe nicht jemand gefehlt, dessen Frau sie hieß und mit dem zusammen sie stillschweigend in Knechtschaft lebte. Ihr habe einer gefehlt, der glaubte, er sei der Herrschaft würdig, der es nicht vergessen habe, daß er ein Sohn des Tarquinius Priscus sei, und der die Herrschaft lieber besitzen wollte als auf sie zu hoffen. „Wenn du der bist, den ich geheiratet zu haben

esse me arbitror, et virum et regem appello; sin minus,
eo nunc peius mutata res est, quod istic cum ignavia est
scelus. Quin accingeris? Non tibi ab Corintho nec ab 4
Tarquiniis, ut patri tuo, peregrina regna moliri necesse
est: di te penates patriique et patris imago et domus re-
gia et in domo regale solium et nomen Tarquinium
creat vocatque regem. Aut si ad haec parum est animi, 5
quid frustraris civitatem? Quid te ut regium iuvenem
conspici sinis? Facesse hinc Tarquinios aut Corin-
thum, devolvere retro ad stirpem, fratri similior quam
patri." His aliisque increpando iuvenem instigat, nec 6
conquiescere ipsa potest, si, cum Tanaquil, peregrina
mulier, tantum moliri potuisset animo, ut duo conti-
nua regna viro ac deinceps genero dedisset, ipsa regio
semine orta nullum momentum in dando adimendo-
que regno faceret.

His muliebribus instinctus furiis Tarquinius cir- 7
cumire et prensare minorum maxime gentium patres;
admonere paterni beneficii ac pro eo gratiam repetere;
allicere donis iuvenes; cum de se ingentia pollicendo
tum regis criminibus omnibus locis crescere.

Postremo, ut iam agendae rei tempus visum est, sti- 8
patus agmine armatorum in forum inrupit. Inde omni-
bus perculsis pavore in regia sede pro curia sedens pa-
tres in curiam per praeconem ad regem Tarquinium ci-
tari iussit. Convenere extemplo, alii iam ante ad hoc 9
praeparati, alii metu, ne non venisse fraudi esset, novi-
tate ac miraculo attoniti et iam de Servio actum rati. Ibi 10
Tarquinius maledicta ab stirpe ultima orsus: servum
servaque natum post mortem indignam parentis sui,

glaube, dann nenne ich dich Mann und König. Wenn nicht, hat meine Lage sich jetzt verschlechtert, weil bei dir zu der Feigheit noch das Verbrechen kommt. Warum schreitest du nicht zur Tat? Du mußt ja nicht wie dein Vater von Korinth oder von Tarquinii aus einen Thron in der Fremde erringen. Die Schutzgötter deines Hauses und deiner Familie, das Bildnis deines Vaters, das Königshaus und im Haus der königliche Thron, der Name Tarquinius, das alles bestimmt und beruft dich zum König. Oder wenn du dazu nicht genug Mut hast, warum weckst du dann in der Bürgerschaft eitle Hoffnungen? Warum trittst du dann als Königssohn auf? Geh doch weg von hier nach Tarquinii oder Korinth, sinke dahin zurück, wo ihr hergekommen seid, du, deinem Bruder ähnlicher als deinem Vater." Mit diesen und anderen Vorwürfen hetzte sie den jungen Mann auf und konnte selbst keine Ruhe finden bei den Gedanken, daß sie, eine Frau aus königlichem Blut, nicht den Einfluß haben solle, einem zur Herrschaft zu verhelfen oder sie einem zu nehmen, während Tanaquil, eine Frau aus der Fremde, durch ihre Energie so viel geschafft habe, daß sie zweimal hintereinander einem zur Herrschaft verhalf, zunächst ihrem Mann und dann ihrem Schwiegersohn.

Durch diese rasende Leidenschaft der Frau getrieben, ging Tarquinius bei den Senatoren vor allem der jüngeren Familien reihum und bat sie um ihre Unterstützung. Er rief ihnen in Erinnerung, was sein Vater ihnen Gutes getan, und forderte dafür den Dank; die jungen Männer suchte er durch Geschenke zu gewinnen. Durch die gewaltigen Versprechungen, die er selbst machte, und durch Vorwürfe gegen den König wuchs sein Einfluß überall.

Als dann schließlich der Zeitpunkt zum Handeln gekommen schien, stürmte er, umgeben von einer Schar Bewaffneter, auf das Forum. Alle waren daraufhin von lähmendem Entsetzen befallen; er aber saß vorne in der Curie auf dem Stuhl des Königs und befahl, die Senatoren durch einen Herold in die Curie zum König Tarquinius zu rufen. Sie fanden sich unverzüglich ein, die einen schon zuvor darauf vorbereitet, die anderen aus Angst, nicht zu erscheinen könne schlimme Folgen haben, von dem ungewöhnlichen und erstaunlichen Vorgang wie betäubt und in dem Glauben, um Servius sei es bereits geschehen. Hier hielt Tarquinius eine Schmährede auf Servius und begann mit seiner niedrigen Herkunft. Als Sklave und Sohn einer Sklavin habe er nach dem unwürdigen Tod seines

non interregno, ut antea, inito, non comitiis habitis,
non per suffragium populi, non auctoribus patribus,
muliebri dono regnum occupasse. Ita natum, ita crea- 11
tum regem, fautorem infimi generis hominum, ex quo
ipse sit, odio alienae honestatis ereptum primoribus
agrum sordidissimo cuique divisisse; omnia onera, 12
quae communia quondam fuerint, inclinasse in primo-
res civitatis; instituisse censum, ut insignis ad invidiam
locupletiorum fortuna esset, et parata, unde, ubi vellet,
egentissimis largiretur.

Huic orationi Servius cum intervenisset trepido 48
nuntio excitatus, extemplo a vestibulo curiae magna
voce „Quid hoc“ inquit, „Tarquini, rei est? Qua tu au-
dacia me vivo vocare ausus es patres aut in sede consi-
dere mea?“ Cum ille ferociter ad haec se patris sui te- 2
nere sedem, multo quam servum potiorem filium regis
regni heredem, satis illum diu per licentiam eludentem
insultasse dominis, clamor ab utriusque fautoribus ori-
tur et concursus populi fiebat in curiam apparebatque
regnaturum, qui vicisset. Tum Tarquinius necessitate 3
iam etiam ipsa cogente ultima audere, multo et aetate et
viribus validior, medium arripit Servium elatumque e
curia in inferiorem partem per gradus deiecit; inde ad
cogendum senatum in curiam rediit. Fit fuga regis ap- 4
paritorum atque comitum: ipse prope exsanguis, cum
domum se reciperet, ab iis, qui missi ab Tarquinio fu-
gientem consecuti erant, interficitur. Creditur, quia 5
non abhorret a cetero scelere, admonitu Tulliae id fac-
tum. Carpento certe, id quod satis constat, in forum
invecta nec reverita coetum virorum evocavit virum e
curia regemque prima appellavit. A quo facessere iussa 6
ex tanto tumultu cum se domum reciperet pervenisset-
que ad summum Cyprium vicum, ubi Dianium nuper

Vaters ohne das früher übliche Interregnum, ohne Wahlakt, ohne Abstimmung durch das Volk, ohne Bestätigung durch den Senat, sondern nur aus der Hand einer Frau die Königsherrschaft in Besitz genommen. Von solcher Abkunft und auf solche Weise König geworden, habe er die unterste Schicht, aus der er ja selbst stamme, begünstigt und aus Haß gegen die hohe Stellung anderer den Ersten des Volkes Ackerland geraubt und es an den Abschaum des Volkes verteilt. Alle Lasten dagegen, die früher gemeinsam getragen worden seien, habe er auf die Ersten der Bürgerschaft abgewälzt. Den Census habe er eingeführt, um den Besitz der reicheren Leute kenntlich zu machen und dem Neide auszusetzen und um ihn zur Verfügung zu haben und davon den Bedürftigsten Geschenke machen zu können, sobald er es wolle.

Mitten in dieser Rede erschien Servius, durch die alarmierende Nachricht aufgeschreckt. Schon von der Vorhalle der Curie aus rief er mit lauter Stimme: „Was geht hier vor, Tarquinius? Mit welcher Dreistigkeit hast du es gewagt, während ich noch lebe, die Väter zusammenzurufen und meinen Platz einzunehmen?" Jener entgegnete darauf trotzig, er sitze auf dem Platz seines Vaters; mit viel größerem Recht als ein Sklave sei der Sohn des Königs Erbe des Throns; lange genug habe jener sein freches Spiel getrieben und seine Herren verhöhnt. Hier erhoben die Anhänger beider lautes Geschrei, und das Volk drang in die Curie ein; es war offensichtlich, daß die Herrschaft dem gehören würde, der jetzt Sieger blieb. Da packte Tarquinius, den jetzt auch die Situation selbst dazu zwang, das Äußerste zu wagen, als der weitaus Jüngere und Stärkere den Servius um den Leib, trug ihn aus der Curie hinaus und warf ihn die Stufen hinunter. Dann begab er sich in die Curie zurück, um den Senat beisammenzuhalten. Die Diener des Königs und seine Begleiter ergriffen die Flucht. Er selbst, der kaum noch Kraft hatte, wurde, als er den Heimweg antrat, von den Schergen des Tarquinius auf der Flucht eingeholt und umgebracht. Man glaubt, daß dies auf Anraten der Tullia geschah; denn es paßt ja auch zu ihrer sonstigen Rolle bei der Freveltat. Sie kam jedenfalls mit einer Kutsche – das steht ziemlich fest – auf das Forum gefahren, rief ohne Scheu vor der Versammlung der Männer ihren Mann aus der Curie heraus und war die erste, die ihn als König begrüßte. Er gebot ihr, sich aus diesem Getümmel zu entfernen. Als sie daraufhin nach Hause zurückfuhr und den höchsten Punkt des Cyprius Vicus („Kupfergasse")

fuit, flectenti carpentum dextra in Urbium clivum, ut
in collem Esquiliarum eveheretur, restitit pavidus at-
que inhibuit frenos is, qui iumenta agebat, iacentem-
que dominae Servium trucidatum ostendit. Foedum 7
inhumanumque inde traditur scelus monumentoque
locus est – Sceleratum vicum vocant –, quo amens agi-
tantibus furiis sororis ac viri Tullia per patris corpus
carpentum egisse fertur, partemque sanguinis ac caedis
paternae cruento vehiculo, contaminata ipsa respersa-
que, tulisse ad penates suos virique sui, quibus iratis
malo regni principio similes propediem exitus seque-
rentur.

Ser. Tullius regnavit annos quattuor et quadraginta 8
ita, ut bono etiam moderatoque succedenti regi diffici-
lis aemulatio esset. Ceterum id quoque ad gloriam ac-
cessit, quod cum illo simul iusta ac legitima regna occi-
derunt. Id ipsum tam mite ac tam moderatum impe- 9
rium tamen, quia unius esset, deponere eum in animo
habuisse quidam auctores sunt, ni scelus intestinum
liberandae patriae consilia agitanti intervenisset.

Inde L. Tarquinius regnare occepit, cui Superbo co- **49**
gnomen facta indiderunt, quia socerum gener sepul-
tura prohibuit Romulum quoque insepultum perisse
dictitans, primoresque patrum, quos Servi rebus fa- 2
visse credebat, interfecit; conscius deinde male quae-
rendi regni ab se ipso adversus se exemplum capi posse,
armatis corpus circumsaepsit; neque enim ad ius regni 3
quicquam praeter vim habebat, ut qui neque populi
iussu neque auctoribus patribus regnaret. Eo accede- 4
bat, ut in caritate civium nihil spei reponenti metu re-

erreichte, wo vor kurzem noch die Dianakapelle stand, und dann nach rechts in den Urbius Clivus („Urbiusstiege") abbiegen wollte, um auf den Esquilin zu fahren, weigerte sich der Wagenlenker zitternd und zog die Zügel an und zeigte seiner Herrin die Leiche des Servius, der da lag. Es soll dann zu einem abscheulichen und unmenschlichen Frevel gekommen sein, und der Ort bewahrt die Erinnerung daran – man nennt ihn Sceleratus Vicus („Frevelgasse"). Hier soll Tullia, ganz von Sinnen und getrieben von den Rachegeistern ihrer Schwester und ihres Mannes, mit dem Wagen über den Leichnam ihres Vaters gefahren sein und einen Teil des bei dem Mord an ihrem Vater vergossenen Blutes mit ihrem blutverschmierten Fahrzeug, auch selbst besudelt und bespritzt, zu ihren und ihres Mannes Hausgöttern mit heimgebracht haben; diese waren erzürnt, so daß demnächst ein dem bösen Anfang der Königsherrschaft ähnliches Ende folgen mußte.

Ser. Tullius regierte vierundvierzig Jahre lang so, daß es auch für einen guten und besonnenen Nachfolger auf dem Thron schwierig gewesen wäre, es ihm gleichzutun; im übrigen hat auch die Tatsache, daß mit seinem Tod das recht- und gesetzmäßige Königtum ein Ende fand, seinen Ruhm noch vergrößert. Einige überliefern auch, er habe sich mit dem Gedanken getragen, selbst diese so milde und so besonnene Herrschaft niederzulegen, da es die eines einzelnen sei; aber dann sei ihm das Verbrechen in der eigenen Familie bei seinen Absichten, der Vaterstadt die Freiheit zu bescheren, dazwischen gekommen.

Damit begann die Herrschaft des L. Tarquinius, dem seine Taten den Beinamen Superbus (der Selbstherrliche) eintrugen. Denn er, der Schwiegersohn, verhinderte die Bestattung seines Schwiegervaters und sagte dazu immer wieder, auch Romulus sei ohne Begräbnis dahingegangen; und die vornehmsten unter den Senatoren, die seiner Meinung nach Anhänger des Servius gewesen waren, ließ er umbringen. Sodann war er sich darüber im klaren, daß man sein eigenes Beispiel, auf unrechtmäßige Art die Herrschaft an sich zu bringen, gegen ihn anwenden konnte, und er umgab sich daher mit einer Leibgarde. Denn außer der Gewalt besaß er nichts, was ihm das Recht zum Herrschen gegeben hätte; regierte er doch, ohne vom Volk gewählt und ohne vom Senat bestätigt zu sein. Dazu kam, daß er sich keine Hoffnung auf die Liebe seiner Mitbürger machen konnte und seine Herrschaft durch Schrecken sichern mußte.

gnum tutandum esset. Quem ut pluribus incuteret, cognitiones capitalium rerum sine consiliis per se solus
exercebat perque eam causam occidere, in exilium 5
agere, bonis multare poterat non suspectos modo aut invisos, sed unde nihil aliud quam praedam sperare
posset. Praecipue ita patrum numero imminuto statuit 6
nullos in patres legere, quo contemptior paucitate ipsa
ordo esset minusque per se nihil agi indignarentur. Hic 7
enim regum primus traditum a prioribus morem de omnibus senatum consulendi solvit, domesticis consiliis rem publicam administravit; bellum, pacem, foedera, societates per se ipse, cum quibus voluit, iniussu populi ac senatus fecit diremitque.

Latinorum sibi maxime gentem conciliabat, ut per- 8
egrinis quoque opibus tutior inter cives esset, neque hospitia modo cum primoribus eorum, sed adfinitates
quoque iungebat. Octavio Mamilio Tusculano – is 9
longe princeps Latini nominis erat, si famae credimus, ab Ulixe deaque Circa oriundus – ei Mamilio filiam nuptum dat perque eas nuptias multos sibi cognatos amicosque eius conciliat.

Iam magna Tarquini auctoritas inter Latinorum 50
proceres erat, cum in diem certam, ut ad lucum Ferentinae conveniant, indicit: esse quae agere de rebus
communibus velit. Conveniunt frequentes prima luce; 2
ipse Tarquinius diem quidem servavit, sed paulo ante, quam sol occideret, venit. Multa ibi toto die in concilio
variis iactata sermonibus erant. Turnus Herdonius ab 3
Aricia ferociter in absentem Tarquinium erat invectus: haud mirum esse Superbo inditum Romae cognomen – iam enim ita clam quidem mussitantes, vulgo tamen eum appellabant. An quicquam superbius esse quam
ludificari sic omne nomen Latinum? Principibus longe 4

Um diesen noch mehr Menschen einzujagen, führte er die Untersuchungen in den Kapitalprozessen ganz allein ohne Beisitzer und konnte unter diesem Vorwand Todesurteile, Verbannungen und Vermögensstrafen verhängen, nicht nur gegen die, die ihm verdächtig oder verhaßt waren, sondern auch da, wo er auf nichts anderes als auf persönliche Bereicherung hoffen konnte. Nachdem er auf diese Weise vornehmlich die Zahl der Senatoren verringert hatte, beschloß er, niemanden mehr in den Senat zu berufen, damit dieser Stand schon aufgrund seiner zahlenmäßigen Schwäche weniger Achtung genoß und die Senatoren sich nicht darüber entrüsten konnten, daß sie nichts mehr zu entscheiden hatten. Denn dieser König brach als erster mit der von seinen Vorgängern überlieferten Tradition, über alles den Senat zu befragen. Die politischen Entscheidungen fielen in seinem Haus. Krieg, Frieden, Verträge und Bündnisse beschloß und beendete er ganz allein, mit wem er wollte, ohne Auftrag des Volkes und des Senats.

Besonders suchte er das Volk der Latiner zu gewinnen, um auch mit Hilfe einer fremden Macht unter seinen Mitbürgern sicherer zu sein, und knüpfte mit den vornehmsten unter ihnen nicht nur gastfreundschaftliche, sondern auch verwandtschaftliche Bande. Dem Octavius Mamilius aus Tusculum – er war der weitaus angesehenste aller Latiner und stammte, wenn wir der Sage glauben wollen, von Odysseus und der Göttin Kirke ab –, diesem Mamilius also gab er seine Tochter zur Frau, und durch diese Heirat gewann er die vielen Verwandten und Freunde dieses Mannes für sich.

Schon besaß Tarquinius bei den latinischen Adligen bedeutenden Einfluß, als er sie auf einen bestimmten Tag zu einer Versammlung beim Hain der Ferentina bestellte: es gebe gemeinsame Angelegenheiten, die er mit ihnen besprechen wolle. Sie kamen beim Morgengrauen in großer Zahl zusammen; Tarquinius selbst hielt sich zwar an den Tag, erschien jedoch erst kurz vor Sonnenuntergang. Den ganzen Tag über war dort in der Versammlung viel über dies und das diskutiert worden. Turnus Herdonius aus Aricia hatte sich heftig über den abwesenden Tarquinius ereifert. Es sei kein Wunder, daß er in Rom den Beinamen Superbus bekommen habe – man nannte ihn nämlich bereits so, zwar insgeheim und leise, aber doch ganz allgemein. Könne man sich eine größere Selbstherrlichkeit vorstellen, als die Gesamtheit der Latiner so zum besten zu haben?

ab domo excitis ipsum, qui concilium indixerit, non
adesse. Temptari profecto patientiam, ut, si iugum ac-
ceperint, obnoxios premat. Cui enim non apparere ad-
fectare eum imperium in Latinos? Quod si sui bene 5
crediderint cives aut si creditum illud et non raptum
parricidio sit, credere et Latinos quamquam ne sic qui-
dem alienigenae debere; sin suos eius paeniteat, quippe 6
qui alii super alios trucidentur, exulatum eant, bona
amittant, quid spei melioris Latinis portendi? Si se au-
diant, domum suam quemque inde abituros neque ma-
gis observaturos diem concilii, quam ipse, qui indixe-
rit, observet.

Haec atque alia eodem pertinentia seditiosus facino- 7
rosusque homo hisque artibus opes domi nactus cum
maxime dissereret, intervenit Tarquinius. Is finis ora- 8
tioni fuit; aversi omnes ad Tarquinium salutandum.
Qui silentio facto monitus a proximis, ut purgaret se,
quod id temporis venisset, disceptatorem ait se sump-
tum inter patrem et filium, cura reconciliandi eos in
gratiam moratum esse, et quia ea res exemisset illum
diem, postero die acturum, quae constituisset. Ne id 9
quidem Turnum tulisse tacitum ferunt; dixisse enim
nullam breviorem esse cognitionem quam inter patrem
et filium paucisque transigi verbis posse: ni pareat
patri, habiturum infortunium esse.

Haec Aricinus in regem Romanum increpans ex 51
concilio abiit. Quam rem Tarquinius aliquanto quam
videbatur aegrius ferens confestim Turno necem ma-
chinatur, ut eundem terrorem, quo civium animos
domi oppresserat, Latinis iniceret. Et quia pro imperio 2

Die führenden Männer habe er von weit her aus ihrer Heimat kommen lassen, er selbst aber, der die Versammlung angesetzt habe, sei nicht da. Bestimmt stelle er nur ihre Geduld auf die Probe, um sie dann, wenn sie das Joch auf sich genommen hätten, als Untertanen zu unterdrücken. Wem sei es denn nicht klar, daß er nach der Herrschaft über die Latiner strebe? Wenn seine eigenen Mitbürger wohl daran getan hätten, ihm die Herrschaft anzuvertrauen, und wenn sie sie ihm wirklich anvertraut hätten und er sie nicht durch Vatermord an sich gebracht hätte, so brauchten die Latiner doch nicht einmal in diesem Fall ihm, einem Mann aus einem fremden Volk, die Herrschaft anzuvertrauen. Wenn aber seine eigenen Leute schon genug von ihm hätten – würden sie doch einer nach dem anderen hingerichtet, müßten in die Verbannung gehen, verlören ihr Hab und Gut –, was hätten die Latiner dann Besseres zu erwarten? Wenn sie auf ihn hören wollten, werde jetzt jeder von hier nach Hause gehen und sich um den Versammlungstermin genausowenig kümmern wie der, der ihn angesetzt habe.

Als der aufrührerische und ruchlose Mensch, der diesen Eigenschaften seine Machtstellung daheim verdankte, gerade diese und andere Äußerungen machte, die in die gleiche Richtung gingen, kam Tarquinius dazu. Das bedeutete das Ende seiner Rede; alle wandten sich Tarquinius zu, um ihn zu begrüßen. Als dann Ruhe eingetreten war und die Nächststehenden Tarquinius aufforderten, sich zu entschuldigen, daß er erst zu diesem Zeitpunkt komme, sagte er, man habe ihn um einen Schiedsspruch zwischen einem Vater und einem Sohn gebeten; das Bemühen, das gute Einvernehmen zwischen ihnen wiederherzustellen, habe ihn aufgehalten. Da ihn die Angelegenheit diesen Tag gekostet habe, wolle er ihnen am nächsten Tag vortragen, was er sich vorgenommen habe. Es heißt, auch das habe Turnus nicht stillschweigend hingenommen; er habe nämlich gesagt, es gebe kein kürzeres Verfahren als zwischen Vater und Sohn, das könne man mit wenigen Worten abmachen: wenn er dem Vater nicht gehorche, werde es ihm schlecht ergehen.

Mit diesen Vorwürfen gegen den König von Rom verließ der Mann aus Aricia die Versammlung. Tarquinius nahm die Sache weitaus schwerer, als er sich anmerken ließ, und sann sogleich auf die Ermordung des Turnus, um denselben Schrecken, mit dem er seine Mitbürger zu Hause unter Druck gesetzt hatte, auch den Latinern einzujagen. Und da er ihn

palam interfici non poterat, oblato falso crimine inson-
tem oppressit. Per adversae factionis quosdam Arici-
nos servum Turni auro corrupit, ut in deversorium
eius vim magnam gladiorum inferri clam sineret. Ea 3
cum una nocte perfecta essent, Tarquinius paulo ante
lucem accitis ad se principibus Latinorum quasi re
nova perturbatus, moram suam hesternam velut deo-
rum quadam providentia inlatam ait saluti sibi atque il-
lis fuisse. Ab Turno dici sibi et primoribus populorum 4
parari necem, ut Latinorum solus imperium teneat.
Adgressurum fuisse hesterno die in concilio; dilatam
rem esse, quod auctor concilii afuerit, quem maxime
peteret. Inde illam absentis insectationem esse natam, 5
quod morando spem destituerit. Non dubitare, si vera
deferantur, quin prima luce, ubi ventum in concilium
sit, instructus cum coniuratorum manu armatusque
venturus sit. Dici gladiorum ingentem esse numerum 6
ad eum convectum. Id vanum necne sit, extemplo sciri
posse. Rogare eos, ut inde secum ad Turnum veniant.
Suspectam fecit rem et ingenium Turni ferox et oratio 7
hesterna et mora Tarquini, quod videbatur ob eam dif-
ferri caedes potuisse. Eunt inclinatis quidem ad cre-
dendum animis, tamen nisi gladiis deprehensis cetera
vana existimaturi. Ubi est eo ventum, Turnum ex 8
somno excitatum circumsistunt custodes; comprehen-
sisque servis, qui caritate domini vim parabant, cum
gladii abditi ex omnibus locis deverticuli protraheren-
tur, enimvero manifesta res visa iniectaeque Turno ca-
tenae; et confestim Latinorum concilium magno cum
tumultu advocatur. Ibi tam atrox invidia orta est gla- 9
diis in medio positis, ut indicta causa, novo genere leti,

nicht kraft seiner Amtsgewalt offen hinrichten lassen konnte, brachte er den Unschuldigen durch eine falsche Anschuldigung zu Fall. Mit Hilfe einiger Männer aus Aricia, die zu den politischen Gegnern des Turnus gehörten, bestach er einen von dessen Sklaven mit Gold, daß er es ermöglichte, heimlich eine große Menge Schwerter in sein Quartier zu schaffen. Nachdem das in einer einzigen Nacht ausgeführt war, ließ Tarquinius kurz vor Tagesanbruch die Vornehmsten der Latiner zu sich rufen, als ob er durch eine neue Entdeckung in größte Unruhe versetzt wäre, und sagte, seine gestrige Verspätung, zu der es wie durch Fürsorge der Götter gekommen sei, habe ihn und sie alle gerettet. Es heiße, Turnus habe vor, ihn und die Vornehmsten aus ihren Völkern zu ermorden, um allein die Herrschaft über die Latiner auszuüben. Er hätte den Überfall schon am gestrigen Tag in der Versammlung ausgeführt; die Sache sei aber dann verschoben worden, weil der, der die Versammlung einberufen und auf den er es in erster Linie abgesehen hatte, noch nicht dagewesen sei. Daher sei es dann zu der Verunglimpfung des Abwesenden gekommen; denn dieser habe ihm mit seiner Verspätung seinen Plan vereitelt. Falls ihm die Wahrheit berichtet werde, werde Turnus zweifellos bei Tagesanbruch, sobald man sich versammelt habe, wohlvorbereitet mit einer Schar von Verschwörern und in Waffen kommen. Es heiße, eine riesige Anzahl Schwerter sei zu ihm geschafft worden. Ob das bloßes Gerede sei oder nicht, könne man sofort feststellen. Er bitte sie, von hier mit ihm zu Turnus zu kommen. Den Verdacht bestärkte das wilde Wesen des Turnus, die gestrige Rede und die Verspätung des Tarquinius; denn es schien möglich, daß die Bluttat deswegen verschoben worden war. Als sie sich auf den Weg machten, waren sie zwar geneigt, die Sache zu glauben, wollten aber, wenn man die Schwerter nicht vorfand, auch alles übrige für eitles Gerede halten. Sobald man dort eingetroffen war, wurde Turnus aus dem Schlaf gerissen und von Wächtern umstellt. Die Sklaven, die aus Liebe zu ihrem Herrn Widerstand leisten wollten, wurden festgenommen. Als die versteckten Schwerter aus allen Winkeln des Quartiers hervorgezogen wurden, da schien die Sache tatsächlich erwiesen, und Turnus wurde in Ketten gelegt. Und sogleich wurde in großer Erregung eine Versammlung der Latiner einberufen. Hier kam so wilder Haß auf, als man die Schwerter in die Mitte legte, daß man Turnus ohne Verhör auf eine Art zu Tode brachte, die es bislang nicht gegeben hatte: man stürzte

deiectus ad caput aquae Ferentinae crate superne in-
iecta saxisque congestis mergeretur.

Revocatis deinde ad concilium Latinis Tarquinius 52
conlaudatisque, qui Turnum novantem res pro mani-
festo parricidio merita poena adfecissent, ita verba fe-
cit: posse quidem se vetusto iure agere, quod, cum om- 2
nes Latini ab Alba oriundi sint, eo foedere teneantur,
quo sub Tullo res omnis Albana cum coloniis suis in
Romanum cesserit imperium; ceterum se utilitatis id 3
magis omnium causa censere, ut renovetur id foedus
secundaque potius fortuna populi Romani ut partici-
pes Latini fruantur, quam urbium excidia vastationes-
que agrorum, quas Anco prius, patre deinde suo re-
gnante perpessi sint, semper aut exspectent aut patian-
tur. Haud difficulter persuasum Latinis, quamquam in 4
eo foedere superior Romana res erat; ceterum et capita
nominis Latini stare ac sentire cum rege videbant, et
Turnus sui cuique periculi, si adversatus esset, recens
erat documentum. Ita renovatum foedus indictumque 5
iunioribus Latinorum, ut ex foedere die certa ad lucum
Ferentinae armati frequentes adessent. Qui ubi ad 6
edictum Romani regis ex omnibus populis convenere,
ne ducem suum neve secretum imperium propriave si-
gna haberent, miscuit manipulos ex Latinis Romanis-
que, ut ex binis singulos faceret binosque ex singulis;
ita geminatis manipulis centuriones imposuit.

Nec ut iniustus in pace rex, ita dux belli pravus fuit; 53
quin ea arte aequasset superiores reges, ni degeneratum
in aliis huic quoque decori offecisset. Is primus Volscis 2
bellum in ducentos amplius post suam aetatem annos
movit Suessamque Pometiam ex iis vi cepit. Ubi cum 3
divendita praeda quadraginta talenta argenti refecisset,
concepit animo eam amplitudinem Iovis templi, quae

ihn in die Ferentinaquelle und ertränkte ihn, indem man Flechtwerk über ihn warf und es mit Steinen beschwerte.

Darauf berief Tarquinius die Latiner wieder zur Versammlung und lobte sie sehr, daß sie an Turnus, der einen Umsturz versucht habe, für seinen offenkundigen Hochverrat die verdiente Strafe vollzogen hätten. Dann fuhr er fort: Er könne zwar das alte Recht zur Anwendung bringen; denn da alle Latiner ursprünglich aus Alba stammten, seien sie alle durch den Vertrag gebunden, durch den unter Tullus das gesamte Staatswesen von Alba mitsamt seinen Tochterstädten unter die Oberhoheit Roms gekommen sei; er halte es aber um des allgemeinen Vorteils willen für besser, wenn dieser Vertrag erneuert werde; die Latiner sollten lieber das Glück des römischen Volkes mitgenießen, statt dauernd die Zerstörung ihrer Städte und die Verwüstung ihrer Ländereien befürchten oder erleiden zu müssen, wie sie sie zunächst unter der Regierung des Ancus und dann unter der seines Vaters durchgemacht hätten. Die Latiner ließen sich leicht überzeugen, obwohl in diesem Vertrag der römische Staat eine Vormachtstellung besaß; aber man sah, daß die führenden Persönlichkeiten aller Latiner fest zum König hielten, und die Gefahr, die jedem drohte, wenn er sich dagegenstellte, hatte sich am Beispiel des Turnus gerade eben gezeigt. So wurde der Vertrag erneuert; alle jüngeren Latiner bekamen die Anweisung, sich aufgrund des Vertrages zu einem bestimmten Zeitpunkt beim Hain der Ferentina in Waffen vollzählig einzufinden. Als sie dort auf Anordnung des römischen Königs aus all ihren Gemeinden zusammenkamen, wollte er nicht, daß sie einen eigenen Feldherrn, einen besonderen Oberbefehl und eigene Feldzeichen hätten, und stellte daher aus Latinern und Römern gemischte Manipel auf, wobei er aus zweien zunächst einen machte und aus diesem einen dann wieder zwei; diese Doppelmanipel unterstellte er dem Kommando von Centurionen.

Tarquinius war zwar in Friedenszeiten ein ungerechter Herrscher, doch im Krieg kein schlechter Heerführer. Ja, er hätte es sogar in dieser Fertigkeit den früheren Königen gleichgetan, wenn nicht seine sonstige Entartung auch diesen Glanz beeinträchtigt hätte. Er begann den Krieg gegen die Volsker, der dann noch mehr als zweihundert Jahre nach seiner Zeit dauern sollte, und entriß ihnen Suessa Pometia im Sturm. Als er dort aus dem Verkauf der Beute einen Erlös von vierzig Talenten Silber erzielt hatte, faßte er den Plan, den Jupitertempel so groß zu bauen, daß er des

digna deum hominumque rege, quae Romano imperio,
quae ipsius etiam loci maiestate esset. Captivam pecu-
niam in aedificationem eius templi seposuit.
Excepit deinde eum lentius spe bellum, quo Gabios, 4
propinquam urbem, nequiquam vi adortus, cum obsi-
dendi quoque urbem spes pulso a moenibus adempta
esset, postremo minime arte Romana, fraude ac dolo,
adgressus est. Nam cum velut posito bello fundamen- 5
tis templi iaciendis aliisque urbanis operibus intentum
se esse simularet, Sextus filius eius, qui minimus ex tri-
bus erat, transfugit ex composito Gabios, patris in se
saevitiam intolerabilem conquerens: iam ab alienis in 6
suos vertisse superbiam et liberorum quoque eum fre-
quentiae taedere, ut, quam in curia solitudinem fecerit,
domi quoque faciat, ne quam stirpem, ne quem here-
dem regni relinquat. Se quidem inter tela et gladios pa- 7
tris elapsum nihil usquam sibi tutum nisi apud hostes
L. Tarquini credidisse. Nam ne errarent, manere iis bel-
lum, quod positum simuletur, et per occasionem eum
incautos invasurum. Quod si apud eos supplicibus lo- 8
cus non sit, pererraturum se omne Latium Volscosque
se inde et Aequos et Hernicos petiturum, donec ad eos
perveniat, qui a patrum crudelibus atque impiis suppli-
ciis tegere liberos sciant. Forsitan etiam ardoris aliquid 9
ad bellum armaque se adversus superbissimum regem
ac ferocissimum populum inventurum. Cum, si nihil 10
morarentur, incensus ira porro inde abiturus videre-
tur, benigne ab Gabinis excipitur. Vetant mirari, si,
qualis in cives, qualis in socios, talis ad ultimum in libe-
ros esset; in se ipsum postremo saeviturum, si alia de- 11
sint. Sibi vero gratum adventum eius esse, futurumque
credere brevi, ut illo adiuvante a portis Gabinis sub

Königs der Götter und Menschen, der Machtstellung Roms und auch der Erhabenheit seines Standortes würdig wäre; für den Bau dieses Tempels legte er das Geld aus der Beute beiseite.

Dann wurde er in einen Krieg verwickelt, der sich länger als erwartet hinzog. Er versuchte die Nachbarstadt Gabii im Sturm zu nehmen, hatte aber dabei keinen Erfolg; als sich dann auch die Hoffnung zerschlug, die Stadt durch eine Belagerung zu bezwingen, und er von den Mauern verjagt wurde, griff er zuletzt zu einem ganz unrömischen Mittel, zu List und Tücke. Denn während er so tat, als hätte er den Krieg aufgegeben und wäre mit dem Bau der Fundamente des Jupitertempels und anderen Arbeiten in der Stadt beschäftigt, floh sein Sohn Sextus, der jüngste von dreien, nach Gabii – so war es abgesprochen – und beklagte sich über die unerträgliche Härte seines Vaters gegen ihn. Seine Selbstherrlichkeit habe sich jetzt von den Fremden weg und auf die eigene Familie gekehrt, und er sei auch der großen Zahl seiner Kinder überdrüssig; wie er das Senatsgebäude leer gemacht habe, so wolle er es auch in seinem Hause tun, um keinen Nachkommen und keinen Erben seines Throns zu hinterlassen. Er sei auf jeden Fall den Mordwaffen seines Vaters entwischt und habe die Überzeugung gewonnen, daß er nur noch bei den Feinden des L. Tarquinius sicher sei. Denn daß sie sich nicht täuschten: sie hätten weiter Krieg, er sei nur zum Schein beigelegt, und bei passender Gelegenheit werde Tarquinius sie unversehens angreifen. Wenn jedoch bei ihnen für Schutzsuchende kein Platz sei, werde er ganz Latium durchziehen und werde dann die Volsker, die Aequer und die Herniker aufsuchen, bis er zu Leuten käme, welche die Kinder gegen die grausamen und gottlosen Strafmaßnahmen ihrer Väter zu schützen wüßten. Vielleicht werde er auch eine Spur von Begeisterung für einen Krieg und eine Streitmacht gegen den selbstherrlichsten König und das wildeste Volk finden. Da es so aussah, als werde er, wenn sie ihn nicht festhielten, zornentbrannt die Stadt verlassen und weiterziehen, nahmen ihn die Bürger von Gabii freundlich bei sich auf. Sie sagten, er solle sich nicht wundern, wenn Tarquinius sich am Ende auch gegen seine Kinder so verhalte, wie er sich gegen seine Mitbürger und wie er sich gegen seine Verbündeten verhalten habe; zuletzt, wenn nichts anderes mehr da sei, werde er seine Wut noch an sich selbst auslassen. Ihnen sei es jedenfalls lieb, daß er gekommen sei, und sie hofften, es werde bald soweit sein, daß mit seiner Hilfe der Krieg

Romana moenia bellum transferatur.

Inde in consilia publica adhiberi. Ubi cum de aliis re- 54
bus adsentiri se veteribus Gabinis diceret, quibus eae
notiores essent, ipse identidem belli auctor esse et in eo
sibi praecipuam prudentiam adsumere, quod utrius-
que populi vires nosset sciretque invisam profecto su-
perbiam regiam civibus esse, quam ferre ne liberi qui-
dem potuissent. Ita cum sensim ad rebellandum pri- 2
mores Gabinorum incitaret, ipse cum promptissimis
iuvenum praedatum atque in expeditiones iret et dictis
factisque omnibus ad fallendum instructis vana adcres-
ceret fides, dux ad ultimum belli legitur. Ibi cum inscia 3
multitudine, quid ageretur, proelia parva inter Romam
Gabiosque fierent, quibus plerumque Gabina res su-
perior esset, tum certatim summi infimique Gabino-
rum Sex. Tarquinium dono deum sibi missum ducem
credere. Apud milites vero obeundo pericula ac labo- 4
res pariter, praedam munifice largiendo tanta caritate
esse, ut non pater Tarquinius potentior Romae quam
filius Gabiis esset.

Itaque postquam satis virium conlectum ad omnes 5
conatus videbat, tum ex suis unum sciscitatum Romam
ad patrem mittit, quidnam se facere vellet, quandoqui-
dem, ut omnia unus Gabiis posset, ei di dedissent.
Huic nuntio, quia, credo, dubiae fidei videbatur, nihil 6
voce responsum est; rex velut deliberabundus in hor-
tum aedium transit sequente nuntio filii; ibi inambu-
lans tacitus summa papaverum capita dicitur baculo
decussisse. Interrogando exspectandoque responsum 7
nuntius fessus, ut re imperfecta, redit Gabios; quae di-
xerit ipse quaeque viderit, refert: seu ira seu odio seu
superbia insita ingenio nullam eum vocem emisisse.
Sexto ubi, quid vellet parens quidve praeciperet tacitis 8

von den Toren von Gabii weg an die Mauern von Rom verlegt werde.

Von da an wurde er zu den politischen Beratungen hinzugezogen. Während er hier bei allen anderen Fragen erklärte, er stimme den alten Bürgern von Gabii zu, die davon mehr verständen, drängte er selbst immer wieder auf den Krieg und pochte in diesem Punkt auf seine besonderen Kenntnisse: er kenne ja die militärische Stärke beider Völker, und er wisse, daß der König wegen seiner Selbstherrlichkeit, die selbst seine Kinder nicht mehr hätten ertragen können, bei seinen Mitbürgern wirklich verhaßt sei. So trieb er die führenden Männer von Gabii nach und nach dazu, den Krieg wiederaufzunehmen; er selbst zog mit den Tatendurstigsten, die er unter der Jugend fand, zum Plündern und auf Streifzüge, und dadurch, daß alles, was er sagte und tat, auf Täuschung angelegt war, wuchs das unbegründete Vertrauen zu ihm, und schließlich wurde er zum Feldherrn für den Krieg gewählt. Als es dann, ohne daß das Volk merkte, was da gespielt wurde, zwischen Gabii und Rom zu kleineren Gefechten kam, die in der Regel für Gabii siegreich ausgingen, glaubte hoch und niedrig in Gabii, einer mehr als der andere, daß ihnen Sex. Tarquinius von den Göttern als Feldherr geschenkt worden sei. Bei den Soldaten aber war er dadurch, daß er genauso wie sie Gefahren und Strapazen auf sich nahm und freigebig Beute verschenkte, so beliebt, daß sein Vater Tarquinius in Rom nicht mächtiger war als der Sohn in Gabii.

Sobald er nun sah, daß er genug Macht gewonnen hatte, um alles wagen zu können, sandte er einen seiner Leute nach Rom zu seinem Vater, um sich zu erkundigen, was er tun solle; denn die Götter hätten es so gefügt, daß er allein in Gabii alle Möglichkeiten habe. Dieser Bote bekam – ich glaube, weil es nicht sicher war, ob man ihm trauen konnte – keine Silbe zur Antwort. Der König begab sich, als wenn er mit sich zu Rate gehen wolle, in den Garten seines Hauses, und der Bote seines Sohnes folgte ihm; dort, so heißt es, habe Tarquinius beim Umhergehen, ohne etwas zu sagen, den höchsten Mohnblumen mit einem Stock die Köpfe abgeschlagen. Des Fragens und des Wartens auf eine Antwort müde, kehrte der Bote nach Gabii zurück – anscheinend, ohne sein Ziel erreicht zu haben. Er berichtete, was er selbst vorgebracht und was er gesehen hatte: aus Zorn oder aus Haß oder aus seiner angeborenen Überheblichkeit habe Tarquinius kein Wort geäußert. Sobald dem Sextus klar war, was sein Vater wollte und was er ihm mit den wortlos gegebenen Andeutungen auf-

ambagibus, patuit, primores civitatis criminando alios
apud populum, alios sua ipsos invidia opportunos in-
teremit. Multi palam, quidam, in quibus minus spe-
ciosa criminatio erat futura, clam interfecti. Patuit qui- 9
busdam volentibus fuga aut in exilium acti sunt absen-
tiumque bona iuxta atque interemptorum divisui fu-
ere. Largitiones inde praedaeque; et dulcedine privati 10
commodi sensus malorum publicorum adimi, donec
orba consilio auxilioque Gabina res regi Romano sine
ulla dimicatione in manum traditur.

Gabiis receptis Tarquinius pacem cum Aequorum 55
gente fecit, foedus cum Tuscis renovavit. Inde ad nego-
tia urbana animum convertit; quorum erat primum, ut
Iovis templum in monte Tarpeio monumentum regni
sui nominisque relinqueret: Tarquinios reges ambos
patrem vovisse, filium perfecisse. Et ut libera a ceteris 2
religionibus area esset tota Iovis templique eius, quod
inaedificaretur, exaugurare fana sacellaque statuit,
quae aliquot ibi, a Tatio rege primum in ipso discri-
mine adversus Romulum pugnae vota, consecrata in-
augurataque postea fuerant. Inter principia condendi 3
huius operis movisse numen ad indicandam tanti im-
perii molem traditur deos. Nam cum omnium sacello-
rum exaugurationes admitterent aves, in Termini fano
non addixere; idque omen auguriumque ita acceptum 4
est, non motam Termini sedem unumque eum deorum
non evocatum sacratis sibi finibus firma stabiliaque
cuncta portendere. Hoc perpetuitatis auspicio accepto 5
secutum aliud magnitudinem imperii portendens pro-
digium est: caput humanum integra facie aperientibus
fundamenta templi dicitur apparuisse. Quae visa spe- 6
cies haud per ambages arcem eam imperii caputque re-

trug, ließ er die Vornehmsten aus der Bürgerschaft beseitigen – teils verdächtigte er sie beim Volk, teils machte er sich ihre selbstverschuldete Unbeliebtheit zunutze. Viele wurden öffentlich hingerichtet, einige, die anzuklagen kein gutes Bild gemacht hätte, wurden heimlich ermordet. Manchen wurde es anheimgestellt, freiwillig zu fliehen, oder sie wurden in die Verbannung geschickt, und wenn sie außer Landes waren, gelangte ihr Besitz genauso zur Verteilung wie der der Getöteten. So kam es zu Schenkungen und zu Bereicherung; in der Freude am persönlichen Vorteil verloren die Bürger jedes Gefühl für das allgemeine Unglück, bis schließlich das Gemeinwesen von Gabii, rat- und hilflos, dem König von Rom völlig kampflos in die Hände gespielt wurde.

Nachdem Tarquinius Gabii in seinen Besitz gebracht hatte, schloß er Frieden mit dem Volk der Aequer und erneuerte er den Vertrag mit den Etruskern. Dann wandte er sich den Aufgaben in der Stadt zu. Die wichtigste davon war, den Jupitertempel auf dem Tarpejischen Hügel als Denkmal seiner Herrschaft und seines Namens zu hinterlassen. Von den beiden Tarquinierkönigen werde es einmal heißen, der Vater habe ihn gelobt, der Sohn fertiggestellt. Und damit der Platz von anderen Kulten frei sei und ganz dem Jupiter und seinem Tempel gehöre, der dort gebaut werde, beschloß er, die wenigen Heiligtümer und Kapellen aufzuheben, die dort von König Tatius zunächst im entscheidenden Augenblick der Schlacht gegen Romulus gelobt, später dann geweiht und durch ein Augurium bestätigt worden waren. Es ist überliefert, die Götter hätten bei den ersten Vorarbeiten zu diesem Bau ihren Willen geoffenbart, um die ungeheure Größe dieses Reiches anzudeuten. Denn während die Vögel die Aufhebung aller anderen Kapellen zuließen, untersagten sie sie beim Heiligtum des Terminus. Dieses bedeutungsvolle Zeichen der Vögel verstand man so: daß man den Sitz des Terminus nicht verlegen dürfe und daß er als einziger von den Göttern sich nicht zum Weggehen aus dem ihm geweihten Bezirk auffordern lasse, prophezeie Sicherheit und Beständigkeit für das Ganze. Nachdem man dieses Zeichen, das ewige Dauer verhieß, erhalten hatte, folgte noch ein anderes Zeichen vom Himmel, das die Größe des Reiches ankündigte: beim Ausheben der Fundamente des Tempels stieß man, wie es heißt, auf ein menschliches Haupt, dessen Antlitz noch ganz unversehrt war. Diese Erscheinung war ein direkter Hinweis darauf, daß hier das Bollwerk der Herrschaft und das

rum fore portendebat, idque ita cecinere vates, quique
in urbe erant quosque ad eam rem consultandam ex
Etruria acciverant.

Augebatur ad impensas regis animus. Itaque Pome- 7
tinae manubiae, quae perducendo ad culmen operi de-
stinatae erant, vix in fundamenta suppeditavere. Eo 8
magis Fabio, praeterquam quod antiquior est, credide-
rim quadraginta ea sola talenta fuisse, quam Pisoni, qui 9
quadraginta milia pondo argenti seposita in eam rem
scribit, summam pecuniae neque ex unius tum urbis
praeda sperandam et nullius ne horum quidem magni-
ficentiam operum non exsuperaturam.

Intentus perficiendo templo fabris undique ex Etru- 56
ria accitis non pecunia solum ad id publica est usus, sed
operis etiam ex plebe. Qui cum haud parvus et ipse mi-
litiae adderetur labor, minus tamen plebs gravabatur se
templa deum exaedificare manibus suis, quam post-
quam et ad alia ut specie minora, sic laboris aliquanto 2
maioris traducebantur opera, foros in circo faciendos
cloacamque maximam, receptaculum omnium purga-
mentorum urbis, sub terra agendam; quibus duobus
operibus vix nova haec magnificentia quicquam ad-
aequare potuit. His laboribus exercita plebe, quia et 3
urbi multitudinem, ubi usus non esset, oneri rebatur
esse, et colonis mittendis occupari latius imperii fines
volebat, Signiam Circeiosque colonos misit, praesidia
urbi futura terra marique.

Haec agenti portentum terribile visum: anguis ex 4
columna lignea elapsus cum terrorem fugamque in re-
gia fecisset, ipsius regis non tam subito pavore perculit
pectus, quam anxiis implevit curis. Itaque cum ad pu- 5
blica prodigia Etrusci tantum vates adhiberentur, hoc

Haupt der Welt sein werde. So verkündeten es die Seher, sowohl die, die in Rom lebten, als auch die, die man aus Etrurien hatte kommen lassen, um diese Erscheinung zu deuten.

Der König wollte jetzt aufwendiger bauen. Daher reichte das Beutegeld aus Pometia, das dazu bestimmt war, den Bau bis zum First hochzuziehen, kaum für die Fundamente. Um so eher möchte ich dem Fabius glauben – abgesehen davon, daß er der ältere ist –, daß es nur vierzig Talente waren, und nicht dem Piso, der schreibt, es seien 40000 Pfund Silber hierfür beiseite gelegt worden, ein Betrag, der aus der Beute einer einzigen Stadt der damaligen Zeit nicht zu erwarten war und der selbst die Kosten für die Prachtbauten unserer Zeit übersteigen würde.

In seinem Bestreben, den Tempel fertigzustellen, ließ der König Bauhandwerker aus allen Teilen Etruriens kommen. Er bediente sich für diesen Bau nicht nur des Geldes aus der Staatskasse, sondern zog auch Leute aus der Plebs zur Fronarbeit heran. Obwohl diese schon an sich nicht leichte Arbeit noch zum Kriegsdienst hinzukam, fühlte sich die Plebs doch dadurch, daß sie beim Bau der Göttertempel mit Hand anlegen mußte, weniger beschwert als später, wo sie auch noch zu anderen Baumaßnahmen herangezogen wurde, die nach außen hin weniger Eindruck machten, aber erheblich mehr Mühe kosteten: zum Errichten der Sitze im Circus und zur unterirdischen Anlage der Cloaca Maxima, die die Abwässer der ganzen Stadt aufnehmen sollte; diesen beiden Baumaßnahmen hat selbst die Pracht unserer Zeit kaum etwas Vergleichbares an die Seite stellen können. Mit diesen Arbeiten hatte das einfache Volk beschäftigt werden können; weil der König aber glaubte, die Massen würden zu einer Belastung für die Stadt, sobald man keine Verwendung mehr für sie habe, und weil er durch die Gründung von Pflanzstädten die Grenzen seiner Herrschaft ausweiten wollte, schickte er Siedler nach Signia und nach Circeji, die von der Land- wie von der Seeseite her eine Schutzwehr für die Stadt sein sollten.

Während er noch damit beschäftigt war, erschien ihm ein schreckliches Zeichen: eine Schlange, die aus einer hölzernen Säule herausglitt, ließ alles im Königshaus voller Schrecken davonstieben; beim König selbst aber löste sie nicht so sehr plötzliche Angst aus, sondern erfüllte ihn mit bangen Sorgen. Während bei Zeichen vom Himmel, die die Allgemeinheit betrafen, nur etruskische Seher hinzugezogen wurden, geriet er durch

velut domestico exterritus visu Delphos ad maxime
inclitum in terris oraculum mittere statuit; neque re- 6
sponsa sortium ulli alii committere ausus duos filios
per ignotas ea tempestate terras, ignotiora maria in
Graeciam misit. Titus et Arruns profecti. Comes iis 7
additus L. Iunius Brutus, Tarquinia, sorore regis, na-
tus, iuvenis longe alius ingenio, quam cuius simulatio-
nem induerat. Is cum primores civitatis, in quibus fra-
trem suum, ab avunculo interfectum audisset, neque in
animo suo quicquam regi timendum neque in fortuna
concupiscendum relinquere statuit contemptuque tu-
tus esse, ubi in iure parum praesidii esset. Ergo ex in- 8
dustria factus ad imitationem stultitiae, cum se suaque
praedae esse regi sineret, Bruti quoque haud abnuit co-
gnomen, ut sub eius obtentu cognominis liberator ille
populi Romani animus latens opperiretur tempora sua.
Is tum ab Tarquiniis ductus Delphos, ludibrium verius 9
quam comes, aureum baculum inclusum corneo cavato
ad id baculo tulisse donum Apollini dicitur, per amba-
ges effigiem ingenii sui. Quo postquam ventum est, 10
perfectis patris mandatis cupido incessit animos iuve-
num sciscitandi, ad quem eorum regnum Romanum
esset venturum. Ex infimo specu vocem redditam fe-
runt: „Imperium summum Romae habebit, qui ve-
strum primus, o iuvenes, osculum matri tulerit.“ Tar- 11
quinii, ut Sextus, qui Romae relictus fuerat, ignarus re-
sponsi expersque imperii esset, rem summa ope taceri
iubent; ipsi inter se, uter prior, cum Romam redissent,
matri osculum daret, sorti permittunt. Brutus alio ra- 12
tus spectare Pythicam vocem, velut si prolapsus ceci-
disset, terram osculo contigit, scilicet quod ea commu-
nis mater omnium mortalium esset. Reditum inde Ro- 13

diese Erscheinung, als wenn sie nur sein Haus beträfe, außer Fassung und beschloß daher, nach Delphi, dem berühmtesten Orakel der Welt, zu schicken. Weil er aber die Auskünfte, die das Orakel erteilen würde, keinem anderen anzuvertrauen wagte, schickte er durch die damals noch unbekannten Länder und über die noch unbekannteren Meere zwei seiner Söhne nach Griechenland. Titus und Arruns machten sich auf die Reise. Als Begleiter wurde ihnen L. Junius Brutus mitgegeben, ein Sohn der Tarquinia, der Schwester des Königs, ein junger Mann, der seiner Natur nach ganz anders war, als er sich gab. Da er gehört hatte, daß die führenden Männer der Bürgerschaft, darunter sein eigener Bruder, von seinem Onkel ermordet worden waren, beschloß er, dem König weder in seiner Gesinnung Anlaß zur Furcht zu geben noch in seinen Vermögensumständen Anlaß zur Begehrlichkeit, um dadurch, daß man ihn verachtete, sicher zu sein, wo das Recht ja keinen ausreichenden Schutz biete. Er hatte also mit Absicht die Rolle des Dummen übernommen und überließ sich und seine Habe dem König als Beute. Auch den Beinamen Brutus (der Blöde) ließ er sich gefallen, damit unter dem Deckmantel dieses Beinamens der Geist, der dem römischen Volk die Freiheit bringen sollte, unerkannt auf seine Stunde warten konnte. Dieser Mann wurde damals von den Tarquiniern nach Delphi mitgenommen, mehr als Zielscheibe ihres Spottes denn als Begleiter; als Geschenk soll er dem Apollon einen goldenen Stab, eingeschlossen in einen zu diesem Zweck ausgehöhlten Stock aus dem Holz der Kornelkirsche, gebracht haben, ein verschlüsseltes Abbild seines Wesens. Nachdem man in Delphi angekommen war und die Aufträge des Vaters erledigt hatte, überkam die jungen Männer das Verlangen zu fragen, an welchen von ihnen die Herrschaft in Rom fallen werde. Es heißt, aus der Tiefe der Höhle sei eine Stimme erklungen: „Das höchste Amt in Rom wird haben, wer von euch, ihr jungen Männer, als erster die Mutter küßt." Damit Sextus, der in Rom zurückgeblieben war, von dem Orakelspruch nicht Kenntnis erhielt und von der Herrschaft ausgeschlossen blieb, befahlen die Tarquinier strengstes Stillschweigen; sie selbst aber überließen es untereinander dem Los, wer, wenn sie nach Rom zurückgekehrt seien, der Mutter den ersten Kuß geben dürfe. Brutus glaubte, daß die Worte der Pythia etwas anderes bedeuteten, tat so, als wenn er ausgerutscht und hingefallen wäre, und berührte die Erde mit einem Kuß, weil sie ja die gemeinsame Mutter aller

mam, ubi adversus Rutulos bellum summa vi parabatur.

Ardeam Rutuli habebant, gens ut in ea regione atque 57
in ea aetate divitiis praepollens. Eaque ipsa causa belli
fuit, quod rex Romanus cum ipse ditari, exhaustus ma-
gnificentia publicorum operum, tum praeda delenire
popularium animos studebat, praeter aliam superbiam 2
regno infestos etiam, quod se in fabrorum ministeriis
ac servili tam diu habitos opere ab rege indignabantur.

Temptata res est, si primo impetu capi Ardea posset. 3
Ubi id parum processit, obsidione munitionibusque
coepti premi hostes. In his stativis, ut fit longo magis 4
quam acri bello, satis liberi commeatus erant, primori-
bus tamen magis quam militibus; regii quidem iuvenes 5
interdum otium conviviis comisationibusque inter se
terebant. Forte potantibus his apud Sex. Tarquinium, 6
ubi et Collatinus cenabat Tarquinius, Egeri filius, inci-
dit de uxoribus mentio; suam quisque laudare miris
modis. Inde certamine accenso Collatinus negat verbis 7
opus esse, paucis id quidem horis posse sciri, quantum
ceteris praestet Lucretia sua. „Quin, si vigor iuventae
inest, conscendimus equos invisimusque praesentes
nostrarum ingenia? Id cuique spectatissimum sit, quod
necopinato viri adventu occurrerit oculis.“ Incaluerant 8
vino; „Age sane!“ omnes; citatis equis avolant Ro-
mam. Quo cum primis se intendentibus tenebris per-
venissent, pergunt inde Collatiam, ubi Lucretiam 9
haudquaquam ut regias nurus, quas in convivio lusu-
que cum aequalibus viderant tempus terentes, sed
nocte sera deditam lanae inter lucubrantes ancillas in
medio aedium sedentem inveniunt. Muliebris certami- 10
nis laus penes Lucretiam fuit. Adveniens vir Tarquinii-
que excepti benigne; victor maritus comiter invitat re-
gios iuvenes. Ibi Sex. Tarquinium mala libido Lucre-

Sterblichen sei. Dann kehrte man nach Rom zurück, wo gerade die Vorbereitungen für einen Krieg gegen die Rutuler in vollem Gange waren.

Die Rutuler saßen in Ardea; sie waren ein für die dortige Gegend und die damalige Zeit ungeheuer reiches Volk, und das war auch der eigentliche Grund für den Krieg; denn der König von Rom, dessen Mittel durch seine großartigen öffentlichen Bauten erschöpft waren, wollte selbst zu Geld kommen, aber durch die Beute auch seine Landsleute beschwichtigen, die der Königsherrschaft gram waren, weil es sie abgesehen von der sonstigen Selbstherrlichkeit empörte, daß sie vom König so lange zu Bauarbeiten und zu Sklavendiensten verwendet worden waren.

Es wurde versucht, Ardea im ersten Ansturm zu nehmen. Als das nicht gelang, begann man den Feind mit Einschließung und Belagerungswerken zu bedrängen. Im dortigen Standlager gab es, wie dies ein eher langer als scharf geführter Krieg mit sich bringt, recht viel Freiheit, zu kommen und zu gehen, jedoch mehr für die Führer als für die einfachen Soldaten. Namentlich die Königssöhne vertrieben sich gelegentlich untereinander die Zeit mit Gelagen und Zechereien. Als sie einmal bei Sex. Tarquinius zechten, wo auch Tarquinius Collatinus, der Sohn des Egerius, mit bei Tisch war, kam die Rede auf ihre Frauen, und jeder lobte die Seine in den höchsten Tönen. Daraus entbrannte Streit, und Collatinus erklärte, es bedürfe keiner Worte; in wenigen Stunden könne man wissen, wie sehr seine Lucretia die anderen übertreffe. „Wenn das Feuer der Jugend in uns ist", sagte er, „warum schwingen wir uns dann nicht auf die Pferde und sehen uns persönlich an, wie unsere Frauen sind? Als das sicherste Zeichen dürfte für jeden gelten, was es zu sehen gibt, wenn der Mann unerwartet auftaucht." Sie waren vom Wein erhitzt. »Nichts wie los!" riefen alle, und im Galopp sprengten sie nach Rom. Als sie dort eintrafen, brach bereits die Dunkelheit herein; sie ritten dann noch weiter nach Collatia, wo sie Lucretia keineswegs so vorfanden wie die Schwiegertöchter des Königs – diese hatten sie angetroffen, wie sie sich bei Gelage und Spiel mit Gleichaltrigen die Zeit vertrieben –, sondern sie saß noch spät in der Nacht, mit der Wolle beschäftigt, im Inneren des Hauses unter ihren bei Lampenlicht arbeitenden Mägden. Im Streit um die Frauen trug Lucretia den Preis davon. Der heimkommende Mann und die Tarquinier wurden freundlich empfangen; der Ehemann lud als Sieger in aufgeräumter Stimmung die Königssöhne ein. Hier ergriff den Sex. Tarquinius das böse Ver-

tiae per vim stuprandae capit; cum forma tum spectata
castitas incitat. Et tum quidem ab nocturno iuvenali 11
ludo in castra redeunt.

Paucis interiectis diebus Sex. Tarquinius inscio Col- 58
latino cum comite uno Collatiam venit. Ubi exceptus 2
benigne ab ignaris consilii cum post cenam in hospitale
cubiculum deductus esset, amore ardens, postquam sa-
tis tuta circa sopitique omnes videbantur, stricto gladio
ad dormientem Lucretiam venit sinistraque manu mu-
lieris pectore oppresso „Tace, Lucretia“ inquit; „Sex.
Tarquinius sum; ferrum in manu est; moriere, si emi-
seris vocem.“ Cum pavida ex somno mulier nullam 3
opem, prope mortem imminentem videret, tum Tar-
quinius fateri amorem, orare, miscere precibus minas,
versare in omnes partes muliebrem animum. Ubi ob- 4
stinatam videbat et ne mortis quidem metu inclinari,
addit ad metum dedecus: cum mortua iugulatum ser-
vum nudum positurum ait, ut in sordido adulterio ne-
cata dicatur. Quo terrore cum vicisset obstinatam pu- 5
dicitiam velut victrix libido, profectusque inde Tarqui-
nius ferox expugnato decore muliebri esset, Lucretia
maesta tanto malo nuntium Romam eundem ad pa-
trem Ardeamque ad virum mittit, ut cum singulis fide-
libus amicis veniant; ita facto maturatoque opus esse;
rem atrocem incidisse.

Sp. Lucretius cum P. Valerio, Volesi filio, Collatinus 6
cum L. Iunio Bruto venit, cum quo forte Romam red-
iens ab nuntio uxoris erat conventus. Lucretiam se-
dentem maestam in cubiculo inveniunt. Adventu su- 7
orum lacrimae obortae quaerentique viro „Satin
salve?“ „Minime“ inquit; „quid enim salvi est mulieri
amissa pudicitia? Vestigia viri alieni, Collatine, in lecto
sunt tuo; ceterum corpus est tantum violatum, animus
insons; mors testis erit. Sed date dexteras fidemque

langen, Lucretia Gewalt anzutun. Ihn reizte ihre Schönheit, aber mehr noch ihre erwiesene Sittsamkeit. Vorerst jedoch kehrten sie von dem nächtlichen Abenteuer einer jugendlichen Laune in das Lager zurück.

Wenige Tage danach kam Sex. Tarquinius ohne Wissen des Collatinus mit nur einem Begleiter nach Collatia. Dort nahm man ihn freundlich auf, da man von seiner Absicht nichts ahnte, und führte ihn nach dem Mahl in das Gästezimmer. Als er den Eindruck hatte, es sei ringsum hinreichend sicher und alles liege in tiefem Schlaf, trat er, glühend vor Verlangen, mit blankem Schwert zu der schlafenden Lucretia, drückte die Frau mit der linken Hand aufs Bett und sagte: „Still, Lucretia! Ich bin es, Sex. Tarquinius. Ich habe eine Waffe in der Hand. Du stirbst, wenn du einen Laut von dir gibst." Als die Frau, aus dem Schlaf aufgeschreckt, nirgends Hilfe, nur den drohenden Tod vor Augen sah, da gestand ihr Tarquinius seine Liebe, bettelte, mischte Drohungen unter seine Bitten und suchte mit den verschiedensten Mitteln auf das Herz der Frau einzuwirken. Als er sah, daß sie fest blieb und nicht einmal durch die Todesangst zu bewegen war, brachte er zu der Angst auch noch die Schande ins Spiel; wenn sie tot sei, erklärte er ihr, werde er einen Sklaven töten und nackt neben sie legen, damit es heiße, sie sei bei schmutzigem Ehebruch getötet worden. Nachdem durch diese schreckliche Drohung die wilde Begierde über die beharrliche Sittsamkeit triumphiert hatte, als wenn sie wirklich den Sieg davongetragen hätte, und Tarquinius, außer sich vor Freude, die Ehre der Frau bezwungen zu haben, wieder weggeritten war, sandte Lucretia in ihrem Schmerz über diese so verruchte Tat ein und denselben Boten nach Rom zu ihrem Vater und nach Ardea zu ihrem Mann, sie sollten jeder mit einem treuen Freund kommen; es müsse sein, und Eile tue not; etwas Furchtbares sei geschehen.

Sp. Lucretius kam mit P. Valerius, einem Sohn des Volesius, Collatinus mit L. Junius Brutus, mit dem er gerade auf dem Rückweg nach Rom gewesen war, als der Bote seiner Frau ihn traf. Sie fanden Lucretia in tiefer Trauer in ihrem Schlafzimmer sitzen. Beim Eintreffen der Ihren kamen ihr die Tränen, und als ihr Mann sie fragte: „Ist alles gut?", gab sie zur Antwort: „Keineswegs! Denn wie kann es gut bestellt sein um eine Frau, die ihre Ehre verloren hat. Du findest die Spuren eines fremden Mannes in deinem Bett, Collatinus. Aber nur mein Leib ist befleckt, mein Herz ist frei von Schuld; mein Tod wird es beweisen. Doch versprecht mir in die

haud impune adultero fore. Sex. est Tarquinius, qui 8
hostis pro hospite priore nocte vi armatus mihi sibi-
que, si vos viri estis, pestiferum hinc abstulit gau-
dium." Dant ordine omnes fidem; consolantur aegram 9
animi avertendo noxam ab coacta in auctorem delicti:
mentem peccare, non corpus, et unde consilium afu-
erit, culpam abesse. „Vos" inquit „videritis, quid illi 10
debeatur; ego me etsi peccato absolvo, supplicio non
libero; nec ulla deinde impudica Lucretiae exemplo vi-
vet." Cultrum, quem sub veste abditum habebat, eum 11
in corde defigit prolapsaque in vulnus moribunda ceci-
dit. Conclamat vir paterque. 12

Brutus illis luctu occupatis cultrum ex vulnere Lu- 59
cretiae extractum manantem cruore prae se tenens
„Per hunc" inquit „castissimum ante regiam iniuriam
sanguinem iuro vosque, di, testes facio me L. Tarqui-
nium Superbum cum scelerata coniuge et omni libero-
rum stirpe ferro, igni, quacumque dehinc vi possim,
exsecuturum nec illos nec alium quemquam regnare
Romae passurum." Cultrum deinde Collatino tradit, 2
inde Lucretio ac Valerio, stupentibus miraculo rei,
unde novum in Bruti pectore ingenium. Ut praecep-
tum erat, iurant; totique ab luctu versi in iram, Brutum
iam inde ad expugnandum regnum vocantem sequun-
tur ducem.

Elatum domo Lucretiae corpus in forum deferunt 3
concientque miraculo, ut fit, rei novae atque indigni-
tate homines. Pro se quisque scelus regium ac vim que-
runtur. Movet cum patris maestitia, tum Brutus casti- 4
gator lacrimarum atque inertium querellarum auctor-
que, quod viros, quod Romanos deceret, arma ca-
piendi adversus hostilia ausos. Ferocissimus quisque 5

Hand, daß der Ehebrecher nicht ungestraft davonkommt. Es ist Sex. Tarquinius, der, aus einem Gastfreund zum Feind geworden, sich letzte Nacht bewaffnet mit Gewalt hier einen Genuß verschafft hat, der mir und – wenn ihr Männer seid – auch ihm Verderben bringen wird." Der Reihe nach gaben alle ihr Wort. Sie trösteten die Tiefbekümmerte, indem sie die Schuld von ihr, die gezwungen worden war, auf den abwälzten, der das Verbrechen begangen hatte: der Geist sündige, nicht der Leib, und wo es keine Absicht gegeben habe, da gebe es auch keine Schuld. „Seht ihr zu", sagte sie, „was jener verdient. Ich kann mich zwar von der Sünde freisprechen, der Strafe aber will ich mich nicht entziehen; und es soll künftig keine Frau, die ihre Ehre verloren hat, unter Berufung auf Lucretia weiterleben." Damit stieß sie sich ein Messer, das sie unter ihrem Kleid verborgen hatte, ins Herz, sank über der Wunde zusammen und fiel sterbend zu Boden. Ihr Mann und ihr Vater schrien auf.

Während jene von Trauer überwältigt waren, zog Brutus das Messer aus der Wunde der Lucretia, hielt es bluttriefend vor sich und rief: „Bei diesem Blut, das bis zu der Entehrung durch den Königssohn das reinste war, schwöre ich, und ich rufe euch, ihr Götter, zu Zeugen, daß ich L. Tarquinius Superbus mitsamt seinem verruchten Weib und seiner ganzen Nachkommenschaft mit Schwert und Feuer und jeder möglichen Gewalt verfolgen und nicht zulassen werde, daß diese oder jemand anders in Rom als Könige herrschen." Darauf reichte er das Messer dem Collatinus, dann dem Lucretius und dem Valerius; diese konnten sich das Wunder nicht erklären, wie der neue Geist in die Brust des Brutus gekommen war. Sie leisteten den Schwur, wie er ihnen vorgesprochen worden war. Ihre Trauer schlug dann ganz und gar in Zorn um, und als Brutus sie aufrief, jetzt gleich das Königtum zu stürzen, folgten sie ihm als ihrem Führer.

Sie trugen die Leiche der Lucretia aus dem Haus und brachten sie auf den Marktplatz. Durch die Verwunderung über diese unerhörte Tat und die Empörung darüber zogen sie, wie es zu gehen pflegt, die Menschen herbei. Jeder fand eigene Worte der Klage über das Verbrechen des Königssohnes und die Gewalttat. Tiefen Eindruck machte der Schmerz des Vaters, aber auch Brutus, der ihre Tränen und ihre müßigen Klagen tadelte und sie aufrief, wie es sich für Männer und für Römer zieme, zu den Waffen zu greifen gegen Leute, die es gewagt hätten, sich wie Feinde zu benehmen. Die kampflustigsten der jungen Männer hatten sich schon

iuvenum cum armis voluntarius adest; sequitur et ce-
tera iuventus. Inde praesidio relicto Collatiae custodi-
busque ad portas datis, ne quis eum motum regibus
nuntiaret, ceteri armati duce Bruto Romam profecti.
Ubi eo ventum est, quacumque incedit armata mul- 6
titudo, pavorem ac tumultum facit; rursus ubi anteire
primores civitatis vident, quidquid sit, haud temere
esse rentur. Nec minorem motum animorum Romae 7
tam atrox res facit, quam Collatiae fecerat. Ergo ex
omnibus locis urbis in forum curritur. Quo simul ven-
tum est, praeco ad tribunum Celerum, in quo tum ma-
gistratu forte Brutus erat, populum advocavit. Ibi ora- 8
tio habita nequaquam eius pectoris ingeniique, quod
simulatum ad eam diem fuerat, de vi ac libidine Sex.
Tarquini, de stupro infando Lucretiae et miserabili
caede, de orbitate Tricipitini, cui morte filiae causa
mortis indignior ac miserabilior esset. Addita superbia 9
ipsius regis miseriaeque et labores plebis in fossas clo-
acasque exhauriendas demersae; Romanos homines,
victores omnium circa populorum, opifices ac lapici-
das pro bellatoribus factos. Indigna Ser. Tulli regis me- 10
morata caedis et invecta corpori patris nefando vehi-
culo filia invocatique ultores parentum di. His atro- 11
cioribusque, credo, aliis, quae praesens rerum indigni-
tas haudquaquam relatu scriptoribus facilia subicit,
memoratis incensam multitudinem perpulit, ut impe-
rium regi abrogaret exulesque esse iuberet L. Tarqui-
nium cum coniuge ac liberis. Ipse iunioribus, qui ultro 12
nomina dabant, lectis armatisque ad concitandum inde
adversus regem exercitum Ardeam in castra est profec-
tus; imperium in urbe Lucretio, praefecto urbis iam
ante ab rege instituto, relinquit. Inter hunc tumultum 13

von sich aus bewaffnet eingefunden; auch die übrige Jugend schloß sich an. Sie ließen dann eine Besatzung in Collatia und stellten Posten an die Tore, damit niemand diese Erhebung dem Königshaus melden könne. Die übrigen zogen in Waffen unter Führung von Brutus nach Rom.

Als man dort eintraf, löste die bewaffnete Menge überall, wo sie vorbeizog, Schrecken und Unruhe aus; als die Leute dann aber sahen, daß maßgebliche Männer aus der Bürgerschaft den Zug anführten, sagten sie sich, das könne nicht ohne Bedeutung sein, was auch immer es sei. Das schreckliche Geschehnis erregte die Gemüter in Rom nicht weniger, als es das in Collatia getan hatte. Also eilte man aus allen Teilen der Stadt auf das Forum. Sobald man dorthin gekommen war, berief ein Herold das Volk vor den Tribunen der Celeres – dieses Amt hatte damals gerade Brutus inne. Er hielt dort eine Rede, aus der keineswegs mehr der Charakter und der Geist sprach, den er bis zu diesem Tag vorgetäuscht hatte; er sprach von der Gewalttat und der zügellosen Begierde des Sex. Tarquinius, von der abscheulichen Schändung der Lucretia und ihrem beklagenswerten blutigen Tod, von dem Verlust, den Tricipitinus erlitten hatte, für den empörender und beklagenswerter noch als der Tod der Tochter die Ursache dieses Todes sei. Dann kam er auf die Überheblichkeit des Königs selbst zu sprechen und auf das Elend und die Mühen des einfachen Volkes, das er zum Ausheben von Gräben und Entwässerungskanälen unter die Erde geschickt habe; römische Männer, Sieger über alle Völker ringsum, habe er aus Kriegern zu Bauarbeitern und Steinmetzen gemacht. Er rief den empörenden Mord an König Ser. Tullius in Erinnerung und wie dessen Tochter mit ihrem verruchten Wagen über den Leichnam ihres Vaters gefahren war, und rief die Götter an, die die Eltern rächen. Indem er diese und andere, ich glaube noch schrecklichere Dinge in Erinnerung rief, wie sie die Empörung des Augenblicks eingibt, wie sie aber für die Geschichtsschreiber keineswegs leicht wiederzugeben sind, brachte er die erregte Menge dazu, daß sie dem König die Herrschaft aberkannte und L. Tarquinius mit Frau und Kinder in die Verbannung schickte. Er selbst stellte aus den jungen Männern, die sich freiwillig meldeten, eine Truppe zusammen und bewaffnete sie und machte sich dann auf den Weg nach Ardea zum Lager, um das Heer gegen den König aufzuwiegeln. Die Befehlsgewalt in der Stadt überließ er Lucretius, der schon zuvor vom König als Stadtkommandant eingesetzt worden war.

Tullia domo profugit exsecrantibus, quacumque incedebat, invocantibusque parentum furias viris mulieribusque.

Harum rerum nuntiis in castra perlatis cum re nova 60
trepidus rex pergeret Romam ad comprimendos mo-
tus, flexit viam Brutus – senserat enim adventum –, ne
obvius fieret; eodemque fere tempore diversis itineri-
bus Brutus Ardeam, Tarquinius Romam venerunt.
Tarquinio clausae portae exiliumque indictum; libera- 2
torem urbis laeta castra accepere, exactique inde liberi
regis. Duo patrem secuti sunt, qui exulatum Caere in
Etruscos ierunt. Sex. Tarquinius Gabios tamquam in
suum regnum profectus ab ultoribus veterum simulta-
tium, quas sibi ipse caedibus rapinisque concierat, est
interfectus.

L. Tarquinius Superbus regnavit annos quinque et 3
viginti. Regnatum Romae ab condita urbe ad liberatam
annos ducentos quadraginta quattuor. Duo consules 4
inde comitiis centuriatis a praefecto urbis ex commen-
tariis Ser. Tulli creati sunt, L. Iunius Brutus et L. Tar-
quinius Collatinus.

Während dieser Unruhen flüchtete Tullia aus ihrem Haus; wo sie auch auftauchte, wurde sie von Männern und Frauen verflucht, die die Rachegeister der Eltern auf sie herabriefen.

Als Berichte von diesen Ereignissen ins Lager gelangten und der König, voller Unruhe über die neue Lage, sich nach Rom aufmachte, um die Erhebung niederzuwerfen, schlug Brutus – er hatte nämlich sein Herankommen bemerkt – einen anderen Weg ein, um ihm nicht zu begegnen, und fast zur selben Zeit kamen auf verschiedenen Wegen Brutus nach Ardea und Tarquinius nach Rom. Für Tarquinius blieben die Tore verschlossen, und ihm wurde die Verbannung verkündet; den Befreier der Stadt dagegen nahm man im Lager jubelnd in Empfang, und die Königssöhne wurden von dort vertrieben. Zwei folgten ihrem Vater und gingen in die Verbannung nach Caere in Etrurien. Sex. Tarquinius begab sich nach Gabii, sozusagen in sein eigenes Königreich, wurde aber von alten Feinden, die er sich selbst durch Morde und Räubereien gemacht hatte und die sich jetzt rächten, umgebracht.

L. Tarquinius Superbus herrschte fünfundzwanzig Jahre. Die Königsherrschaft in Rom dauerte von der Gründung der Stadt bis zu ihrer Befreiung 244 Jahre. Hierauf wurden in den Centuriatcomitien unter Leitung des Stadtkommandanten entsprechend den Anweisungen des Ser. Tullius zwei Konsuln gewählt, L. Junius Brutus und L. Tarquinius Collatinus.

ANHANG

EINFÜHRUNG

Titus Livius stand im zehnten Lebensjahr, als Caesar nach Monaten voller Spannungen in der Nacht vom 10. zum 11. Januar 49 v. Chr. den Rubico überschritt und den Bürgerkrieg gegen Pompejus und die Republikaner eröffnete. Zwanzig lange Jahre dauerten in der Folge die Auseinandersetzungen zwischen den Caesarianern und den Republikanern sowie die Machtkämpfe zwischen den Triumvirn noch, bis Octavian sie schließlich zu seinen Gunsten entscheiden konnte und eine neue Zeit anhob. Von den Leiden der Menschen an den Schrecknissen dieser Jahre und von ihrer Sehnsucht nach Frieden, Ordnung und Sicherheit geben die gleichzeitigen Dichtungen des Vergil und Horaz Zeugnis. Auch der junge Livius ist in der für die Herausbildung seines Lebensgefühls entscheidenden Zeitspanne durch das Erlebnis dieser Bürgerkriege geprägt worden; noch Jahre danach sucht er in der Vorrede seines Werkes mit Schaudern die Erinnerung an die Übel zurückzudrängen, die sein Zeitalter so viele Jahre lang gesehen hatte. Je tiefer die Verzweiflung gewesen war, um so freudiger wurde die Neuordnung begrüßt, die dem Leben wieder einen Sinn gab.

Anfang 29 kehrte Octavian nach dem Sieg von Actium (2. September 31) und der Besetzung Alexandrias (1. August 30) nach Rom zurück. Zum Zeichen dafür, daß im ganzen Reich der Friede eingekehrt war, wurden am 11. Januar 29 auf Beschluß des Senats die Tore des Janusbogens geschlossen. Schon in den 30er Jahren hatte sich die Hoffnung der Menschen – auch infolge geschickter Propaganda – immer mehr auf Octavian gerichtet. Durch seine Milde nach dem Sieg, durch das Festhalten an republikanischen Formen und die respektvolle Behandlung des Senats, durch seine Großzügigkeit gegenüber dem Volk, seine Bewunderung der Leistungen der Vorfahren und seine Bemühungen um eine Wiederbelebung des Geistes, der Rom groß gemacht hatte, übertraf er jetzt alle Erwartungen, und seine Politik fand allgemeine Zustimmung, wie er selbst voller Stolz im Rückblick auf seine Taten berichtet. Als er am 13. Januar 27 dem Senat mitteilte, er wolle die ihm übertragene Gewalt dem Senat und Volk zurückgeben, bat man ihn daher, diese Macht zu behalten; über der Tür seines Hauses wurde die *corona civica* (Bürgerkrone) aus Eichenlaub angebracht, die ihn als Retter des Staates und Wiederhersteller der Freiheit auszeichnen sollte. Drei Tage später ehrte ihn der Senat mit dem Ehrennamen Augustus (etwa: der Erhabene, Geweihte), der ihn über das normale menschliche Maß hinaus in eine sakrale Sphäre erhob; und im Senatsgebäude wurde auf Beschluß von Senat und Volk „wegen seiner Tapferkeit, seiner Milde, seiner Gerechtigkeit und seiner Frömmigkeit" ein goldener Ehrenschild für ihn aufgehängt.

In dieser Zeit nach der Rückkehr des Octavian, in der Horaz seine Römeroden schrieb und Vergil mit der Arbeit an der „Aeneis" begann, fand Livius, der bisher mit einigen kleineren literarischen Arbeiten hervorgetreten war[1], in der Darstellung der römischen Geschichte „Ab urbe condita" (Von der Gründung der Stadt an) seine Lebensaufgabe. Zwischen den Jahren 27 und 25[2] veröffentlichte er die ersten fünf Bücher seines Werkes, die die Ereignisse von den Anfängen Roms bis zur Gallierkatastrophe des Jahres 386, einer der großen Zäsuren der römischen Geschichte, behandeln; in ihnen bildet das erste Buch mit der Darstellung der Königszeit eine in sich geschlossene Einheit.

Livius stellt seinem Werk eine sehr persönliche Vorrede voran. Aus einer tiefen Liebe zu Rom möchte er, soweit es in seinen Kräften steht, daran mitwirken, daß die Erinnerung an die „Taten des ersten Volkes der Erde" lebendig bleibt. Damals ahnte er noch nicht, welchen Umfang sein Werk einmal annehmen und wieviel Zeit es for-

1 Sen., ep. 100,9 nennt „Dialoge", in denen philosophische und historische Fragestellungen miteinander verquickt waren, und rein philosophische Abhandlungen.

2 Nach VI 1,1 wurden die Bücher I–V als erster Teil des Gesamtwerkes veröffentlicht. I 19,3 zeigt, daß diese Veröffentlichung nach der Verleihung des Augustustitels (16. Januar 27) und vor der zweiten Schließung des Janusbogens im Jahre 25 erfolgte. Der Nachtrag IV 20,5–11, der im Zusammenhang mit der Rückkehr des M. Licinius Crassus nach seinen Kämpfen gegen die Bastarnen und Geten (s. zu I 10,7) steht, spricht dafür, die Veröffentlichung eher im Jahre 27 als später anzunehmen.

dern sollte. Als er rund zehn Jahre später die dritte Dekade abgeschlossen hat und Rückblick und Ausblick hält[1], erschrickt er, und die Vorstellung, daß noch lange kein Ende der Arbeit abzusehen ist, bedrückt ihn nicht wenig. Er hat dann noch weitere dreieinhalb Jahrzehnte bis zu seinem Tode (17 n. Chr.) an diesem Werk gearbeitet, das mit seinen 142 Büchern das umfangreichste Werk der römischen Literatur geworden ist.

Für Livius hat die Geschichtsschreibung drei Aufgaben: das Suchen nach der historischen Wahrheit, die angemessene Darstellung und das Einwirken auf die Leser durch das Herausstellen des Vorbildlichen und des Verwerflichen. Diese dritte Aufgabe hat für ihn besonderes Gewicht. Die Geschichte zeigt, welche Eigenschaften und welche Menschen Rom aus kleinen Anfängen zu seiner gewaltigen Größe emporwachsen ließen und wie das Nachlassen von Zucht und Ordnung zu dem Niedergang der Sitten und der großen Krise geführt hat, aus der man jetzt einen Ausweg sucht. Hierin folgt Livius weitgehend dem Geschichtsbild des Sallust (86–34 v. Chr.); aber mehr als sein großer Vorgänger glaubt er aus dem Geist der frühaugusteischen Zeit heraus an die Möglichkeit einer Erneuerung, wenn die Menschen begreifen, daß ihre eigene Haltung zu ihrem Glück oder Unglück führt, und aus den Beispielen der Geschichte erkennen, was sie nachahmen und was sie meiden sollen. Die großen Taten und die Haltung der Ahnen zu bewundern und sich an ihnen auszurichten, war alte römische Tradition gewesen; jetzt, in dem Bemühen um eine Neuordnung, gewinnt die Besinnung auf diese Tradition neue Bedeutung. Das ist ganz im Geiste der Zeit. Auch Horaz verherrlicht nunmehr in seinen Römeroden das Vorbild der römischen Vergangenheit, und Vergil beschwört in seiner „Aeneis“ die großen Gestalten der Vorzeit und Geschichte. Augustus selbst achtete beim Lesen stets auf beherzigenswerte Vorschriften und Beispiele für das private und öffentliche Leben, schrieb diese heraus und gab sie an andere weiter; und als er sein eigenes Forum anlegte, schmückte er es mit Denkmälern der berühmten Gestalten der römischen Geschichte.

* * *

1 XXXI 1,1–5.

Was Livius aus der Zeit vor der Gründung der Stadt berichtet, gehört für ihn in das Reich der Legenden, bei denen man nur schwer unterscheiden kann, was ihr historischer Kern und was spätere Umgestaltung und Ausschmückung ist[1]. Jeder muß selbst entscheiden, wieweit er diese Geschichten aus der Frühzeit für glaubhaft oder unglaubhaft hält.

Von der Gründung der Stadt gibt es zwei Überlieferungen, eine ältere griechische und eine jüngere römische. Seitdem griechische Kolonisten im 8. Jahrhundert in Italien Fuß gefaßt hatten, suchten die fabulierfreudigen Griechen in neuen Mythen die Gebiete im Westen in ihr Welt- und Geschichtsbild einzubeziehen. Die Irrfahrten des Odysseus boten sich als Anknüpfungspunkt an. Hesiod berichtet am Ende der Theogonie[2] (um 700 v. Chr.), daß aus der Verbindung des Odysseus mit Kirke drei Söhne hervorgegangen seien, neben Agrios und Telegonos auch Latinos, der Urkönig der Latiner; diese drei hätten über die Etrusker[3] geherrscht.

Rund hundert Jahre später taucht bei den Griechen die Überlieferung von der Fahrt des Aeneas nach Westen auf. Stesichoros von Himera erzählt um 600 in seiner Iliupersis, Aeneas sei mit seinem Vater Anchises, seinem Sohn Ascanius und dem Trompeter Misenus aus Troja entkommen und in den Westen gelangt. Wie wir aus den Bodenfunden wissen, war die Sage von der Flucht des Aeneas aus Troja im letzten Drittel des 6. Jahrhunderts nirgendwo so bekannt und beliebt wie in der etruskischen Welt, zu der auch das damalige Rom gehörte. Nach der Vertreibung der Könige könnten die Römer Aeneas als Gründungsheros für sich beansprucht haben. Das erste Zeugnis dafür finden wir bei Hellanikos von Lesbos[4], der im letzten Drittel des 5. Jahrhunderts berichtet, Aeneas habe Rom gegründet und nach der Trojanerin Rome benannt. Noch bei Sallust (86–34 v.

1 Er spricht praef. 6–8 von „Dichtererzählungen“ *(poeticae fabulae)* und stellt sie den „unverfälschten Zeugnissen der Ereignisse“ *(incorrupta rerum gestarum monumenta)* gegenüber. Schon Hekataios, der früheste griechische Historiker, hatte im 6. Jahrhundert v. Chr. die historische Welt von der mythischen abgegrenzt (FGrH 1 F 1). – Ähnlich scheidet auch Cic., rep. 2,4 die *fabulae* der Vorgeschichte von den *facta* seit der Gründung der Stadt.

2 1011 ff.

3 Mit diesem Namen bezeichneten die Griechen damals allgemein die Bewohner Italiens.

4 Dion. Hal. 1,72,2.

Chr.) ist Aeneas als der Gründer Roms bezeichnet[1]. Im 4. Jahrhundert wird zum erstenmal Romus, der Sohn, Enkel oder Urenkel des Aeneas, als der Gründer Roms erwähnt; neben ihm erscheint bald auch der Name Romulus. Die vielen aus dieser Zeit bekannten Varianten zeigen, daß die Gründungssage damals noch nicht ihre feste Form gefunden hatte. Das muß um 300 v. Chr. geschehen sein. 296 v. Chr. wurde in Rom ein ehernes Standbild der Wölfin durch die Figuren der Zwillinge ergänzt[2]. Wahrscheinlich hat auch dieses Denkmal nicht unwesentlich dazu beigetragen, daß sich die Sagenform mit den Zwillingen, ihrer Aussetzung und ihrer wunderbaren Rettung durchsetzte. Bald nach 269 erscheint das Motiv auch auf römischen Münzen.

Seit dem 3. Jahrhundert waren die Historiker auf eine genaue Chronologie bedacht. Im Zusammenhang mit dem Ausbruch des 1. Punischen Krieges (264 v. Chr.) datierte Timaios die Gründung Roms wie die Karthagos auf 814/813, in der zweiten Hälfte des Jahrhunderts Eratosthenes die Zerstörung Trojas auf 1184/1183. In der Folge bemühten sich römische und griechische Historiker, ausgehend von dem Datum der Vertreibung der Könige und der Überlieferung von den sieben Königen Roms, das Gründungsdatum der Stadt genauer als Timaios festzulegen[3]; schließlich setzte sich das von M. Terentius Varro (116–27 v. Chr.) und T. Pomponius Atticus (110–32 v. Chr.) vertretene Gründungsdatum des 21. April 753 v. Chr. durch. Um die Zeit zwischen der Landung des Aeneas in Italien und der Gründung Roms zu überbrücken, erfand Fabius Pictor die Reihe der Könige von Alba Longa.

Es ist mehr oder weniger ein Zufall, wenn das von den alten Historikern aufgrund von Spekulationen festgelegte Gründungsdatum Roms mit Befunden der Archäologie und der Religionsgeschichte übereinstimmt. Aus Bodenfunden und rituellen Gebräuchen der späteren Zeit wissen wir, daß im Gebiet von Rom zunächst mehrere

1 Cat. 6,1.
2 X 23,12; vgl. Dion. Hal. 1,79,8.
3 Q. Fabius Pictor, der erste römische Geschichtsschreiber, nimmt 748/747 an, L. Cincius Alimentus 729/728, Q. Ennius das frühe 9. Jahrhundert, M. Porcius Cato 752, Polybios und Diodor 751/750.

dörfliche Gemeinden getrennt nebeneinander bestanden; im Lauf des 8. Jahrhunderts haben sich diese zu einem einheitlichen Gemeinwesen zusammengeschlossen.

Bei Naevius, Ennius und Vergil kann Aeneas sich aus dem Untergang Trojas mit Hilfe der Götter retten; bei Livius wird er dagegen von den Griechen wegen seiner Gastlichkeit, seines Eintretens für eine Verständigung und seiner rechtlichen Gesinnung geschont. Schicksalssprüche[1] leiten ihn, mit dem „etwas Größeres beginnen sollte“, über Makedonien und Sizilien[2] nach Italien; südlich der Tibermündung ging er hier mit seinen Trojanern an Land, einigte sich rasch mit den dort lebenden Aboriginern und ihrem König Latinus[3], erhielt die Hand der Königstochter Lavinia und gründete die Stadt Lavinium. Aber er sollte noch nicht Ruhe finden. Turnus, der König der Rutuler, dem Lavinia zuvor versprochen gewesen war, griff die Trojaner und Aboriginer an. Er wurde zwar geschlagen, aber Latinus verlor in dieser Schlacht das Leben. Trotz seiner Niederlage setzte Turnus den Krieg fort und fand in dem Etruskerkönig Mezentius, der in der noch ganz jungen Stadt der trojanischen Flüchtlinge eine kommende Gefahr für die umwohnenden Völker sah, einen Bundesgenossen. Aeneas besiegte auch diesen Feind, aber mit dieser Schlacht endete sein Leben.

Das aus dem Zusammenschluß der Trojaner und Aboriginer entstandene junge Latinervolk, aus dem Rom hervorgehen sollte, wuchs ungeheuer rasch. Schon in der nächsten Generation wurde Lavinium zu eng, und Ascanius, der Sohn des Aeneas, gründete auf einem Bergrücken nahe beim Albaner Berg, auf dem das Hauptheiligtum der Latiner war, Alba Longa. Es folgt die Reihe der Herrscher dieser Stadt, an deren Ende das Brüderpaar Numitor und Amulius steht.

Amulius beraubte seinen Bruder Numitor der Herrschaft, tötete dessen Söhne und machte seine Tochter Rea Silvia zur Priesterin der

1 Vgl. Verg., Aen. 1,2 u. ö.

2 Den auf Naevius zurückgehenden, von Vergil übernommenen Aufenthalt des Aeneas in Karthago hat Livius nicht erwähnt. Er ist mit der angenommenen Chronologie nicht zu vereinbaren, nach der zwischen dem Ende des Trojanischen Krieges und der Gründung Karthagos mehr als dreieinhalb Jahrhunderte liegen.

3 Von den beiden Überlieferungen, die ihm vorlagen (I 1,6 f.), zieht Livius die Variante ohne vorausgehende Schlacht vor.

Vesta. Aber der Wille des Schicksals, den Livius hier wieder ausdrücklich erwähnt, ließ sich dadurch nicht aufhalten; es sollte jetzt zur Gründung von Rom kommen. Obwohl Rea Silvia als Vestalin zu einem Leben in Keuschheit verpflichtet war, gebar sie Zwillinge. Livius glaubt nicht an die Vaterschaft des Mars. Es scheint ihm aber bemerkenswert, daß die Völker der Erde aufgrund der großen Erfolge Roms die Tradition von dem göttlichen Ursprung des Stadtgründers hinnehmen[1]. Es folgen die bekannten Geschichten von der Aussetzung und wunderbaren Rettung der Kinder[2], ihrem Aufwachsen bei dem Hirtenpaar Faustulus und Larentia, ihrer Erkennung, der Bestrafung des Amulius und der Wiedereinsetzung ihres Großvaters Numitor als König von Alba Longa.

Darauf machten sich die Zwillinge zusammen mit Männern aus Alba und anderen Latinerstädten und den Freunden aus ihrer Hirtenzeit daran, auf dem Palatin, wo sie ihre Kindheit verbracht hatten, eine eigene Stadt zu gründen. Wegen der Namengebung und der Herrschaft kam es zum Streit zwischen den Brüdern, auch das von den Göttern erbetene Zeichen brachte keine Entscheidung. Livius erwähnt die Überlieferung, nach der Romulus seinen Bruder Remus eigenhändig erschlagen hat[3], gibt aber selbst eine andere Darstellung, die Romulus schuldlos bleiben läßt: Nachdem die Beobachtung des Vogelflugs kein eindeutiges Ergebnis gebracht hatte, sei es zwischen den Anhängern der beiden Brüder zu heftigem Streit gekommen, bei dem Remus das Leben verlor[4]. So wurde Romulus König und konnte der Stadt den Namen geben.

Im Zusammenhang mit der Stadtgründung geht Livius auch auf die in die Zeit vor dem Trojanischen Krieg führenden Sagen von

1 praef. 7. – I 15,6 bringt Livius den Glauben des römischen Volkes an die göttliche Herkunft des Romulus mit seinen Taten in Verbindung. Die Dichter Vergil (Aen. 1,274; 6,777 ff.) und Ovid (fast. 3,9 ff.) lassen nicht den leisesten Zweifel an der Vaterschaft des Mars erkennen; Cicero (rep. 2,4) äußert sich sehr viel vorsichtiger zu dieser Frage.

2 Neben der Sage von der Rettung der Zwillinge durch die Wölfin führt Livius auch die rationalistische Umdeutung an, Larentia sei eine *lupa* (Dirne) gewesen.

3 So auch Cic., off. 3,41; Hor., epod. 7,19 f.; Ov., fast. 2,143.

4 Auch bei Ov., fast. 4,837–852 wird Remus nicht von Romulus selbst erschlagen, sondern von Celer, dem von Romulus eingesetzten Aufseher beim Mauerbau.

Euander[1], Herkules[2] und Cacus[3] ein. Damit wird eine Verbindung zum mykenischen Griechenland und zur griechischen Sagenwelt geschaffen. An die von Herkules errichtete Ara maxima ist die Weissagung geknüpft, daß hier einmal das mächtigste Volk der Erde seine Opfer darbringen werde.

Romulus schuf zunächst durch die Ordnung des Kultes und die Aufstellung von Rechtsnormen die Grundvoraussetzungen für das Zusammenwachsen der Bevölkerung zu einem Gemeinwesen. Auch die Einrichtung des Senats sowie die Einteilung der Bevölkerung in 30 Curien und die Aufstellung von drei Reitercenturien führt die Überlieferung auf ihn zurück. Durch den Königsornat, die Benutzung der Sella curulis und die zwölf Liktoren, die ihm voranschritten, betonte er seine herausragende Stellung.

An der Gründung der Stadt waren so viele Menschen beteiligt, daß sich schon damals voraussehen ließ, daß Rom einmal mächtiger sein würde als Alba und Lavinium. Aber das war Romulus noch nicht genug. Er richtete daher eine Freistatt ein, wo jedem Straffreiheit zugesichert war. So konnte er weitere Menschen, allerdings zumeist solche mit fragwürdigem Vorleben, in die Stadt ziehen. Gleichsam entschuldigend verweist Livius darauf, daß andere Stadtgründer es ähnlich gemacht hätten.

Auch um den Fortbestand der Stadt mußte Romulus sich sorgen. Es gab in Rom keine Frauen. Die Römer baten daher in aller Form die Nachbarvölker, ihnen die Heirat mit ihren Töchtern zu gestatten, ernteten dort aber nur Spott und Hohn; bei dieser schroffen Ablehnung war auch die Angst der Nachbarn mit im Spiel, daß in Rom eine Macht heranwachse, die ihnen dereinst gefährlich werden könne. So sahen die Römer keinen anderen Ausweg mehr, als die Töchter ihrer Nachbarn zu rauben. Gewaltsam suchten die empör-

1 Die Überlieferung von der Ansiedlung des Arkaders Euander auf dem Palatin ist seit dem 3. Jahrhundert nachzuweisen; s. Fab. Pict., frg. 1 P.; Varro, ling. 5,21.53; Verg., Aen. 8,51–54.333–336; Dion. Hal. 1,31,1–4; Ov., fast. 1,469–542.

2 Der Kult des Herkules ist in Rom seit der Mitte des 6. Jahrhunderts nachweisbar.

3 Vgl. Verg., Aen. 8,185–272; Prop. 4,9,1–20; Ov., fast. 1,543–584. – Cacus ist ein alter, in Vergessenheit geratener Gott, der zum Unhold umstilisiert wurde. Die Sage vom Kampf des Herkules mit ihm ist verhältnismäßig jung; s. Wissowa, RuK 283.

ten Eltern ihre Töchter zurückzuholen. Mit den Streitkräften von Caenina, Antemnae und Crustumeria, die einzeln herankamen, hatten die Römer leichtes Spiel, nicht aber mit den Sabinern unter T. Tatius, die die Burg von Rom durch Verrat in ihre Gewalt gebracht hatten; auf dem Forum tobte der Kampf hin und her, bis die geraubten Sabinerinnen sich zwischen die Kämpfenden warfen und sie trennten. Auf diese Kriege folgte die Versöhnung: Die Bewohner der besiegten Gemeinden erhielten das Bürgerrecht, römische Siedlergruppen *(coloniae)* zogen in ihr Gebiet; Römer und Sabiner verschmolzen zu einem Volk, Romulus und T. Tatius teilten die Königswürde miteinander, bis Tatius von den Laurentern ermordet wurde.

Die Siege über Fidenae und Veji sind aus späterer Zeit in die Zeit des Romulus hinaufverlegt. Damit soll deutlich werden, wie sehr Rom schon in seinen Anfängen diesen Nachbargemeinden überlegen war. Überhaupt stellt Livius das Rom des Romulus weitaus großartiger dar, als es die Siedlung des 8. Jahrhunderts tatsächlich war.

Beim Bericht über das Ende des Romulus wird als sicher nur hingestellt, daß er nach einem schrecklichen Unwetter nicht mehr da war. Livius' Interesse gilt hauptsächlich der Frage, wie es zu der Überlieferung von der Apotheose des Romulus[1] gekommen ist. Der größte Teil der erschütterten Menge glaubte der Aussage der Senatoren, daß der König während des Unwetters entrückt worden sei, und rief ihn als Gott an. Es gab aber auch einige wenige, die an den Worten der Senatoren zweifelten und vermuteten, Romulus sei während des Unwetters von diesen getötet und die Leiche beseitigt worden[2]; schon zuvor hat Livius berichtet, daß Romulus beim Senat weniger beliebt war als beim Volk. Der Glaube an die Apotheose setzte sich

1 Die Überlieferung von der Apotheose des Romulus ist seit Ennius nachweisbar (ann. 1,65/66; 110–118 V.); vgl. Cic., rep. 2,17.20; Hor., carm. 3,3,15 ff.; Dion. Hal. 2,5,2; Ov., met. 14,805–828; fast. 2,475–512.

2 Diese Überlieferung scheint sich im 1. Jahrhundert herausgebildet zu haben; der erste sichere Beleg findet sich in den Auseinandersetzungen um den Oberbefehl des Pompejus im Kampf gegen die Seeräuber (Plut., Pomp. 25,7–9); vgl. Cic., rep. 2,20; Dion. Hal. 2,56,3–5; Val. Max. 5,3,1; Plut., Rom. 27,1–9; App., civ. 2,114. Das Romulusbild hat sich offensichtlich in dieser Zeit gewandelt, als man die Herrschaft eines Mannes als Bedrohung zu empfinden begann.

schließlich allgemein durch, als Proculus Julius der Volksversammlung mitteilte, Romulus sei ihm vom Himmel herab erschienen[1] und habe ihn beauftragt, den Römern zu verkünden, es sei der Wille der Götter, daß Rom über die Welt herrsche.

Auf den Gründerkönig läßt die Überlieferung in Numa Pompilius und Tullus Hostilius einen Priesterkönig und einen Kriegerkönig folgen. Zunächst kam es jedoch infolge der Parteienbildung im Senat zu einem einjährigen Interregnum. Zwar wollten alle wieder einen König, aber die Sabiner und die „alten" Römer stritten darum, welcher Bevölkerungsteil den neuen König stellen solle. Dem mit diesem Zustand unzufriedenen Volk wurde ein Mitspracherecht bei der Ernennung des Königs zugestanden. Die Wahl fiel auf Numa Pompilius, einen Sabiner aus Cures, der wegen seiner Gerechtigkeit, Frömmigkeit und Weisheit weit über die Grenzen seiner Heimat hinaus bekannt war.

Numas Bemühungen galten vor allem der Erziehung des Volkes zu einem rechtlichen und sittenstrengen Leben. Voraussetzung dafür war der Friede, der während seiner mehr als 40jährigen Regierungszeit herrschte; dieser Friede war durch Verträge mit den Nachbarvölkern gesichert. Zur Erziehung des Volkes setzte Numa bewußt die Furcht vor den Göttern ein und tat so, als ob er seine Anordnungen auf Weisung der Göttin Egeria treffe, mit der er bei Nacht zusammenkomme. Als Einzelmaßnahmen nennt Livius die Ordnung des Kalenders, die Einrichtung der wichtigsten Priesterämter und die Stiftung von Opferhandlungen und Opferstätten. So wurde Rom unter ihm eine „Stadt, die sich der Verehrung der Götter geweiht hatte".

Tullus Hostilius, der Nachfolger des Friedenskönigs Numa, war der kriegerischste der römischen Könige. Er glaubte, daß die Bürgerschaft im Frieden erschlaffe, und suchte daher überall nach einem Anlaß zum Krieg.

Das herausragende Ereignis seiner Regierungszeit war die Unterwerfung und Zerstörung von Alba, der alten Vormacht der Latiner.

1 Nach Livius, der an die Apotheose nicht glaubt, ein „kluger Einfall" des Proculus Julius; nach Cic., rep. 2,20 haben die Senatoren Proculus Julius zu seiner Aussage veranlaßt.

Anlaß zu dieser Auseinandersetzung gab gegenseitiger Viehraub, wie er in der Frühzeit nicht selten war. Da beide Seiten den Krieg wollten, waren die gegenseitigen Wiedergutmachungsforderungen eine reine Formalität. Durch raffiniertes Vorgehen erreichte Tullus, daß die Albaner als erste die Wiedergutmachung verweigerten und sich dadurch formal ins Unrecht setzten[1]; somit konnten die Römer „mit gutem Gewissen" den Krieg erklären und führen.

Bald nach dem Ausbruch des Krieges starb Cluilius, der König von Alba, und die Albaner wählten an seiner Stelle Mettius Fufetius zum Diktator. Dieser entlarvte in einer Unterredung mit dem römischen König die Scheinheiligkeit der dem Krieg vorausgegangenen Verhandlungen und sprach offen und klar aus, daß es beiden Seiten in diesem Krieg in Wirklichkeit darum gehe, welche Stadt über die andere herrschen solle. In realistischer Einschätzung der Situation verwies er sodann darauf, daß die wahren Gewinner dieses Krieges die Etrusker, ihre mächtigen Nachbarn, sein würden. Wenn es zur Schlacht komme, würden beide Seiten geschwächt, und die Etrusker würden dann über beide Seiten herfallen und leichtes Spiel haben. Um das zu verhindern, einigte man sich darauf, die Frage der Herrschaft stellvertretend für die Völker durch drei Einzelkämpfer jeder Seite entscheiden zu lassen.

Die Horatier und die Curiatier, Drillingsbrüder, die es zufällig in beiden Heeren gab, fochten den Kampf aus. Die Entscheidung fiel zugunsten der Römer. Sie begnügten sich damit, Alba durch Verpflichtung zur Waffenhilfe im nächsten Krieg auf seine neue Stellung hinzuweisen.

Als das Heer mit dem siegreichen Horatius an der Spitze nach Rom zurückkehrte, erkannte seine Schwester Horatia, die mit einem der Curiatier verlobt war, auf der Schulter ihres Bruders den Kriegsmantel ihres Verlobten und brach in einen Klageschrei aus. Voller Zorn, daß seine Schwester über den Tod eines Feindes trauerte, tötete Horatius sie. In einem Hochverratsprozeß wurde er zum Tode verurteilt; er appellierte aber auf den Rat des Königs an das Volk und

1 Die Frage nach dem gerechten Krieg spielt in der römischen Geschichtsschreibung, mit Fabius Pictor angefangen, eine wichtige Rolle.

wurde hier – vor allem aufgrund der Fürsprache seines Vaters – freigesprochen.

In Alba gab man Mettius Fufetius schuld an dem Verlust des alten Ranges. Um die Gunst des Volkes zurückzugewinnen, bereitete er einen Abfall vor und trieb Fidenae und Veji durch den in Aussicht gestellten Verrat zum Krieg gegen Rom. In der Schlacht an der Mündung des Anio durchschaute Tullus Hostilius den Plan des Mettius Fufetius; es gelang ihm, geistesgegenwärtig die eigenen Leute und die Feinde über dessen Absichten zu täuschen und einen glänzenden Sieg zu erringen. Zur Strafe für den Verrat wurde Mettius Fufetius zum Tode verurteilt und hingerichtet. Alba Longa, das nach dem Krieg großmütig behandelt worden war, wurde nach dem Abfall zerstört und die Bevölkerung nach Rom umgesiedelt[1]. Hier mußte wegen des Anwachsens der Einwohnerschaft jetzt auch der Caelius in das Stadtgebiet mit einbezogen werden.

Die anschließenden Auseinandersetzungen zwischen Rom und den Latinerstädten, die bisher unter der Vorherrschaft Albas gestanden hatten, sind bei Livius übergangen; er erwähnt aber an späteren Stellen[2] den Vertrag, der diese Auseinandersetzungen beendete.

Verhältnismäßig knapp berichtet Livius über einen Krieg zwischen den Römern und Sabinern. Auch hier bildete Unrecht beider Seiten den Anlaß, auch hier führten die Wiedergutmachungsforderungen zu nichts. Durch rasches und entschiedenes Vorgehen konnte Tullus die mächtigen Sabiner in ihrem eigenen Land schlagen.

Nach Tullus Hostilius wurde Ancus Marcius, ein Enkel des Numa, König. Er bemühte sich zunächst um die Wiederbelebung der Kulthandlungen, die sein Großvater eingeführt hatte und die von Tullus Hostilius vernachlässigt worden waren.

Man glaubte allgemein, der neue König wolle in Erinnerung an seinen Großvater den Frieden um jeden Preis erhalten. Die Latiner erneuerten daher die mit Tullus geschlossenen Verträge nach dessen Tod nicht, sondern fielen in römisches Gebiet ein und verweigerten

1 Die Datierung dieses Ereignisses stimmt mit dem archäologischen Befund überein: die Gräberfelder von Alba hören im 7. Jahrhundert auf.

2 32,3 und 52,2.

hochmütig jede Wiedergutmachung. Aber Ancus Marcius hatte sich nicht nur Numa, sondern auch Romulus zum Vorbild genommen und ließ sich nicht zum Gespött machen. Er brachte mehrere Latinerstädte in seine Gewalt und besiegte die Latiner auch im Feld. Die Bevölkerung der eroberten Städte wurde nach Rom umgesiedelt. Dazu wurde das Stadtgebiet um den Aventin und das Janiculum auf der anderen Tiberseite erweitert.

Nach der Darstellung des Livius hat Ancus Marcius durch andere, nur angedeutete Kriegstaten auch das römische Gebiet erheblich ausgedehnt; es handelt sich hier um Erfindungen der Annalistik.

Mit Tarquinius Priscus, dem fünften König, beginnt die Etruskerzeit Roms, eine Epoche, die der Stadt eine ungeheure Entwicklung brachte. Die römische Überlieferung sucht die Fremdherrschaft zu vertuschen und stilisiert den geschichtlichen Vorgang des Übergangs der Macht an die Etrusker ganz ins Private um. Lucumo – der Name ist das etruskische Wort für „König“ – war der Sohn des ungeheuer reichen Korinthers Demaratos[1], der vor dem Tyrannen Kypselos 657 v. Chr. nach Tarquinii geflohen war. Er erbte den ganzen Reichtum seines Vaters. Getrieben vom eigenen Ehrgeiz und dem seiner Frau Tanaquil, die aus höchstem etruskischem Adel stammte, zog er nach Rom. Als sie die Stadt erreichten, wurde durch ein Zeichen vom Himmel angedeutet, daß Lucumo von den Göttern zu Besonderem ausersehen war. In Rom nannte er sich L. Tarquinius. Der reiche Mann aus dem etruskischen Tarquinii weckte allgemein Aufmerksamkeit, gewann durch seine Umgänglichkeit und Hilfsbereitschaft rasch viele Freunde und Anhänger und wußte auch die Freundschaft des Königs Ancus zu erlangen, der ihn sogar zum Vormund seiner Söhne machte. Als Ancus nach 24jähriger Regierungszeit starb, wurde Tarquinius zum König von Rom gewählt. Livius betont, daß er der erste König war, der sich selbst um dieses Amt bewarb.

Daß die Machtergreifung des Tarquinius sich nicht ganz reibungslos vollzog, daß seine Herrschaft Widerstand fand und daß es für die römische Bevölkerung unter den etruskischen Königen nicht ganz

1 Damit wird für die römische Überlieferung zugleich der starke griechische Einfluß in der Etruskerzeit erklärt; vgl. Cic., rep. 2,34.

leicht war, hat bis in die Darstellung des Livius hinein deutliche Spuren hinterlassen. Tarquinius' Wahl zum König hatte zur Voraussetzung, daß er die beiden Söhne des Ancus aus der Stadt schaffte und sie so als Kandidaten für den Thron ausschaltete; bei der Vergrößerung des Senats wird angedeutet, daß der König es nötig hatte, seine Position dort zu stärken; der Augur Navius tritt dem König mannhaft entgegen und kann ihn sogar zum Nachgeben und zur Beachtung des religiösen Herkommens zwingen; beim Ausbau der Stadt wird die Bevölkerung hart herangenommen; und am Ende holt den König das Unrecht, durch das er an die Macht gekommen ist, ein, und er wird ein Opfer der Söhne des Ancus, in dessen Freundschaft er sich eingeschlichen hatte.

Die Etruskerherrschaft in Rom steht im Zusammenhang mit dem Vordringen der Etrusker nach Süden. Auf dem Höhepunkt ihrer Macht hatten sie im 6. Jahrhundert nicht nur große Teile Latiums, sondern auch Kampaniens unter ihrer Kontrolle. Sie gelangten bis vor Cumae, wo sie 524 v. Chr. eine Niederlage erlitten, die ihr Vordringen zum Stehen brachte. Es muß dahingestellt bleiben, ob am Ende der Königszeit das reiche und mächtige Tarquinii über Rom herrschte oder ob ein tarquinisches Adelsgeschlecht mit seinem Gefolge die Herrschaft über Rom an sich brachte. Unübersehbar sind der wirtschaftliche Aufschwung und die städtebaulichen Fortschritte im tarquinischen Rom, die weitgehend durch die Archäologie bestätigt werden. Die Zuweisung der verschiedenen Maßnahmen an die einzelnen Herrscher schwankt allerdings in der literarischen Überlieferung. Livius schreibt dem Tarquinius Priscus die Errichtung der Mauern um die Stadt, die Trockenlegung des Forumgeländes und der übrigen Talsenken der Stadt, die Bebauung des Forumgebietes und die Anlage von Säulenhallen[1] und Läden sowie die Vorarbeiten für den Circus Maximus und den monumentalen Jupitertempel auf dem Kapitol zu. Bezeichnend für das Nebeneinander von Etruskern und Latinern im tarquinischen Rom ist, daß der Latiner Servius Tullius Schwiegersohn des Königs wird.

1 Säulenhallen wurden in Rom in Wirklickeit erst errichtet, nachdem die Römer die Städte der hellenistischen Welt kennengelernt hatten, s. zu 35,10.

Wie sehr das etruskische Rom erstarkte, zeigt sich auch in seinem Verhältnis zu den Nachbarn. Die Sabiner wurden durch Tarquinius Priscus für lange Zeit zurückgedrängt, die latinischen Gemeinden in der Nachbarschaft eine nach der anderen unterworfen. Mit dem etruskischen Veji herrschte bezeichnenderweise Friede.

Mit Servius Tullius, dem sechsten König, kommt in Rom wieder ein Latiner an die Macht; möglicherweise lebt in der Gestalt dieses Königs die Erinnerung an eine latinische Restaurationsphase innerhalb der Etruskerzeit fort. Nach Livius war Servius Tullius der Sohn des Stadtoberhauptes von Corniculum; bei der Einnahme der Stadt verlor sein Vater das Leben, seine Mutter brachte das Kind in römischer Gefangenschaft zur Welt. Durch ein wunderbares Zeichen machten die Götter schon bald auf Servius aufmerksam. Er wurde dann von Tarquinius und Tanaquil wie ihr eigener Sohn gehalten und genoß die beste Erziehung. So konnten sich seine Fähigkeiten auf das schönste entfalten. Der König gab ihm seine Tochter zur Frau, und auch beim Senat und beim Volk genoß der junge Servius das höchste Ansehen.

Nach dieser wunderbaren Jugend vollzieht sich die Machtergreifung auf recht fragwürdige Art, sie ist hauptsächlich das Werk der Tanaquil. Als die Söhne des Ancus, die sich um die Herrschaft betrogen fühlten, Tarquinius durch gedungene Mörder eine tödliche Wunde beigebracht hatten, gelang es der Königin, seinen Tod mehrere Tage geheimzuhalten. In dieser Zeit übernahm Servius „stellvertretend" für den König die Regierungsgeschäfte und blieb weiter im Amt, als der Tod des Königs bekanntgegeben wurde. Er war der erste, der regierte, ohne vom Volk gewählt zu sein.

Mit Veji und anderen etruskischen Staaten kam es jetzt wieder zum Krieg. Die Erfolge, die Servius hier errang, stärkten seine Position.

Seine bedeutendsten Leistungen lagen aber auf innenpolitischem Gebiet. Durch die Censusordnung teilte er die Bürgerschaft nach ihren Vermögensverhältnissen in Klassen und Centurien ein. Jede dieser Klassen erhielt ihrer wirtschaftlichen Leistungsfähigkeit entsprechende militärische Aufgaben, aber auch diesen Leistungen entsprechende politische Rechte. Diese „Servianische Ordnung" steht im Zusammenhang mit der Einführung der Hoplitentaktik. Allerdings hat sich die differenzierte Centurienordnung, die Livius dem Servius zuschreibt, erst im Laufe der Zeit entwickelt; für das 6. Jahrhundert ist eine Dreiteilung in Reiter, Schwerbewaffnete und Unbewaffnete anzunehmen[1].

Eine andere Reform des Servius betraf die Einteilung der Stadt in vier Wohnbezirke; durch diese Einteilung wurde eine ältere gentilizische Gliederung der Bürgerschaft abgelöst.

Unter Servius Tullius hat sich die Stadt weiter vergrößert[2]. Wie schon Tarquinius sorgte auch Servius für die Befestigung der Stadt, vor allem der neuen Stadtteile. Im Zusammenhang damit legte er auch das Pomerium neu fest.

Gegenüber den Latinern verfolgte er eine andere Politik als seine Vorgänger. Tullus hatte Alba zerstört und mit den übrigen Latinern um die Anerkennung Roms als Vormacht gekämpft; diese Kämpfe waren unter Ancus und Tarquinius weitergegangen, dabei war eine Reihe von Latinerstädten erobert worden. Servius, der selbst Latiner war, bemühte sich dagegen um gute Beziehungen zu den Latinern und erreichte, daß die Latiner gemeinsam[3] auf dem Aventin ein Bundesheiligtum der Diana errichteten. Dadurch wurde Rom unter den Latinerstädten herausgehoben und seine Führungsrolle innerhalb der Kultgemeinschaft anerkannt.

Livius bezeichnet Servius Tullius als guten und besonnenen Herrscher. Unter seiner Regierung scheint es den Römern gut gegangen zu sein. Daher hat ihn die römische Tradition idealisiert und ihm sogar die Absicht zugeschrieben, die Herrschaft niederzulegen und

1 Zunächst wurde neben den Reitern nur die *classis* der Schwerbewaffneten gebildet; alle anderen waren *infra classem*, unterhalb der *classis* (s. Cato, ORF 160 Malc.; Fest., p. 48 L.). In den Kämpfen des 4. Jahrhunderts wurde das Heer vergrößert: neben dem alten Aufgebot, das den Rundschild trug, wurden drei neue Klassen eingerichtet, die mit dem von den Samniten übernommenen Langschild *(scutum)* ausgerüstet waren; dazu kamen noch die Leichtbewaffneten. Die neuen Klassen rekrutierten sich aus den weniger reichen Bauern. Vgl. D. Kienast, Die politische Emanzipation der Plebs und die Entwicklung des Heerwesens im frühen Rom, BJbb. 175, 1975, 83–112.

2 Rom war damals die größte Stadt der italischen Halbinsel, s. F. Coarelli, Rom. Ein archäologischer Führer, Freiburg/Basel/Wien 1980, S. 20.

3 Livius stellt es so dar, als hätten alle Latiner diesem Bund angehört; das war aber wohl kaum so. Wir wissen nicht, wie viele und welche Städte dieser Kultgemeinschaft angehört haben.

dem Volk die volle Freiheit zu geben. Aber der Bericht des Livius zeigt, daß auch die Regierung des Servius nicht frei von Schwierigkeiten gewesen ist. Der König, der durch eine Täuschung und ohne die herkömmliche Mitwirkung des Volkes an die Macht gekommen war, fühlte sich nie ganz sicher. Er umgab sich darum mit einer starken Leibwache und war froh, das Volk durch kriegerische Operationen ablenken zu können. Um sich gegen eine Verfolgung durch die von ihm abgelöste etruskische Dynastie zu schützen, verheiratete er seine beiden Töchter mit Lucius und Arruns, den Söhnen des Tarquinius Priscus. Aber er konnte dadurch das Verhängnis nicht verhindern. L. Tarquinius und die jüngere Tullia, die Frau des Arruns, fühlten sich zueinander hingezogen, töteten ihre Ehepartner und verbanden sich miteinander. Vom eigenen Ehrgeiz, noch mehr aber von der dämonischen Machtgier seiner Frau getrieben, erinnerte L. Tarquinius immer wieder an die fehlende Legitimation des Königs. Servius holte jetzt die Befragung des Volkes nach; zuvor aber verteilte er, um die Leute fest an sich zu binden, das im Krieg gewonnene Land an die Bürger. Durch diese Landanweisungen entfremdete er sich den Senat, auf den er sich bis dahin hatte stützen können; denn die Senatoren betrachteten das Staatsland als ihr Eigentum. L. Tarquinius schürte eifrig diese Unzufriedenheit und hetzte immer offener gegen den König. Schließlich besetzte er mit Bewaffneten das Forum und berief den Senat in die Curie. Als Servius Tullius dazukam und ihn zur Rede stellen wollte, warf er den alten König eigenhändig die Treppe des Senatsgebäudes hinab. Schwerverletzt suchte Servius sich nach Hause zu schleppen, wurde aber unterwegs von den Schergen seines Schwiegersohns eingeholt und ermordet. Tullia, die an der Untat ihres Mannes erheblichen Anteil hatte, fuhr – endlich am Ziel ihrer Wünsche – mit ihrem Wagen triumphierend über die Leiche ihres Vaters.

Durch Königsmord auf den Thron gelangt und ohne Rückhalt beim Senat und beim Volk, sah Tarquinius im Terror das einzige Mittel, sich an der Macht zu halten. Seine Schreckensherrschaft richtete sich zunächst vor allem gegen den Senat; willkürlich verurteilte er eine Reihe von Senatoren zum Tode, zur Verbannung oder zum Verlust des Vermögens. Als politische Körperschaft wurde der Senat gänzlich ausgeschaltet, Tarquinius befragte ihn nicht mehr und traf alle Entscheidungen allein. Das Volk gab ihm den Beinamen Superbus (der Selbstherrliche).

Nach außen erscheint das Rom des Tarquinius Superbus als starke Macht. Die von Servius geschaffene Vormachtstellung unter den Latinern wurde weiter ausgebaut. Die Erwähnung von Koloniegründungen in Signia und Circeji läßt erkennen, wie weit die Machtsphäre des tarquinischen Rom in Latium reichte[1]. Der König pflegte die Beziehungen zu den führenden Familien der Latiner; dem Octavius Mamilius, dem angesehensten Mann in Tusculum, gab er eine seiner Töchter zur Frau. Daß sich aber auch Widerstand unter den Latinern regte, zeigte das Beispiel des Tullus Herdonius aus Aricia; mit Hilfe von politischen Freunden wußte Tarquinius ihn auszuschalten und heimtückisch zu Tode zu bringen.

Durch Verträge mit den Etruskern und dem Bergvolk der Aequer hielt Tarquinius sich den Rücken frei. Wo er seine Ziele in Latium anders nicht erreichen konnte, scheute er vor Waffengewalt ebensowenig zurück wie Ancus und Tarquinius Priscus. Mit Gabii kam es zum Krieg, ohne daß Livius den Grund nennen würde[2]. Tarquinius konnte die Stadt nicht einnehmen, brachte sie aber nach einiger Zeit durch List in seine Hand. Am Ende seiner Regierungszeit griff er, um Beute zu machen und das Volk abzulenken, das reiche und mächtige Ardea an. Der Ausgang der Belagerung wird bei Livius nicht berichtet, ist aber aus dem römisch-karthagischen Vertrag von 508 v. Chr. zu erschließen, in dem die Bewohner von Ardea als Untertanen der Römer bezeichnet werden[3].

Gefährdet wurde die Sicherheit in Latium durch die Volsker, die jetzt aus dem Bergland in die Ebene vorzudringen begannen. Tarquinius trat ihnen entgegen, entriß ihnen die Stadt Suessa Pometia wieder und konnte ihrem Vordringen für einige Zeit Einhalt gebieten.

1 Die Ausdehnung der römischen Macht bis Circeji wird auch durch den römisch-karthagischen Vertrag von 508 bestätigt, s. Polyb. 3,22,11.

2 Nach Dion. Hal. 4,53,2 hatten viele Gegner des Tarquinius in Gabii Zuflucht gefunden und arbeiteten von hier aus auf seinen Sturz hin.

3 Polyb. 3,22,11.

In Rom entfaltete Tarquinius eine rege Bautätigkeit. Vor allem der Jupitertempel auf dem Kapitol ist zur Hauptsache sein Werk; daneben hebt Livius die Anlage der Cloaca Maxima und die Errichtung von Bänken im Zirkus hervor[1]. Die Bevölkerung der Stadt mußte bei all diesen Arbeiten harte Frondienste leisten. Beim Bau des Tempels wurden auch etruskische Bauhandwerker hinzugezogen; ebenso ist bei der Anlage der Cloaca Maxima die Mitwirkung etruskischer Techniker vorauszusetzen.

Wie die Regierung des Tarquinius Priscus und die des Servius Tullius durch ein Zeichen vom Himmel angezeigt worden war, so deutete sich auch das Ende der Königszeit durch ein Zeichen an. Der König wurde dadurch in große Angst versetzt und befragte nicht nur etruskische Seher, sondern auch das Orakel in Delphi. Anlaß zur Vertreibung der Königsfamilie gab schließlich die Vergewaltigung der Lucretia. Bei einem Gelage im Heerlager vor Ardea, zu dem die lebensfrohen Königssöhne auch den Tarquinius Collatinus eingeladen hatten, rühmte jeder der Anwesenden seine Frau. Um zu entscheiden, welche den Preis verdiente, machten sie sich noch in der Nacht zu ihren Häusern auf. Die Königssöhne fanden ihre Gattinnen, typische Etruskerinnen, beim Spiel und beim Gelage; die Römerin Lucretia, die Gattin des Tarquinius Collatinus, war dagegen im Kreis ihrer Mägde mit Wollarbeiten beschäftigt, wie es dem Ideal der römischen Hausfrau entsprach. Den Königssohn Sex. Tarquinius packte das Verlangen, die züchtige Lucretia zu besitzen. Einige Tage später begab er sich abermals nach Collatia. Als er mit Verführungskünsten sein Ziel nicht erreichen konnte, tat er Lucretia Gewalt an. Diese ließ ihren Mann und ihren Vater mit je einem Freund zu sich rufen, teilte ihnen mit, was geschehen war, beschwor die Männer, sie zu rächen, und stieß sich ein Messer ins Herz.

L. Junius Brutus, der Begleiter des Tarquinius Collatinus, hatte bis zu dieser Stunde Beschränktheit vorgetäuscht, um sein Leben nicht zu gefährden. Jetzt gab er die Verstellung auf und schwor als erster,

1 Ob es sich im einzelnen um Fortsetzung der Bautätigkeit des Tarquinius Priscus oder um Dubletten der Überlieferung handelt, ist umstritten.

dafür zu kämpfen, daß das Königshaus aus Rom vertrieben werde und daß es nie mehr in Rom einen König gebe. Die Anwesenden sprachen den Eid nach und teilten der Bevölkerung von Collatia und von Rom mit, welches Verbrechen Sex. Tarquinius begangen hatte; dazu riefen sie den Menschen die Schandtaten des Königs ins Gedächtnis. Das Volk sprach dem Tarquinius die Herrschaft ab und verbannte ihn mitsamt seiner Familie für immer aus Rom. Auch das Heer im Lager vor Ardea wandte sich vom König ab. Von Stadt und Lager ausgeschlossen, ging dieser nach Caere ins Exil.

Die Vertreibung der Tarquinier war keine nationale Erhebung gegen die etruskische Fremdherrschaft[1], sondern Abwerfung des Joches einer gesetzlosen und menschenverachtenden Tyrannei. Die Führer der Erhebung sind nicht Römer, sondern der Halbetrusker Brutus und der Etrusker Tarquinius Collatinus, ein naher Verwandter des Königshauses. Diese beiden wurden als erste zu Konsuln Roms gewählt.

Wir wissen nicht, wann die Königszeit in Rom wirklich geendet und die Republik begonnen, noch weniger, was sich damals im einzelnen abgespielt hat. Polybios datierte im 2. Jahrhundert v. Chr. den Übergang auf das Jahr 508/507, seit Varro (116–27 v. Chr.) setzte sich die Datierung auf 509 allgemein durch. Moderne Ansätze, die z.T. erheblich davon abweichen[2], haben sich nicht durchsetzen können.

Livius hat sich in seinem Geschichtswerk auf ältere Darstellungen der römischen Geschichte gestützt. In den ersten Büchern nennt er Q. Fabius Pictor, L. Calpurnius Piso, C. Licinius Macer, Valerius Antias und L. Aelius Tubero als Quellen[3]; die Kenntnis weiterer Werke wie der „Origines" Catos und der Geschichtsepen des Naevius und Ennius ist zweifellos vorauszusetzen. Die ältesten dieser Werke, die „Römische Geschichte" des Fabius Pictor und das „Bellum Poeni-

1 In den folgenden Jahrzehnten haben etruskische Adelsgeschlechter in Rom weiterhin eine bedeutende Rolle gespielt und auch einige Konsuln gestellt.

2 K. Hanell nimmt den Beginn der Republik 452 an, E. Gjerstad um 450, R. Bloch 475, R. Werner zwischen 472 und 470.

3 Solche genauen Hinweise sind jedoch verhältnismäßig selten; gewöhnlich verweist Livius nur allgemein auf die Tradition (*scriptores, auctores, annales, memoria, fabula, fama, memorant, dicitur, traditur* u. ä.).

cum“ des Naevius, sind während des Zweiten Punischen Krieges entstanden. Zwischen ihnen und dem Ende der Königszeit liegen drei Jahrhunderte, bis zur Gründung Roms weitere zweieinhalb. Angesichts dieser Überlieferungslage kann es nicht wundernehmen, daß manches in den Berichten über die Frühzeit Roms Verdacht erregt. Die sieben Könige können so, wie sie in der römischen Überlieferung dargestellt sind, nicht als historisch gelten; schon die lange Lebensdauer[1] und Regierungszeit jedes einzelnen von ihnen widerspricht aller Erfahrung. Bereits im Altertum wurde in diesem Punkt Kritik geübt. Für Tarquinius Superbus berechnete L. Calpurnius Piso[2], daß er, wenn man der Überlieferung Glauben schenkte, mindestens 110 Jahre alt geworden sein müßte; in der Folge erscheint er dann teils als der Sohn, teils als der Enkel des Tarquinius Priscus[3]. Unglaubhaft ist die scharfe Trennung zwischen kriegerischen und friedliebenden Herrschern, vor allem auch die jahrzehntelange Friedensperiode unter Numa, die dem Wunschdenken einer späteren Zeit ihren Ursprung verdankt. Ganz in das Reich der Sage gehören Geschichten wie der Brudermord des Romulus, der Kampf der Horatier und Curiatier, die Jugendgeschichte des Brutus u.ä. Brutus, der Begründer der Republik, ist wahrscheinlich überhaupt keine historische Gestalt.

Doch trotz aller im einzelnen angebrachten Skepsis enthalten die Nachrichten über die Frühzeit Roms erstaunlich vieles, was durch die Forschung bestätigt worden ist. Im Kern richtig ist z.B. die Überlieferung von dem Zusammenwachsen des latinischen und des sabinischen Bevölkerungsteils zu einer Bürgerschaft – wahrscheinlich nach einer vorausgegangenen Auseinandersetzung –, von dem Verhältnis der jungen Gemeinde zu ihren latinischen, etruskischen und sabinischen Nachbarn, von der Rivalität zwischen Rom und Alba und dem Untergang Albas im 6. Jahrhundert sowie von der Etruskerherrschaft, die der Stadt einen ungeheuren Aufschwung, der Bevölkerung aber auch harte Fron brachte. Was die römische Tradi-

1 Die durchschnittliche Lebenserwartung betrug nach E. Gjerstad in der Königszeit nicht mehr als vierzig Jahre.

2 frg. 15 P.

3 Vgl. 46,4.

tion von Tanaquil und der jüngeren Tullia überliefert, entspricht – wenn auch beide Gestalten kaum historisch sein dürften – dem großen Einfluß der Frau in der etruskischen Gesellschaft; die überschäumende Lebensfreude in den Häusern des etruskischen Adels, der die zurückgezogene Häuslichkeit der Lucretia als Idealbild entgegengestellt wird, finden wir durch die Malereien in den Gräbern von Tarquinia bestätigt.

Wir müssen annehmen, daß die Erinnerung an die Zustände der Vergangenheit und an eine Reihe bedeutender Begebenheiten im Weitererzählen lebendig geblieben war, allerdings auch in nicht unbeträchtlichem Maße Aus- und Umgestaltungen erfahren hatte. Dabei waren vor allem wichtige historische Ereignisse in engste Verbindung mit Einzelschicksalen gebracht worden, wie der Sieg über Alba mit dem Kampf der Horatier und Curiatier, die Vertreibung der Könige mit der Vergewaltigung der Lucretia. Diese Szenen haben sich nie so abgespielt, wie sie erzählt wurden, aber in ihnen leuchtet viel von römischem Wesen auf, und für die Römer selbst waren sie das Lebendigste an ihrer geschichtlichen Überlieferung. In Liedern beim Mahl wurden die Taten berühmter Männer gepriesen, wie wir durch Cato (234–149 v. Chr.) und Varro (116–27 v. Chr.) wissen[1]; aber von diesem Brauch war man schon lange vor Catos Zeit wieder abgekommen. Nicht zu unterschätzen ist schließlich auch die Rolle, die die römische Schule für die Tradition der Erzählungen aus der römischen Vergangenheit gespielt hat.

Livius weiß, wie fragwürdig die Überlieferung der römischen Geschichte in vielem ist; an einer Reihe von Stellen macht er auf Unwahrscheinlichkeiten, voneinander abweichende Darstellungen und Entstellungen in seinen Vorlagen aufmerksam. Im ganzen jedoch glaubt er an die Überlieferung und bemüht sich, sie möglichst rein weiterzugeben und seinerseits nichts zu verfälschen. Mag das, was wir bei ihm über die Frühzeit lesen, auch in vielen Einzelheiten unhistorisch sein, es ist das Bild, das er und seine Zeit aufgrund der Überlieferung von der Vergangenheit hatten und das aufgrund seiner hohen Darstellungskunst kanonische Geltung erlangte.

1 Siehe Cic., Brut. 75; Tusc. 4,3; Val. Max. 2,1,10; Non, p. 107 L.

ERLÄUTERUNGEN

Alle Zeitangaben ohne Zusatz beziehen sich auf die Zeit v. Chr.

VORREDE

3: *Rang:* Die meisten römischen Geschichtsschreiber waren im öffentlichen Leben hervorgetreten.

4: *in der die Kräfte des Volkes ... sich selbst aufzehren:* Von 49–29, in dem für Livius' Entwicklung wichtigen Zeitraum vom 10. bis zum 30. Lebensjahr, hatte sich Bürgerkrieg an Bürgerkrieg gereiht.

9: *noch die Heilmittel dagegen ertragen können:* Octavian hatte etwa 28 versucht, den Rückgang der Geburten bei den oberen Ständen und den Niedergang der Sitten durch ein Gesetz aufzuhalten, das die Bürger zur Ehe verpflichtete und den Ehebruch unter Strafe stellte, hatte dieses Gesetz aller infolge des Widerstandes weiter Kreise wieder aufheben müssen.

11: *hielten so spät Habgier und Verschwendungssucht Einzug:* Polybios läßt den Niedergang Roms 168 nach dem Perseuskrieg beginnen, L. Calpurnius Piso mit dem Jahre 154, Poseidonios und nach ihm Sallust mit der Zerstörung Karthagos 146; Livius rechnet zum mindesten die Zeit vor dem Ende des Perseuskrieges noch zur alten Zeit (XLIII 13,1/2).

ERSTES BUCH

1, 1: *Einnahme von Troja:* Nach den Berechnungen des Eratosthenes (um 284–202) war Troja 1184/1183 zerstört worden.

1: *Antenor* ist der Gründer von Padua, der Heimatstadt des Livius.

1: *aufgrund alten Gastrechts:* Antenor hatte Odysseus und Menelaos aufgenommen, als sie als Abgesandte der Griechen nach Troja kamen. Von Aeneas ist nichts Entsprechendes berichtet.

2: Die *Eneter* waren Verbündete der Griechen gewesen.

2, 5: *war Etrurien ... mächtig:* Livius geht hier auf die Frage nach der Herkunft der Etrusker nicht ein und überträgt ihre spätere Macht, die im 6. Jahrhundert ihren Höhepunkt erreichte, auf die Frühzeit.

3, 2: *den nennt die Familie der Julier Julus ...:* Caesar und Augustus legten größten Wert auf ihre Abstammung von Julus und damit von der Venus. Livius distanziert sich von den genealogischen Fabeleien der gens Julia.

7: *einige Pflanzstädte, die sog. Alten Latiner:* Als *Alte Latiner* wurden die Gemeinden bezeichnet, die dem unter der Vorherrschaft von Alba stehenden Latinerbund vor der Gründung Roms angehört hatten; es waren mit Alba insgesamt 30 Gemeinden. Daß diese Gemeinden Kolonien Albas seien, ist eine Erfindung der Annalisten.

4, 5: *der Ruminalische Feigenbaum:* Zur Zeit des Livius wurden noch Reste dieses Baumes am Fuß des Cermalus gezeigt.

7: *„Wölfin“: lupa* bedeutet sowohl ‚Wölfin‘ als auch ‚Dirne‘.

5, 2: *Euander* war uspründlich wohl ein Dämon aus dem Kreis des Pan. Die Namensähnlichkeit seiner arkadischen Heimat Pallanteion mit dem Palatium führte – spätestens im 3. Jahrhundert – zur Sage von seiner Auswanderung nach Italien. Er gilt als der erste Siedler auf dem Boden des späteren Rom.

2: *Inuus:* Es ist nicht so, daß Pan später bei den Römern Inuus genannt wurde; vielmehr wurde der alte italische Gott mit Pan identifiziert.

6, 1: *seine eigene Verantwortung dafür:* Numitor hatte Remus, der ihm zur Bestrafung übergeben worden war, begnadigt, weil er ahnte, daß er seinen Enkel vor sich hatte, und ihn aufgefordert, Amulius für seine Freveltaten zu bestrafen.

7, 3: *nach griechischem Ritus:* Beim Opfer an der Ara maxima des Herkules war der Opfernde mit Lorbeer bekränzt. Daß man bei diesem Opfer für Herkules das Haupt nicht bedeckte, wich vom üblichen Brauch der Römer ab.

4: *Geryones*, ein Fabelwesen mit drei Leibern, wohnte auf der Insel Erytheia weit im Westen. Unter den zwölf Arbeiten des Herkules war die zehnte Aufgabe, die Rinder des Geryones nach Griechenland zu schaffen.

8: *Schreibkunst:* In Wirklichkeit ist die Kenntnis der Schrift erst im 8. Jahrhundert durch griechische Kolonisten nach Italien gebracht worden (Pithecussa, Cumae) und von ihnen zu den Etruskern und Italikern gelangt.

8: *Ankunft der Sibylle in Italien:* Die Überlieferung setzt das Erscheinen der Sibylle in Italien ins 6. Jahrhundert.

8, 2: *Ornat:* Wir kennen den Königsornat aus der Zeit der Tarquinier. Als Attribute des Königs werden genannt der goldene Kranz, der Elfenbeinstuhl, das mit einem Adler geschmückte Zepter, die golddurchwirkte Purpurtunica, der bestickte Purpurmantel sowie rote Schuhe mit hohem Schaft.

2: *zwölf Liktoren:* Jeder der Liktoren trug das Rutenbündel mit dem Beil zum Zeichen der Macht des Königs über Leib und Leben seiner Untertanen.

3: *Amtsstuhl ... purpurverbrämte Toga:* Die römischen Beamten vom kurulischen Ädil an aufwärts hatten das Recht, die Toga mit einem Purpurstreifen am Rand zu tragen und auf der *sella curulis*, einem Elfenbeinstuhl, zu sitzen.

5: *wenn man hinaufsteigt:* Vom Forum zum Kapitol.

9, 6: *Pferde-Neptun:* Entsprechend dem griechischen Poseidon Hippios. Das Pferd war das Tier des Neptun. Er hatte die ersten Pferde ins Leben gerufen. In einer Reihe von Mythen erscheint der Gott selbst in Pferdegestalt: mit Medusa erzeugte er den Pegasos, mit Demeter den Arion, das Pferd des Adrastos. An seinen Festen fanden oft Pferderennen statt. – Consus (zu *condere* „gründen, bergen") war der Gott des geernteten Getreides, das in alter Zeit in Gruben unter der Erde aufbewahrt wurde. Sein Altar lag an der ersten Wendesäule des Circus maximus unter der Erde und mußte zu den Opferhandlungen jedesmal eigens aufgedeckt werden. Die *Consualien*, das Fest des Gottes, wurden am 21. August und am 15. Dezember gefeiert. Dabei fanden nach dem Opfer Pferde- und Wagenrennen statt. Das führte dazu, daß die Consualien von manchen für ein Fest des Neptun gehalten wurden.

12: *der bekannte Hochzeitsruf:* Man rief der Braut *„thalassio"* zu, wenn der junge Ehemann sie in sein Haus heimführte. Was das Wort bedeuten sollte, war schon den Römern nicht mehr klar. Neben der verbreiteten anekdotischen Erklärung gab es Versuche, es aus dem Griechischen zu erklären; Varro leitete es von τάλαϱος bzw. τάλασος ab, dem Wollkörbchen der Spinnerin, andere von ϑάλαμος, dem Brautgemach. – Die Schreibung schwankt zwischen *thalassio* und *talassio*.

10, 6: *Jupiter Feretrius:* Daß Jupiter als Kriegsgott verehrt wird, findet sich nur in Rom. – Die Bedeutung des Beinamens ist nicht gesichert; Livius leitet ihn vom Hintragen *(ferre)* der Beute ab.

6: *Feldherrnrüstungen:* Die *spolia opima* waren die erbeuteten Waffen eines feindlichen Feldherrn, den ein römischer Feldherr mit voller Befehlsgewalt eigenhändig erschlagen hatte.

7: *nur noch zweimal:* A. Cornelius Cossus erschlug 428 Tolumnius, den König von Veji (bei Livius unter dem Jahre 437 dargestellt), M. Claudius Marcellus 222 Vertomarus, den Feldherrn des gallischen Stammes der Insubrer. – Als Livius an Buch I arbeitete, hatte das Problem der *spolia opima* wieder hohe Aktualität gewonnen. M. Licinius Crassus hatte 29 die Bastarnen besiegt und ihren Anführer Deldo eigenhändig erschlagen. Bei seiner Rückkehr im Frühjahr 27 forderte er, die *spolia opima* weihen zu dürfen. Das wurde ihm aber nicht gestattet, da er nur Prokonsul gewesen war und nicht die volle Befehlsgewalt gehabt hatte. Er triumphierte am 4. Juli 27.

12,10: *in einem Sumpf:* Das Gebiet, auf dem sich später das Forum befand, war bis zur Zeit der Tarquinier sumpfig.

13, 6: *30 Curien:* Die der Einrichtung der Curien vorausgehende Einteilung des Volkes in drei Tribus (Ramnes, Tities, Luceres; vgl. X 6,7) hat Livius übergangen; die Namen dieser Tribus sind etruskisch. Jede dieser Tribus wurde in zehn Curien eingeteilt.

6: *benannte ... nach ihnen:* „In Wirklichkeit entstand dieser Mythos aus dem Namen einer Curie, der *Rapta*; die anderen erhaltenen Namen deuten auf ihre Herkunft von Orten *(Veliensis, Foriensis)* oder Familien *(Titia, Acculeia)* hin“ (Ogilvie).

8: *drei Reitercenturien:* Aus jeder Tribus eine Centurie.

8: *Ramnenser ... Titienser:* D. h. „zu den Ramnes, zu den Tities gehörend“. Hier bei den Reitercenturien setzt Livius die Tribusnamen voraus.

8: *Lucerer:* Varro, Cicero u. a. bringen den Namen mit dem Etrusker Lucumo in Verbindung, der Romulus im Krieg mit den Sabinern unterstützt haben soll. – Die alten Tribusnamen könnten einen latinischen (Ramnes), einen sabinischen (Tities) und einen etruskischen (Luceres) Bevölkerungsteil in Rom bezeichnen.

14, 3: *der Vertrag zwischen Rom und Lavinium erneuert:* Das Bestehen eines Vertrages mit Lavinium wird vorausgesetzt, vgl. auch VIII 11,15.

4: *die Leute von Fidenae ...:* Die Kriege des Romulus mit Fidenae und Veji sind unhistorisch.

15, 4: *die ... schon durch ihre Lage geschützte Stadt:* Veji lag auf einem Hochplateau mit steil abfallenden Wänden.

5: *einen Teil ihres Landes abtreten:* Veji verlor nach der annalistischen Überlieferung seine Besitzungen am rechten Tiberufer vom ager Vaticanus bis zur Mündung des Flusses. – Daß Rom schon in der Frühzeit Besitzungen auf dem rechten Tiberufer hatte, zeigen die Opfer, die der Flamen des Quirinus an den Robigalien (25. April) am fünften Meilenstein der Via Claudia und die die Arvalbrüder im Hain der dea Dia am fünften Meilenstein der Via Campana darbrachten.

16, 7: *es sei der Wille der Himmlischen:* Die Legitimation der römischen Herrschaft durch den Willen der Götter findet sich schon um 200 im Epos des Naevius.

8: *nachdem seine Unsterblichkeit als erwiesen galt:* Die Zeit der Entstehung der Legende ist umstritten; der früheste Beleg steht bei Ennius. Der vergöttlichte Romulus wurde später mit Quirinus identifiziert.

17, 4: *war die Stimmung gereizt:* Aus Furcht vor der wachsenden Macht Roms.

6: *einer von ihnen:* Er trug den Titel Interrex *(Zwischenkönig)*.

6: *auch heute noch:* Das Amt bestand in der Zeit der Republik weiter, aber nicht bis zur Zeit des Livius. Die letzten Zwischenkönige wurden 52 ernannt.

10: *„Möge es gut, glücklich und segensreich sein“:* Die feierliche Formel bei der Eröffnung der Comitien, aber auch bei anderen wichtigen Handlungen.

18, 2: *Pythagoras von Samos* kam 532/531 nach Croton in Unteritalien und gründete hier seine berühmte Schul- und Lebensgemeinschaft. Unter den italischen und sizilischen Griechen fand er zahlreiche Anhänger. Politische Auseinandersetzungen führten dazu, daß er 509 Croton verlassen mußte und nach Metapontum zog, wo er um 497/496 im hohen Alter starb.

2: *als Servius Tullius in Rom herrschte:* Es war bereits in der Regierungszeit des L. Tarquinius Superbus.

19, 2: *Janusbogen:* Zwei hintereinanderstehende Torbögen im NO des Forums, die durch Seitenmauern miteinander verbunden waren.

3: *Nach Numas Regierungszeit ist er dann nur noch zweimal geschlossen gewesen:* Livius folgt hier unreflektiert der augusteischen Propaganda. Nach seiner eigenen Darstellung hat es in Rom wesentlich mehr Jahre ohne Krieg gegeben.

3: *im Konsulat des T. Manlius:* Im Jahr 235. – Möglicherweise handelt es sich um eine Verwechslung mit A. Manlius Torquatus, dem Konsul von 241; in diesem Jahr endete der 1. Punische Krieg.

3: *nach dem Krieg von Actium:* Am 11. Januar 29 wurde der Janusbogen durch Octavian geschlossen.

20, 2: *Gewand:* Er trug die Toga mit dem Purpursaum *(toga praetexta)*.

4: Die *Salier* haben ihren Namen nach dem altertümlichen Kulttanz (vgl. *salire* „tanzen"), den sie aufführten. Auch in anderen Latinerstädten gab es solche Salier.

4: *die vom Himmel gefallenen Waffen, die sogenannten ancilia:* Altertümliche, in der Mitte eingebuchtete Schilde aus der italischen Frühzeit, wie sie auch aus der minoischen und der mykenischen Epoche bekannt sind. – Gewöhnlich wird erzählt, nur einer dieser Schilde sei als Geschenk der Götter an Numa vom Himmel gefallen. Da vom Besitz dieses Schildes das Wohl der Stadt abhing und Numa fürchtete, der Schild könne gestohlen werden, ließ er elf völlig gleiche Schilde anfertigen, so daß keiner mehr wußte, welcher der ursprüngliche Schild war.

4: *durch die Stadt zu ziehen ...:* Am 1., 9. und 23. März und am 19. Oktober, d. h. vor Beginn und nach Beendigung des Feldzuges, zogen die Salier in ihrer altertümlichen Tracht und mit ihren altertümlichen Waffen durch die Stadt und führten dabei einen Waffentanz auf, der die Bewegung beim Kampf nachahmte.

5: *Pontifex:* Livius scheint zunächst nur einen einzigen Pontifex anzunehmen. Später war es ein Kollegium von fünf, seit der *lex Ogulnia* (300) von neun, seit Sulla von fünfzehn, seit Caesar von sechzehn Priestern. An ihrer Spitze stand der Pontifex maximus.

7: *Jupiter Elicius:* Livius erklärt den Namen damit, daß Jupiter Auskünfte über die Prodigien entlockt *(elicere)* werden sollten.

21, 5: *Argei:* 27 Kapellen, die über die ganze Stadt verteilt waren. Am 16. und 17. März zog zu ihnen eine Prozession, die in jedes Heiligtum eine Binsenpuppe brachte. Am 14. Mai wurden diese Puppen dann dort wieder abgeholt und durch die Vestalinnen in den Tiber geworfen. Wahrscheinlich handelte es sich um eine Entsühnungszeremonie.

22, 4: *guten Gewissens den Krieg erklären:* Nach Cicero (off. 1,36) ist ein Krieg, der nach einer Wiedergutmachungsforderung und nach einer förmlichen Erklärung geführt wird, gerecht.

23, 4: *Diktator:* Das bedeutet nicht eine Änderung der Verfassung. Mettius Fufetius wurde zum Diktator gewählt, weil man wegen des

Krieges mit den Römern für die Wahl eines Königs nicht genug Zeit hatte.

8: *die Macht der Etrusker:* Auch hier ist wie in Kap. 2 die Macht, die die Etrusker im 6. Jahrhundert erreichten, bereits für die Frühzeit angenommen.

24, 2: *die Könige:* Der römische König und der albanische Diktator.

4: Die *Fetialen* waren Priester, die für die Wiedergutmachungsforderungen, den Abschluß von Verträgen mit anderen Völkern und die Auslieferung der für einen nicht ratifizierten Vertrag Verantwortlichen und anderer Schuldiger zuständig waren.

4: Der *Pater Patratus* ist der Wortführer.

4: *das heilige Kraut:* Ein Krautbüschel mit daranhängender Erde, das von einem geweihten Platz geholt wurde. Die Kraft des heimatlichen Bodens, den sie bei sich hatten, sollte die Fetialen draußen vor allen feindlichen Mächten schützen.

25,12: *Manen:* Die Geister der Abgeschiedenen.

26, 5: *Hochverratsprozeß:* Tullus erklärt den Horatius zum Hochverräter, weil er sich mit der Bestrafung seiner Schwester ein Recht angemaßt hat, das nur dem Staat oder dem König zustand.

6: *Baum des Unheils:* Ein unfruchtbarer Baum, der zur Hinrichtung bestimmt und den Göttern der Unterwelt geweiht war. Der zum Tode Verurteilte wurde an diesen Baum gebunden und dann zu Tode gegeißelt.

6: *Pomerium:* Die von Romulus festgesetzte Stadtgrenze, die später vorverlegt wurde; s. 44,3–5.

9: *mit dem Recht des Vaters:* Der römische Vater hatte gegenüber seinen Kindern das Recht über Leben und Tod. Wenn er von diesem Recht Gebrauch machte, mußte er Nachbarn oder Verwandten seine Gründe eröffnen („Hausgericht").

10: *„Die Horatier-Speere":* Die Speere der von Horatius erschlagenen Curiatier waren zusammengestellt und daran die übrigen Waffen aufgehängt worden.

10: *Gabel:* Hier gabelförmig auseinandergehende Äste am „Baum des Unheils".

13: *schickte ... unter das Joch:* Wie man mit Feinden verfuhr, die eigentlich das Leben verwirkt hatten; vgl. III 28,11.

13: *„Der Schwesternbalken":* Das *sororium tigillum* war ein oben durch einen Querbalken geschlossener Durchgang zwischen den Altären der Juno Sororia und des Janus Curiatius am Hang der Carinae. Die Beinamen der beiden Götter wurden in der Zeit des

Livius allgemein mißverstanden; infolgedessen wurde die gesamte Anlage mit der Sage von den Horatiern und Curiatiern in Verbindung gebracht. In Wirklichkeit hängt aber der Beiname der Juno mit dem Verb *sororiare* zusammen, das das Sprießen der Brüste bei den jungen Mädchen bezeichnet, der des Janus mit den *curiae*, deren Mitglieder die jungen Männer nach der Pubertät wurden. Der Durchgang diente zu einer Zeremonie, die mit der Pubertät zusammenhing.

27, 3: *Fidenae, eine römische Kolonie:* Hier ist vorausgesetzt, daß nach dem 14,4–11 geschilderten Krieg römische Siedler nach Fidenae geführt wurden. Diese Koloniegründung ist wie der dort geschilderte Krieg des Romulus gegen Fidenae und Veji freie Erfindung. In Wirklichkeit war Fidenae der Brückenkopf Vejis auf dem linken Tiberufer.

7: *zwölf Salier:* Neben dem von Numa eingerichteten Kollegium der Salier vom Palatin (20,4 m. Anm.) gelobte Tullus Hostilius ein weiteres Kollegium, die Salier vom Quirinal.

28, 7: *aus einem in zwei Völker geteilt:* Bei der Gründung Roms.

29, 4: *den Lar:* Der gute Geist des Hauses, der an den Ort gebunden ist; er wurde am Herd verehrt.

4: *die Penaten:* Die Gottheiten, die im Inneren des Hauses wohnen und die Wohnstätte der Familie beschützen; auch sie wurden am Herd des Hauses verehrt.

6: *das Werk von 400 Jahren:* Zwischen der Gründung Albas durch Ascanius, den Sohn des Aeneas, (3,3–4) und der Gründung Roms sind 300 Jahre angenommen; seitdem sind weitere 100 Jahre verstrichen. Die Zeitspanne bis zu dem von Eratosthenes angenommenen Datum der Zerstörung Trojas (s. zu 1,1) wird damit jedoch nicht ganz überbrückt.

30, 2: Die *Curia Hostilia* war von Sulla um 80 im Zusammenhang mit der Vergrößerung des Senats erweitert und restauriert worden. Sie brannte 52 bei der Leichenfeier für Clodius ab und wurde dann von Sullas Sohn Faustus wiederhergestellt. Nach dem Umbau durch Sulla wurde das Senatsgebäude nicht mehr als *curia Hostilia*, sondern als *curia nova* (Neue Curie) bezeichnet. Caesar ließ im Zusammenhang mit der Anlage seines Forum Julium kurz vor seinem Tode das eben erst wiedererstandene Senatsgebäude abreißen und begann nicht weit davon den Bau eines neuen, der Curia Julia. Sie wurde von Octavian vollendet und am 28. August 29 feierlich eingeweiht.

5: *Feronia* war eine sabinische Gottheit. Ihr Hauptheiligtum lag in einem Hain bei Capena. Hier wurde sie nicht nur von den Sabinern, sondern auch von den benachbarten Etruskern, Faliskern und Latinern verehrt. Mit dem Fest der Göttin war ein Markt verbunden.

5: *Leute von ihnen:* Entlaufene Verbrecher oder Sklaven.

5: *Hain:* Die von Romulus eingerichtete Freistatt, s. 8,5. – Die Römer hatten den Sabinern diese Leute nicht ausgeliefert.

31, 3: *Der Hain auf dem Gipfel des Berges* war dem Jupiter Latiaris geweiht. Zu seiner Ehre fand alljährlich das Bundesfest der Latiner statt. Nach dem Untergang Albas übernahm Rom nach kurzer Unterbrechung die Leitung des Festes.

4: Die etruskischen *Haruspices* wurden von den Römern herangezogen, wenn Zeichen zu deuten waren, die über die Kenntnisse der Auguren und Pontifices hinausgingen.

32, 3: *einen Vertrag geschlossen:* Die annalistische Überlieferung nimmt nach der Zerstörung von Alba einen Vertrag zwischen Rom und den früher unter der Vorherrschaft Albas stehenden Latinergemeinden an, durch den deren Abhängigkeit festgelegt wurde.

5: *in einer bestimmten Form erklärt:* Vgl. 24,4. – Man nimmt i. a. an, daß das gesamte Fetialrecht unter einem einzigen König festgelegt worden sei. Bei Cicero ist es Tullus Hostilius, bei Plutarch und Dionysios von Halikarnaß Numa.

6: *eine Binde:* Zum Zeichen dafür, daß er als Gesandter kam und unter dem Schutz der Götter stand.

12: *blutrote:* Wahrscheinlich war diese Lanze aus dem Holz des Roten Hartriegels *(Cornus sanguinea)*.

33, 6: *Pfahlbrücke:* Unterhalb der Tiberinsel. Die Pfahlbrücke wurde allerdings nicht errichtet, um eine Verbindung zum Janiculum herzustellen, sondern das Janiculum wurde befestigt, um die Brücke nach Westen zu sichern.

7: *Quiriten-Graben:* Im Gebiet zwischen Caelius und Aventin.

9: *Ostia gegründet:* Die Gründung Ostias durch Ancus Marcius ist Erfindung der Annalisten.

34, 8: *Filzkappe:* Die hohe, kegelförmige Kopfbedeckung der Etrusker.

9: *gerade dieser Vogel:* Der Adler war der Vogel Jupiters.

9: *aus dieser Himmelsrichtung:* Aus der Richtung, die Glück verhieß.

35, 8: *für den Circus … der Platz abgesteckt:* Das setzt die in Kap. 38 erwähnte Trockenlegung des Tals zwischen dem Palatin und dem Aventin voraus.

8: *gesonderte Plätze:* Nach XXXIV 44 wurden den Senatoren zum erstenmal durch die Zensoren des Jahres 194 gesonderte Plätze bei den *ludi Romani* angewiesen; die Ritter erhielten erst 67 durch die *lex Roscia* besondere Plätze.

8: Die *Zuschauersitze* wurden bei jedem Spiel neu aufgeschlagen.

9: *Pferderennen:* Pferde- und Wagenrennen.

9: *Die feierlichen Spiele wurden dann zu einer jährlichen Einrichtung:* Ursprünglich fanden sie nur bei besonderem Anlaß statt. Zu einer ständigen Einrichtung wurden die *ludi Romani* erst seit 366.

10: *Baugelände:* Auch diese Bautätigkeit setzt die in Kap. 38 mitgeteilten Maßnahmen zur Trockenlegung der sumpfigen Täler des Stadtgebietes voraus.

10: *Säulenhallen:* Die ersten Säulenhallen in Rom wurden erst 193 errichtet (XXXV 10,12).

43, 1: *As:* Die Angaben des Livius treffen für die Centurienordnung des 2. Jahrhunderts zu; für die Frühzeit galten ganz andere Sätze.

1: Die *Centurien* der „Servianischen Ordnung“ waren in jeder Klasse verschieden stark.

1: Die *Älteren* sind die Männer über 46 Jahre, die *Jüngeren* die vom 17. bis zum 46. Lebensjahr.

2: Der *Rundschild* bestand aus Holz oder Leder, das außen mit Bronzeblech überzogen war.

2: *vorgeschrieben:* Die Bürger hatten selbst für ihre Bewaffnung aufzukommen.

3: *zwei Centurien von Handwerkern:* Zimmerleute *(fabri tignarii)* und Bronze- und Eisenschmiede *(fabri aerarii et ferrarii)*. Diese Centurien wurden unabhängig vom Vermögen gebildet, da man im Krieg auf die Fertigkeiten dieser Handwerker nicht verzichten konnte.

4: Der *Langschild* bestand aus Holz, das mit Leder überzogen war, und deckte im Gegensatz zu dem kleineren bronzenen Rundschild der ersten Klasse den ganzen Körper; daher konnten die Angehörigen der zweiten Klasse auf den Brustpanzer verzichten. Der Langschild wurde in Rom allerdings erst im 4. Jahrhundert eingeführt (VIII 8,3); die zweite bis fünfte Klasse sind erst in dieser Zeit eingerichtet worden.

6: Der *Wurfspieß* war kürzer als die *Lanze*.

9: *Ebenso bildete er sechs andere Centurien ...:* Die drei Centurien, die Romulus eingerichtet hatte, waren durch Tullus und Tarquinius zwar verstärkt worden, aber es war bei der Aufgliederung in die drei Centurien der Ramnenser, Titienser und Lucerer geblieben. Servius Tullius machte jetzt daraus sechs Centurien.

9: *mit denselben Namen:* Die alten Namen *Ramnenses, Titienses* und *Luceres* erhielten zur Unterscheidung die Zusätze *priores* (die früheren) bzw. *posteriores* (die späteren).

9: *eine alleinstehende Frau:* Soweit die alleinstehenden Frauen Vermögen besaßen, wurden sie auf diese Weise zum Schutz des Staates herangezogen.

11: *Abstimmung:* Jede Centurie hatte – unabhängig von der Anzahl ihrer Mitglieder – eine Stimme, die durch Abstimmung innerhalb der Centurie ermittelt wurde.

12: *man braucht sich aber nicht zu wundern ...:* Die „Servianische Ordnung" umfaßt nach Livius 193 Centurien. Einige Zeit nachdem die Zahl der Tribus auf 35 angewachsen war (241), wurde die Centurienordnung reformiert. Man nimmt an, daß jetzt in jeder Tribus die Bürger der ersten bis fünften Klasse, wieder nach *seniores* (Älteren) und *iuniores* (Jüngeren) aufgeteilt, in je einer Abteilung zusammengefaßt wurden, so daß es nun ohne die *equites* (Ritter), die *fabri* (Handwerker), die Musiker und die letzte Centurie 350 Abteilungen gab, mit diesen 373. Bei den Abstimmungen nach der neuen Ordnung hatten die Centurien der ersten Klasse jetzt 70 Stimmen; um zu verhindern, daß sich das Stimmenverhältnis zugunsten der unteren Klassen verschob, wurden die 280 Abteilungen der zweiten bis fünften Klasse durch Losen so zusammengefaßt, daß die zweite Klasse 30, die dritte und vierte je 20 und die fünfte wieder 30 Stimmcenturien hatte.

13: *Tribus:* Im Gegensatz zum ständischen Charakter der Centurienordnung handelt es sich bei der Tribuseinteilung des Servius um eine Einteilung der Bürgerschaft nach lokalen Gesichtspunkten. Die vier von Servius eingerichteten Tribus sind die Suburana, die Palatina, die Esquilina und die Collina. Diese Neugliederung ersetzte die ältere Einteilung der Bevölkerung in drei gentilizische Tribus, die Romulus zugeschrieben wurde (s. zu 13,6 und 13,8).

44; 2: *80 000:* Die Angabe über die Zahl der vom Census des Servius erfaßten Bürger ist ebenso erfunden wie die entsprechenden Zahlen für die ersten Jahrhunderte der Republik.

3: *Erdwall, Gräben und eine Mauer:* Livius hat zuvor berichtet, daß Tarquinius Priscus die Stadt mit einer Mauer aus Steinen befestigte. Nach der Erweiterung der Stadt durch Servius konnten die neuen Stadtteile nicht ungeschützt bleiben. Die stärkste Befestigung erhielten die Ostseite des Quirinal, Viminal und Esquilin; hier war über eine Länge von etwa 1300 m ein etwa 30 m breiter und 9 m tiefer Graben ausgehoben, dahinter kam eine etwa 10 m hohe Mauer, hinter dieser war ein etwa 15 m breiter Erdwall aufgeschüttet. – Die erhaltenen Überreste der Stadtbefestigung, die als „Servianische Mauer" bezeichnet werden, stammen erst aus dem 4. Jahrhundert; diese Mauer des 4. Jahrhunderts folgt aber fast überall dem Verlauf der Mauer des 6. Jahrhunderts.

5: *entsprechend der geplanten Ausdehnung der Stadtmauer:* Das Pomerium verlief nicht überall mit der Mauer; der Aventin war zwar von der Mauer umschlossen, blieb aber bis zur Zeit des Kaisers Claudius außerhalb des Pomeriums.

45, 2: Das *Heiligtum der Diana von Ephesos* wurde 580–460 errichtet, war also zur Zeit des Servius noch im Bau; später galt es als eines der Sieben Weltwunder.

2: *daß die latinischen Völker gemeinsam mit dem römischen Volk in Rom ein Dianaheiligtum errichteten:* Durch die Errichtung dieses Kultzentrums erkannten die Latiner die führende Stellung Roms an. – Der Tag der Einweihung des Heiligtums wurde am 13. Sextilis gefeiert.

3: *das Haupt von allem:* Für die Zeit des Servius ist nicht mehr beansprucht als die Führungsposition im Kreis der Latinerstädte; für Livius und seine Zeit aber verbindet sich mit *caput rerum* der Anspruch auf die Weltherrschaft.

3: *aus dem Volk der Sabiner:* Die Sabiner scheinen wie die Latiner zu der Kultgemeinschaft der Diana auf dem Aventin gehört zu haben.

46, 2: *daß der Senat dagegen war:* Die Patrizier beanspruchten das Staatsland allein für sich.

4: *ein Sohn oder ein Enkel:* Servius hatte zu Beginn seiner Regierung seine beiden Töchter mit den beiden Söhnen des Tarquinius Priscus verheiratet. Am Ande seiner mehr als 40jährigen Regierungszeit dürfte es sich bei dem „jungen" Tarquinius wohl eher um einen Enkel des Tarquinius Priscus handeln.

9: *Arruns Tarquinius:* Ein Versehen des Livius; gemeint ist L. Tarquinius.

47, 7: *was sein Vater ihnen Gutes getan:* Tarquinius Priscus hatte diese Familien in den Senat aufgenommen, s. 35,6.

48, 9: *Herrschaft niederzulegen:* Der Plan des Ser. Tullius, die Herrschaft niederzulegen und das Königtum in Rom überhaupt abzuschaffen, ist spätere Erfindung. Diese Überlieferung wird auch 60,4 greifbar, als die ersten Konsuln nach den „Anweisungen des Ser. Tullius" gewählt werden, in denen der König die Einzelheiten des Übergangs zur republikanischen Verfassung niedergelegt haben soll.

49, 9: *stammte ... von Odysseus und der Göttin Kirke ab:* Nach der Sage hat Telegonos, der Sohn des Odysseus und der Kirke, Tusculum gegründet. Die Mamilier haben ihren Namen nach Mamilia, der Tochter des Telegonos.

50, 1: Der *Hain der Ferentina* lag am Fuß des Albaner Berges und hieß ebenso wie der dort entspringende Bach nach der Nymphe Ferentina. Nach der Zerstörung Alba Longas kamen die latinischen Gemeinden gewöhnlich hier zusammen, um ihre Beratungen abzuhalten.

2: *erst kurz vor Sonnenuntergang:* Nach Sonnenuntergang durften keine Beratungen mehr durchgeführt werden.

53, 2: *Volsker:* Siehe S. 178.

55, 1: *Frieden mit dem Volk der Aequer:* Von einem Krieg mit den Aequern hat Livius bisher nichts berichtet; 53,8 ist allerdings angedeutet, daß die Beziehungen zwischen Rom und den Aequern nicht gut waren. Die Aequer, die im Bergland westlich und nordwestlich des Fuciner Sees saßen, begannen gegen Ende des 6. Jahrhunderts mit ihren Vorstößen nach Latium.

1: *erneuerte den Vertrag mit den Etruskern:* Den Vertrag, der nach dem 42,2/3 erwähnten Krieg geschlossen worden war.

2: *von anderen Kulten frei:* Im Kapitolinischem Tempel wurden auch Juno und Minerva verehrt.

2: *von König Tatius ... gelobt:* Von dem Gelübde des Tatius in der Schlacht und der Errichtung der Heiligtümer ist hier zum erstenmal die Rede. Auf dem Kapitol hat Livius bisher nur das Heiligtum des Jupiter Feretrius erwähnt, das aber von dem Bau des neuen Tempels nicht berührt wurde.

56, 1: *Bauhandwerker aus allen Teilen Etruriens:* Der etruskische Künstler Vulca aus Veji schuf das Kultbild des Jupiter Optimus Maximus und das Viergespann auf dem Dach des Tempels.

5: *nach Delphi ... zu schicken:* Es ist das früheste überlieferte Beispiel für eine Befragung des Delphischen Orakels durch Rom. Diese Nachricht steht aber nicht allein; nach Cicero (rep. 2,44) schickte Tarquinius Superbus einen Teil der Beute, die er in seinen Kriegen machte, als Geschenk nach Delphi. Auch zwischen dem etruskischen Caere, zu dem die Tarquinier in engen Beziehungen standen (s. 60,2), und Delphi bestanden im 6. Jahrhundert Kontakte; die Stadt hatte ein eigenes Schatzhaus in Delphi, und Herodot berichtet von einer Anfrage ihrer Bewohner beim Delphischen Orakel.

59, 7: *Tribun der Celeres:* Der Kommandant der Leibwache des Königs war der Ranghöchste nach dem König und hatte das Recht, bei Abwesenheit des Königs Volksversammlungen (und wohl auch Senatssitzungen) einzuberufen und zu leiten. Es ist allerdings verwunderlich, daß der als einfältiger Tölpel geltende Brutus dieses Amt gehabt haben soll. Offensichtlich legt Livius wie seine annalistischen Vorgänger großen Wert darauf, der Absetzung des Tarquinius ebenso wie der Wahl der ersten Konsuln eine gewisse Legalität zu verleihen: Den entscheidenden Beschluß zur Absetzung und Verbannung des Königs führt Brutus kraft seines Amtes herbei. – Cicero hebt dagegen (rep. 2,47) ausdrücklich hervor, daß Brutus Privatmann gewesen sei.

LITERATURHINWEISE

Ausgaben und Kommentare

Titus Livius, Ab urbe condita libri, ed. W. Weissenborn – M. Müller, Pars I: Libri I–X, Leipzig 1932.

Titi Livi ab urbe condita, recognoverunt et adnotatione critica instruxerunt R. S. Conway et C. F. Walters, Tomus I: Libri I–V, Oxford 1914, Nachdruck 1969.

Titi Livi ab urbe condita, recognovit et adnotatione critica instruxit R. M. Ogilvie, Tomus I: Libri I–V, Oxford 1974.

Titi Livi ab urbe condita libri, bearbeitet von W. Weissenborn und H. J. Müller, 1. Band: Buch I (⁹1908) und Buch II (⁸1894), Nachdruck Dublin–Zürich 1969.

Tite-Live, Histoire romaine, Texte établi par J. Bayet et traduit par G. Baillet, Tome I: Livre I, Paris 1940, Nachdruck 1975.

Titus Livius, Ab urbe condita, Liber I / Römische Geschichte, 1. Buch, lateinisch / deutsch, übersetzt und herausgegeben von R. Feger, Stuttgart 1981.

T. Livius, Römische Geschichte, lateinisch und deutsch herausgegeben von H. J. Hillen (Sammlung Tusculum), Band 1: Buch I–III, München–Zürich 1987, Düsseldorf–Zürich ³1997.

R. M. Ogilvie, A Commentary on Livy, Books I–V, Oxford 1965, Nachdruck 1970.

Konkordanz

D. W. Packard, A Concordance to Livy, 4 vols., Cambridge/Mass. 1968.

Bibliographie

W. Kissel, Livius 1933–1978: Eine Gesamtbibliographie, in: ANRW II 30.2, Berlin–New York 1982, 899–997.

Forschungsberichte

P. G. Walsh, Livy, Oxford 1974.

A. Alföldi, Römische Frühgeschichte. Kritik und Forschung seit 1964, Heidelberg 1976.

J. E. Phillips, Current Research in Livy's First Decade: 1959–1979, in: ANRW II 30.2, Berlin–New York 1982, 998–1057.

Livius

R. Heinze, Livius, in: Die Augusteische Kultur, Leipzig–Berlin 1930; ²1933, Nachdruck Darmstadt 1983, 91–106.

E. Burck, Die Erzählungskunst des T. Livius, Berlin 1934, Berlin–Zürich ²1964.

E. Burck, Livius als augusteischer Historiker, WaG 1, 1935, 446–487; auch in: Vom Menschenbild in der römischen Literatur II, Heidelberg 1981, 144–180.

F. Hellmann, Livius-Interpretationen, Berlin 1939.

J. Bayet, Introduction [in seiner Ausgabe], Paris 1940 (s. o.).

A. Klotz, Livius und seine Vorgänger, 3 Hefte, Leipzig 1940/41, Nachdruck Amsterdam 1964.

F. Klingner, Livius. Zur Zweitausendjahrfeier, NJbb 1943, 43ff.; auch in: Römische Geisteswelt, Stuttgart ⁵1979, 458–482.

R. Syme, Livy und Augustus, HSPh 64, 1959, 27–87.

P. G. Walsh, Livy. His Historical Aims and Methods, Cambridge 1961.

H. J. Mette, Livius und Augustus, Gymn. 68, 1961, 269–285.

H. Haffter, Rom und römische Ideologie bei Livius, Gymn. 71, 1964, 236–250.

E. Burck (Hrsg.), Wege zu Livius, Darmstadt 1967; ³1987 (WdF CXXXII).

T. A. Dorey (ed.), Livy, London–Toronto 1971.

T. J. Luce, Livy. The Composition of His History, Princeton / N. J. 1977.

E. Lefèvre – E. Olshausen (Hrsg.), Livius. Werk und Rezeption. Festschrift für Erich Burck zum 80. Geburtstag, München 1983.

T. J. Luce, Livy, Augustus and the Forum Augustum, in: K. A. Raaflaub – M. Toher, Between Republic and Empire, Berkeley–Los Angeles–Oxford 1990, 123–138.

E. Burck, Das Geschichtswerk des Titus Livius, Heidelberg 1992.

W. Schuller (Hrsg.), Livius. Aspekte seines Werkes, Konstanz 1993 (Xenia 31).

Zu Buch I

H. Haffter, Livius, Buch I, Gymn. Helv. 11, 1957, 23–31.
R. Bloch, Tite-Live et les premiers siècles de Rome, Paris 1965.
E. Burck, Die Frühgeschichte Roms bei Livius im Lichte der Denkmäler, Gymn. 75, 1968, 74–110; auch in: Vom Menschenbild in der römischen Literatur II, Heidelberg 1981, 181–213.
J. Poucet, Le premier livre de Tite-Live et l'histoire, LEC 43, 1975, 327–349.
G. B. Miles, Livy: Reconstructing Early Rome, Ithaca/NY 1995.
G. Forsythe, Livy and Early Rome. A Study in Historical Method and Judgement, Stuttgart 1999.

J. Perret, Les origines de la légende troyenne de Rome, Paris 1942.
F. Bömer, Rom und Troja. Untersuchungen zur Frühgeschichte Roms, Baden-Baden 1951.
A. Alföldi, Die trojanischen Urahnen der Römer, Basel 1957.
O. Seel, Der Raub der Sabinerinnen, AuA 9, 1960, 7–17.
K. Schauenburg, Äneas und Rom, Gymn. 67, 1960, 176–191.
C. J. Classen, Zur Herkunft der Sage von Romulus und Remus, Hist. 12, 1963, 447–457.
H. Strasburger, Zur Sage von der Gründung Roms, SB Heidelb. 1968,5.
P. Sommella, Das Heroon des Aeneas und die Topographie des alten Lavinium, Gymn. 81, 1974, 273–297.
Enea nel Lazio. Archeologia e mito, Ausstellungskatalog, Rom 1981.
J. N. Bremmer, Romulus, Remus and the foundation of Rome, in: Bremmer – Horsfall (Hrsg.), Roman Myth and Mythography, BICS, Suppl. 52, London 1987, 25–48.
F. Graf, Der Mythos bei den Römern. Forschungs- und Problemgeschichte, in: F. Graf (Hrsg.), Mythos in mythenloser Gesellschaft. Das Paradigma Roms, Stuttgart–Leipzig 1993, 25–43.
J. von Ungern-Sternberg, Romulus-Bilder: Die Begründung der Republik im Mythos, in: F. Graf (Hrsg.), Mythos in mythenloser Gesellschaft, 88–108.
T. P. Wiseman, Remus. A Roman Myth, Cambridge 1995.

E. Gjerstad, Early Rome, 6 Bände, Lund 1953–1973.
S. Accame, I re di Roma nella leggenda e nella storia, Neapel 1959; [2]1962.
R. Bloch, Les origines de Rome, Paris 1959.

H. Müller-Karpe, Vom Anfang Roms, Heidelberg 1959 (Röm. Mitt., Erg.-Heft 5).
H. Müller-Karpe, Zur Stadtwerdung Roms, Heidelberg 1962 (Röm. Mitt., Erg.-Heft 8).
E. Gjerstad, Legenden und Fakten der frühen römischen Geschichte, in: V. Pöschl (Hrsg.), Römische Geschichtsschreibung, Darmstadt 1969 (WdF XC), 367–458 (Legends and Facts of Early Roman History, Lund 1962).
M. Pallottino, Fatti e leggende (moderne) sulla più antica storia di Roma, StE 31, 1963, 3–37.
A. Alföldi, Das frühe Rom und die Latiner, Darmstadt 1977 (Early Rome and the Latins, Ann Arbor/Mich. 1965).
C. J. Classen, Die Königszeit im Spiegel der Literatur der römischen Republik, Hist. 14, 1965, 385–403.
J. Poucet, Les Sabins aux origines de Rome. Orientations et problèmes, in: ANRW I 1, Berlin–New York 1972, 48–135.
J. Ch. Meyer, Pre-Republican Rome. An Analysis of the Cultural and Chronological Relations 1000–500 B.C., Odense 1983.
J. Poucet, Les origines de Rome. Tradition et histoire, Brüssel 1985.
M. Pallottino, Italien vor der Römerzeit, München 1987 (Storia della prima Italia, Mailand 1984).
A. J. Ammermann, On the Origins of the Forum Romanum, AJA 94, 1990, 627–645.
H. Bellen, La monarchia nella coscienza storica dello stato repubblicano, Ath. 79, 1991, 5–15.
A. Grandazzi, La fondation de Rome, Paris 1991.
F. Kolb, Rom. Die Geschichte der Stadt in der Antike, München 1995.

E. Mensching, Tullus Hostilius, Alba Longa und Cluilius. Zu Livius I 22f. und anderen, Philol. 110, 1966, 102–118.
H. S. Versnel, Sacrificium lustrale: The Death of Mettius Fufetius (Livy I 28), MNIR 37, 1975, 97–115.

M. Pallottino, Etruskologie, Basel–Boston–Berlin 1988 (Etruscologia, Mailand 1942; [7]1985).
A. Bernardi, Periodo sabino e periodo etrusco nella monarchia romana, RSI 66, 1954, 5–20.
J. Heurgon, Die Etrusker, Stuttgart [2]1977 (La vie quotidienne chez lez Étrusques, Paris 1961).
A. Alföldi, Die Etrusker in Latium und Rom, Gymn. 70, 1963, 385–393.

R. M. Ogilvie, Das frühe Rom und die Etrusker, München 1983 (Early Rome and the Etruscans, Glasgow 1976).
M. Torelli, Die Etrusker: Geschichte, Kultur, Gesellschaft, Frankfurt 1988 (Storia degli Etruschi, Bari 1981).

J. Heurgon, Tite-Live et les Tarquins, IL 7, 1955, 56–64.
T. N. Gantz, The Tarquin Dynasty, Hist. 24, 1975, 539–554.
La grande Roma dei Tarquini, Ausstellungskatalog, Rom 1990.

H. Last, The Servian Reforms, JRS 35, 1945, 30–48.
E. Gjerstad, Innenpolitische und militärische Organisation in frührömischer Zeit, in: ANRW I 1, Berlin–New York 1972, 136–188.
D. Kienast, Die politische Emanzipation der Plebs und die Entwicklung des Heerwesens im frühen Rom, BJbb. 175, 1975, 83–112.
R. Thomsen, King Servius Tullius, Kopenhagen 1980.

J. Gagé, La chute des Tarquins et les débuts de la république romaine, Paris 1976.
F. Corsaro, La leggenda di Lucrezia e il regifugium in Livio e in Ovidio, in: Festschrift für E. Burck (s. o.), 107–123.

VERZEICHNIS DER EIGENNAMEN